石毓智 ◎著

为什么中国出不了乔布斯

北京大学出版社
PEKING UNIVERSITY PRESS

图书在版编目(CIP)数据

为什么中国出不了乔布斯/石毓智著. —北京:北京大学出版社,2014.1
ISBN 978 – 7 – 301 – 23573 – 7

Ⅰ. ①为… Ⅱ. ①石… Ⅲ. ①乔布斯,S.(1955~2011) – 生平事迹 Ⅳ. ①K837.125.38

中国版本图书馆 CIP 数据核字(2013)第 296383 号

书　　　名：为什么中国出不了乔布斯
著作责任者：石毓智　著
责 任 编 辑：旷书文　王业龙
标 准 书 号：ISBN 978 – 7 – 301 – 23573 – 7/G·3756
出 版 发 行：北京大学出版社
地　　　址：北京市海淀区成府路 205 号　100871
网　　　址：http://www.pup.cn
新 浪 微 博：@北京大学出版社
电 子 信 箱：law@pup.pku.edu.cn
电　　　话：邮购部 62752015　发行部 62750672　编辑部 62752027
　　　　　　出版部 62754962
印　刷　者：北京大学印刷厂
经　销　者：新华书店
　　　　　　730 毫米×1020 毫米　16 开本　19.25 印张　276 千字
　　　　　　2014 年 1 月第 1 版　2014 年 10 月第 2 次印刷
定　　　价：39.00 元

未经许可,不得以任何方式复制或抄袭本书之部分或全部内容。
版权所有,侵权必究
举报电话：010 – 62752024　电子信箱：fd@pup.pku.edu.cn

奥巴马评价乔布斯

　　乔布斯是美国历史上最伟大的创新者之一，他勇于与众不同地思考问题，敢于相信他可以改变世界，他的天赋和才华也使他做到了这点。他在车库里建立了这个星球上最成功的公司之一，充分体现了美国人的创造力。通过使电脑个人化，将互联网装进我们的口袋里，他不但让人们可以享受到信息革命的成果，而且使这种革命变得直观和有趣。他的天赋和才华成为家喻户晓的故事，他为数以百万计的儿童和成年人带来了快乐。史蒂夫很喜欢说，他过的每一天都像是最后一天。正如他所做到的，他改变了我们的生活，重新定义了所有行业，并实现了人类历史上最罕见的壮举之一，即他改变了我们每个人看这个世界的方式。

——摘自美国总统奥巴马为乔布斯写的悼词

前 言

钱学森的世纪之问:"为什么中国出不了大师?"钱先生所说的主要是科学技术方面的人才,然而事实上不论在哪个行业,中国都缺乏影响世界的人物,罕见那种在某一领域具有深远的、系统的、持久的影响力的人才。解决钱学森之问是攸关国家前途命运的大事,是国家富强、民族振兴绕不开的问题,需要教育界、科技界、政府部门通力合作才能解决好。本书以乔布斯作为窗口,来洞悉美国人才的成长机制,为未来中国的发展提供借鉴。

我2012年在科学出版社出版了《为什么中国出不了大师》一书,对钱老所提出的问题进行了全面的探讨。我认为,不论什么行业,大师产生的机制是相同的。放眼看一下世界,就很容易发现大师的产生规律:如果一个国家出大师,那么它的各行各业都会有这样那样的杰出人才,不论自然科学,还是人文社会科学或者企业商业界都是如此。本书探讨产生乔布斯这样科技发明大师的机制,以期从中得到启发,改善我们的教育环境,希望中国能有自己的"乔布斯"和"苹果"公司,而且在其他领域中也涌现出世界级的大师。

大师是野生的,而不是圈养的。只要有了合适的生态环境,各个领域就会不断涌现出大师。我们现在以乔布斯这位科技发明大师为窗口,来探讨美国培养大师的生态环境,观察他们是如何造就和维护这个生态环境的,哪些方面值得我们借鉴和学习。

一提到大师的培养,很多国人立刻想到体制的问题,抱怨管理不当,干涉干扰太多,做事不自由,如此等等。不可否认,体制固然是一个问题,但是不是唯一的问题,甚至不是关键的问题。放眼看一下香港、台湾、新加坡这些主要由华人组成的地区或者国家,它们的体制与大陆很不一样,如新加坡,曾多次被国际组织评为经济最自由、政府管理最有效的地区,那么我们就要问一个问题:这些地方出大师了吗?一样没有!显然出不了大师这个问题,并不是"体制"二字可以了却的,它背后涉及到整个炎黄子孙的文化传统、思维方式、价值观念等诸多问题。这才是我们最感兴趣的地方,也是本书讨论的重点。

中国需要乔布斯这样的企业家,并不是一个简单的面子问题,而是一个国家真正富强所必需解决的核心问题。大家都很自豪中国的GDP世界排名第二,但是要问一下这是怎么得来的?中国的人均收入到底有多少?答案恐怕是令人沮丧的,也是相当沉重的。

读懂一个人的最好办法就是了解他的生活环境。我对乔布斯神奇人生解读的最大优势,就在于我对他生活空间的熟识。

不同的人读《乔布斯传》会有不同的感受,个人理解会受其以往经验、知识背景、理解角度诸多因素的影响。在解读乔布斯上,我的最大优势就是到过他一生几乎所有生活过的地方。2011年底《乔布斯传》刚上市的时候,我就买了一本英文版的来看。吃惊地发现,乔布斯一生所生活过的95%的地方我都去过,要么在那里长期生活过,要么短期去参观过。这些纯属巧合,而不是有意追随名人的行踪。

巧合到什么程度,举一个例子大家便可以明白。《乔布斯传》中有一帧乔布斯与小女儿在帕洛奥图的麓山公园的小池塘边玩耍的照片。我2010年在斯坦福访学期间,女儿晶晶来看我,也在同样一个地方、同样的角度拍了一张照片。这纯粹是巧合,而不是模仿秀。这个社区公园很偏僻,要经过一段崎岖的山路,所以到过的人并不多。我这次带晶晶来这个地方玩,因为我在上个世纪九十年代在这里读书的时候,也经常一家人到这里野炊,一次突然从森林里跑出来一大群梅花鹿,让我们兴奋不已。这次去还是希望有同样的奇遇。确实也没有让我们失望,我们看到了山坡上有五只梅花鹿在吃草。

在中国所有史书中,《史记》写得最好,司马迁也被奉为"史圣"。司马迁何以能够取得如此辉煌的成就?这有很多因素,其中之一就是他在动笔写这部史书之前,游历中国的名山大川。这种经历不仅开阔了他的视野,拓宽了他的胸襟,还赋予了他独特的时空感,能够立体地把握重大历史事件,从而谱写出中华民族恢弘的历史。我希望利用自己对乔布斯的生活空间熟识的优势,写出有鲜明特色的内容,挖掘出乔布斯生命中最有价值的东西,让国人不仅可以从中得到乐趣和知识,而且还可以得到智慧的启迪。

为了写这本书,我收集了目前已经出版的几乎所有关于乔布斯的中英文图书,本书的素材主要是依据中信版的《乔布斯传》,因为这本书是唯一授权在中国大陆出版的简体中文本,在华人世界影响最大。然而可能是因为时间仓促,特别是因为缺乏西方的文化背景,导致一些翻译差错。考虑到中信版的这个翻译版本不太理想,很多精髓的东西要么被曲解误解,要么没有翻译出来,所以不少时候是依据我自己对英文版的理解来解读翻译的。

为了提高可读性,我们对英语的称谓系统做了些调整,使得名字称谓更适合中国人的习惯。比如尽量避免用全名,最常用的名字只取前两个字,比如"史蒂夫·沃兹尼亚克",不管在任何情况下,只用"沃兹"来称谓。英语中有一个称谓习惯,当面称呼一般只用名不用姓,然而这样就很容易把中国的读者弄糊涂,所以除了少数重要的人物,不论在什么环境,我们都选择一种称呼,要么选择名,要么选择姓。请大家能够谅解这一点,要确定完整的准确的名字,请参照有关文献。

最后，要特别感谢北京大学出版社的旷书文先生。由于书文的努力，本书得以在这么好的平台与广大读者见面，同时他为本书的内容完善提出了许多宝贵的修改意见，并在本书的出版过程中付出了辛勤的劳动。

作　者

2013 年 7 月 18 日

重印补记

本书 2014 年 1 月出版，现在重印，适逢苹果的两款新产品 iPhone 6 和 Apple Watch 上市。这再一次证明乔布斯的非同凡想。苹果公司在研发平板电脑时，很多大的公司也在铆足劲儿设计这种产品，力图在未来的巨大市场上分一杯羹。一天苹果公司的一位高管兴高采烈地告诉乔布斯，惠普公司因为遇到技术问题而放弃研发平板电脑，乔布斯听到后不是因为失去了一个竞争对手而庆幸，而是陷入了深思：休利特和帕卡德上个世纪 30 年代创办了惠普公司，研发出了很多革命性的新产品，现在为何却沦落为失去创造力的二流企业？那时乔布斯就在想，苹果公司如何避开重蹈覆辙，即使在他死后仍能保持创新活力，继续着他的"用技术改变世界"的使命。这就是乔布斯的非同凡想之处！

作　者

2014 年 9 月 19 日

第一编　家庭、学校与社会　001

- 1.1　伟大的父亲·003
- 1.2　缺憾的人生·016
- 1.3　宽松的教育环境·023
- 1.4　两个中学生的会面·029
- 1.5　多元文化·035
- 1.6　首席工程师——沃兹·039
- 1.7　大学经历·046
- 1.8　无缘中国·053
- 1.9　追求精致的文化·064
- 1.10　以大学为邻·070
- 1.11　致幻剂与计算机革命·074
- 1.12　贵人相助·081
- 1.13　成长的环境·090
- 1.14　人情与后门·097
- 1.15　热爱科技的大众·103

1.16　车库·109

1.17　科技生态系统·113

1.18　苹果是多种文化的结晶·120

1.19　离开苹果的十年磨砺·127

第二编　品行、习性与精神　135

2.1　永不知足·137

2.2　我行我素·143

2.3　冒险精神·151

2.4　性情中人·157

2.5　为何而哭·162

2.6　率真任性·168

2.7　狡诈有度·171

2.8　铁面无私·179

第三编　发明、管理与成就　185

3.1　与苹果的离合·187

3.2　摒弃山寨文化·195

- 3.3 海盗精神·200
- 3.4 去除家族化·204
- 3.5 灵感的源泉·213
- 3.6 散步谈业务·218
- 3.7 质量不打折扣·226
- 3.8 识人用人·231
- 3.9 能力重于学历·237
- 3.10 实事求是有碍创新·242
- 3.11 激发群众智慧·247
- 3.12 科技与人文合璧·253
- 3.13 激情造就功业·260
- 3.14 不掺杂政治·265
- 3.15 为美而疯狂·271
- 3.16 盖茨的视角·278
- 3.17 青梅煮酒论英雄·284

乔布斯创业大事记 289

参考文献 294

第一编 家庭、学校与社会

大师是野生的,而不是圈养的。大师的产生需要一个生态环境,只要有了适宜的土壤和气候,必然会孕育出杰出人才。这个生态环境由诸多因素构成,包括家庭、学校、社会、科研系统、企业结构等。大师亦如大森林里的参天大树,一般不是独木孑然,而是成片傲立。美国不仅有乔布斯,还有比尔·盖茨等一批世界级的企业巨擘。

1.1 伟大的父亲

对于乔布斯来说,"生命献给了苹果,发明献给了世界,拿什么献给你呀,我的爹娘?"

"他是个伟大的人。"乔布斯在为他写传记的艾萨克森面前,如是评价他的父亲——保罗·乔布斯。父子情深,尽在一言中。

在乔布斯生命的最后时光,有一幕感人的情境令人落泪。艾萨克森来到乔布斯家里,选择传记中用的照片。此时的乔布斯已经虚弱得无法下床,他就让艾萨克森把窗边的一个盒子递给他。乔布斯打开盒子,从中拿出两张照片,一张是帅气的保罗抱着刚刚会走路的乔布斯,一张是保罗慈祥地望着婚礼上的乔布斯。这两张照片最后都收入《乔布斯传》

"他是个伟大的人。"乔布斯在为他写传记的艾萨克森面前,如是评价他的父亲——保罗·乔布斯。父子情深,尽在一言中。

中。当时,艾萨克森顺便说了一句话:"你爸爸应该为你感到骄傲。"乔布斯显然对"应该"二字不大满意,认真地纠正道:"我爸爸确实为我而骄傲!"

乔布斯离开苹果公司的10年,是他事业的低谷时期,就在这期间他的父母先后去世。1985年,在乔布斯被迫离开自己创办的苹果公司不久,他的母亲因肺癌而撒手人寰。母亲病重期间,乔布斯还在病床前服侍了一段时间,这一点在美国很难能可贵。1993年,乔布斯的父亲也去世了,而此时乔布斯疲于奔命,情绪低落,新创立的电脑公司不成功,他正在计算机和动画制作两个领域穷折腾。

很遗憾,这对了不起的父母没有看到儿子事业最辉煌的时期,也就是乔布斯1997年重掌苹果公司后的十几年时间,但是他们分享到了儿子前期成功的喜悦。由于Apple II的巨大成功,苹果公司在1980年上市之初,乔布斯一夜成了亿万富翁。乔布斯是个大孝子,他给了父母价值70万美元的股票,让他们还清了所有的房屋贷款,使得父母第一次过上了不欠债的日子,为此他父母还专门举办了一次家庭派对,把亲朋好友左邻右舍请来庆贺。乔布斯还让父亲实现自己的梦想:保罗每年一次乘坐豪华游轮穿越巴拿马运河,因为这里曾经是他当年参军时经常穿越的地方。

人们常说,孝顺父母,有能力就及时做,千万不要往后拖,否则会遗憾一辈子。乔布斯做到了这一点,所以他应该感到慰藉。

乔布斯没有进过商学院,但是他却成了最成功的企业家;没读过大学的电子专业,但是领导发明了最多的电子科技产品;没有学过工业设计,却制造出了最精美的苹果产品。他的这些能力部分是来自保罗的言传身教。

乔布斯一出生就被保罗夫妇抱养,这在很大程度上决定了他的命运。假如乔布斯是跟自己的生身父母过,几乎没有悬念地说,他不会成为IT行业的风云人物。家庭环境和居住地,对一个人的成长影响非常大。

假如乔布斯是跟自己的生身父母生活,会是怎样一种生活道路?看看他生身父母的情况就可以知道个大概。乔布斯的生父叫钱德里,一个叙利亚富豪的儿子,典型的富家浪荡子,他家里还有一大堆兄弟姐妹。阿拉伯世界颇受上帝的眷顾,虽然地上不长什么庄稼,但是地下都是黑金子,很多人都是靠开采石油而富起来的。钱德利的父亲就是这么一位开采石油的商人,然而他也是个有识之士,所以把自己的孩子送到西方来接受教育。钱德利到威斯康辛大学读研究生,那时候他还兼做研究助理,就是在这里认识乔布斯的生母乔安妮的。乔安妮未婚先孕,更糟糕的是,她的父亲强烈反对她与钱德利结婚,甚至以断绝父女关系相威胁。所以乔安妮不得不从威斯康辛来到加州,把孩子生在旧金山,送人领养。在乔安妮的父亲去世之后,她与钱德利正式结婚,又生了个女儿叫莫娜。但是家庭不久就破裂了,钱德利很快抛弃了乔安妮母女,先后又结了四次婚。钱德利生活上瞎折腾,他的事业也每况愈下,先是放弃了原来所学专业,到硅谷开了一家地中海风味的餐馆,生意还不错,后来又移到加州北部的一个小镇继续操自己的饮食业,最后到内华达的一家赌场做饮料部的经理。

不难想见,摊上这么一位父亲,乔安妮母女两个的生活会是如何坎坷。后来乔安妮又嫁了一家,但是这桩婚姻也很短命。她们母女两个颠沛流离,辗转各地,从威斯康辛到纽约,最后落脚在洛杉矶。

如果乔布斯一直跟着自己生母生活的话,童年都会过着动荡不安的生活,这对他的成长教育很不利。假如乔布斯跟着父亲,能学的也是一些煎炒烹炸、做小生意人的技能,后来很可能也是个开餐馆的小老板。

乔布斯的出生地对他后来的事业有直接的影响。乔安妮选择来旧金山把乔布斯生下,使得呱呱落地的小乔布斯一开始就生活在电子技术潮流中心。保罗最早住在山景城,就是硅谷的腹地,乔布斯就是在这里度过他的童年的。乔布斯的街坊邻居不少都是电子行业的工程师,他经常到这些人的家里去玩,耳濡目染,从小就对电子产品产生了强烈的好奇心。

保罗是德国人的后裔。我不是种族主义者,但是不得不承认德意志民族在科技发明创造上的优秀品质,他们那种追求卓越、追求完美的精神令人印象深刻。大家都知道奔驰、宝马、奥迪、大众等品牌的汽车,它们都是德国设计制造,这些品牌的汽车占中国市场的很大份额。德国在工业上的成就不是偶然的,这与他们的民族文化教育很有关系,也与他们民族的性格密切相关。

没有追求完美的精神是研发不出苹果这种高端电子产品的。乔布斯追求完美的精神首先是从他父亲那里学来的。小的时候,保罗让乔布斯跟他一起油漆篱笆,教育他即使树丛遮挡的地方,也不得马虎,也要弄得漂漂亮亮的。父亲还告诉他,一个好的木匠,会选好的木头做柜子的背板,虽然人们通常注意不到它。这种精神深深地影响了乔布斯,使得他后来发展成为美而疯狂的性格。就像保罗一丝不苟油漆篱笆那样,即使顾客看不到的计算机内的电路板,乔布斯也要讲究整齐美观。

乔布斯还从父亲那里学到了买进卖出和赚取利润的商业头脑,尤其是讨价还价的口才。这是乔布斯事业成功的必备素养。保罗没读过大学,只当过几年兵,退役后就参加工作,主要职业是修车,是典型的工人阶级。他从修车厂下班之后,就到社区物色那些开不动的车,低价买进,自己捣鼓捣鼓能开了,再转手卖给别人,从中赚取个百儿八十块钱。

乔布斯的初级电子学知识就是从他老爸那里学来的,教室就在他们家的车库。保罗业余时间在家捣鼓旧车,汽车里有不少精密的电子设备,保罗凭借自己的天生悟性,观察摸索,成了业余修车专家。乔布斯常常站在一边看父亲摆弄这些电子玩意,时不时还帮一下手。这不仅诱发了乔布斯对电子产品的好奇心,还培养了他的动手能力。

保罗给予乔布斯的另一些"财富"就是坚守承诺的道德、吃苦耐劳的精神和坚毅的品质。乔安妮为乔布斯寻找领养家庭时,要求领养者必须是大学毕业,然而保罗并不符合这个条件。最后达成了一个妥协方案,只有保罗同意将来送乔布斯上大学,乔安妮才在领养书上签名。为了信守这个承诺,此后的岁月里,保罗夫妇省吃俭用,一点一点地积攒,为了将来能够供乔布斯上大学。为此乔布斯很感激他的养父母,他在2005年斯坦福大学毕业典礼演说中,还特别提到了这一点。他解释他从里德学院退学的原因是,看到他父母辛辛苦苦攒的这些钱都交了学费,而且还不够,但那些课程不值这么多钱,所以读了一年就决定不再读了。

信守承诺是一种可贵的品质。特别是在没人监督的情况下仍然坚守承诺,就显得更加难能可贵。同时,这也反映了保罗夫妇对乔布斯深深的爱,真的把乔布斯当做自己的亲骨肉来看待。乔布斯被送养是人生的缺憾,然而他又得到保罗夫妇真挚的爱,可以说是乔布斯人生的"塞翁失马"。

龙生龙,凤生凤,老鼠生来会打洞。遗传基因固然重要,然而对于一个人的成长来说,是谁养大的往往干系更大。乔布斯的生父是开餐馆的钱德里,他如果跟着生父长大,长大后可能是个服务行业的生意人,然而乔布斯走上了技术发明,这与保罗的影响分不开。

再看一下乔布斯最亲密的伙伴——沃兹。他是苹果公司的开创人之一,一个电子天才,Apple II 的设计者,这可是个了不得的发明,世界第一款真正的个人电脑,被看作影响人类最伟大的 100 个发明之一。要知道,沃兹在发明个人电脑之前还没有读过大学,但他并不是无师自通,他有自己的"老师",就是他的父亲。沃兹的父亲是加州理工学院电子工程系毕业的,服务于一家生产导弹的公司。

大家都熟悉过去 10 年来苹果公司生产的一款又一款令世界惊艳的电子产品,它们的设计者就是乔尼·艾弗。乔尼是一个英国人,他只有技术专科学校的学历,他的设计经验主要是受他父亲的熏陶。乔尼的父亲是一位金属工艺品制作匠人,经常带乔尼来自己工作的地方观看。父亲独特的审美观和精益求精的精神,教育了乔尼,使得他能够设计出精美的工业产品。

望子成龙,望女成凤,是中国父母的普遍心态。从苹果公司这些精英的成长过程中,中国父母应该悟出来一个道理:父母要明白自己是孩子品格的第一塑造者,自己的言行会深深地影响孩子的一生。有其父必有其子,要想孩子成为什么样子,首先自己得有这个样子。

保罗不仅爱这个抱养来的孩子,而且也懂得这个孩子。

常常听人说,那些小时候调皮捣蛋的孩子,长大以后往往很有出息。乔布斯大概就是这方面的典型。在他读小学三年级之前,因为常在学校惹事,被老师送回家了三次。很多中国父母遇到这种情况,大都是怪罪孩子,甚至对孩子动粗,向老师道歉,然而保罗不是这样,他平静而有力地向学校表明:"听着,这不是孩子的错。如果你们引不起他的学习兴趣,那是你们的责任。"这种勇气,我不敢说中国的父母绝对没有,但是起码是闻所未闻的。

乔布斯非常幸运,从小父母就认识到他是个有特殊才能的孩子,在父母的理解和呵护之下,这种才能没有被扼杀,而是得到健康发展。要知道,并不是每个小孩都这么幸运。乔布斯虽然小的时候出奇地调皮捣蛋,可是他从小到大没有挨过父亲的一巴掌,是在父母的理解和关爱之中成长起来的。这样的家庭条件保证了乔布斯天性不受伤害。

保罗夫妇在孩子教育上,既知道保护乔布斯的积极性,让他接受挑战,又不拔苗助长,急功近利。乔布斯在小学四年级的时候,接受学校的数学测试,结果显示他已经达到了高二的水准,因此学校允许他连跳两级,可是父母明智地决定让他只跳了一级。这样不至于给小乔布斯带来过大的压力,从而影响他的心智全面发展。

中国人都知道孟母三迁的故事,类似的事情也发生在乔布斯家里,不过要求"迁"的不是父母而是乔布斯自己。

乔布斯跳级以后,就读于一个社区很差的中学,那里有很多黑人学生,学校时常发生打架斗殴的事情,不少学生都是带着凶器上学的。乔布斯是跳级上来的,班里的同学都比他年龄大,他经常受年龄大的孩子欺负。他七年级读到一半的时候,向父母要求转学。这谈何容易!因为要转到好学校有社区的限制,你必须住在那个区才能进入那个好学校。保罗一家本来生活就很拮据,哪里经得起这种卖房买房的折腾?所以一开始父母没答应。

可是,乔布斯很坚持,给父母下了最后的通牒:"如果再让我回到现在这个学校,那我就再也不上学了。"每次遇到这种场合,最后妥协的总是父母。

保罗夫妇调查了一下哪里的学校最好，然后倾尽所有，在一个更好的社区，花了2万多美元买下了一栋房子。这在那个年代可是一笔不小的花费。这样使得乔布斯能够进入硅谷最好最安全的学校。保罗夫妇这种对孩子教育的牺牲精神，有点儿像华人父母，就是不惜血本供孩子读书。

人们所说的"言传身教"，除了指道德方面的，还包括很具体、很技术的行为。

保罗曾在硅谷的一家光学公司工作，为电子设备和医疗产品生产激光器件。激光仪器要求极其精确的调试，主要用于飞机和医疗方面。大部分样机都是从零开始制作设计的，保罗就必须定制各种工具和模具。节假日的时候，保罗常带乔布斯来公司观赏，小小的乔布斯被父亲这种完美的工作精神深深吸引。

要做商人当企业家，必须具备讨价还价的本领。乔布斯就是从他父亲那里学来的这部分本领。

保罗除了业余时间修理旧车赚钱外，还做过汽车零部件的小本生意，他的诀窍就是首先搞清这些零部件的市场价格，然后跟那些店员们讨价还价，常常能从低进高出中赚到些钱。而且保罗也喜欢这一口，从谈判中获得快乐，从获利中取得成就感。乔布斯则在一旁慢慢感受父亲的谈判技巧、说话策略，耳濡目染，自己也逐渐掌握了这种本领。

因为家境贫寒，乔布斯不可能从父母那里得到足够的零花钱，所以他平时得自己想办法弄些外快。乔布斯在读中学的时候，就仿效父亲，先摸清各种电子产品的市场价格，然后到跳蚤市场淘些更便宜的来卖。硅谷的跳蚤市场上有一种东西比别的地方多，那就是各种电子元器件。因为乔布斯清楚哪些电路板上的芯片值钱，就跟人讨价还价，低价钱买来，再以较高的价钱卖给电子产品商店。乔布斯从中不仅获得了成就感，也培养了自己的胆识，锻炼了自己的口才，为日后的商业成功做好了准备。

苹果公司从创业到现在，每一款产品都涉及到很多元器件的购置，这就要与生产厂家讨价还价。如果没有这种能力,那就只能像电子天才沃兹那样,做一名优秀的工程师,搞发明创造可以,而绝对不可能成为一个大企业家。

小孩子调皮捣蛋,父母大都能够容忍。然而遇到大是大非的事情,该怎么办?保罗不走极端的做法也很值得中国父母借鉴。

十几岁的少年是最叛逆的,乔布斯则是叛逆中的"好汉",做得最出格,高二的时候就开始吸致幻剂抽大麻。这里需要交代一下社会背景,美国社会在某些方面过于自由开放,在加利福尼亚等很多州,贩卖服用致幻剂,属于半合法的灰色地带,所以青少年就很容易接触到致幻剂这类毒品,尝试者也不少。盖茨、奥巴马等这些美国名人公开承认他们年轻时候都接触过毒品,这在国人看来可能觉得很荒唐,不可思议。

有一次,保罗在乔布斯的菲亚特汽车上发现了一些大麻,问道:"这是什么?"乔布斯如实地回答。父亲异常愤怒,乔布斯还顶嘴,不肯承认自己有错。根据乔布斯的记忆,这是父子俩唯一的一次激烈争执。父亲答应不再追究过去的错误,只要乔布斯保证今后远离毒品就行。即使父亲退让到这种地步,乔布斯都不愿意保证戒毒,真够任性的!

实际上,从高四开始,乔布斯就经常跟同学们一起服食大麻或者致幻剂了,他们追求吸毒后那种昂奋状态,可以一天到晚不用睡觉。也许是美国的社会环境过于宽松,使得不少年轻人对这种可以出现特殊生理效果的毒品产生了试一试的好奇心。有些人一试就上了瘾,乔布斯可能就是因此而走上此道的。

这种事情如果发生在中国家庭,闹不好会惹出人命,成为一个爆炸性的社会新闻。父亲可能动粗,母亲大哭大骂,家里鸡犬不宁。乔布斯可能会被公安局叫去盘问,弄不好还得到劳教所蹲上一段时间。乔布斯还很可能从此以后沦落成一个流浪汉,被孤立,被冷眼,一切成功的机会都被剥夺。

然而,保罗还是很无奈地宽容了乔布斯,这一宽容造就了后来的科技发明天才。要知道，很多天才式的人物，都是不完美的，甚至有严重的道德缺陷。原谅他们的个人缺陷，可能牺牲了道德；不原谅他们，则会毁灭一个天才。社会现实有时候就是这么矛盾。

就在父子两个为这事发生严厉争执后不久，乔布斯遇到了一场大灾祸。他驾着自己那辆"菲亚特"老爷车在路上行驶时，车子突然起火，乔布斯仓皇跳出来躲过一劫。保罗得到消息后马上赶往，把烧坏了的车子拖回了家。这就是乔布斯认为他父亲的伟大之处，父子俩不论有什么样的争执，父亲的大爱依旧不改。

孩子不听话，不礼貌，甚至不辞而别，也可能是他们成长的过程，锻炼自己独立性的机会，不要动辄上纲上线，认为是不孝之子或者对父母的无情无义，从此断绝父子情义。

乔布斯觉得最内疚的一件事情是，父母开车送他到波特兰上大学，从家到那里需要开五六个小时的车。可是他没有让父母进到校园里面就催促他们赶快走掉，甚至连一句"再见"都没有说，因为他不愿意别的同学知道他还有父母，就想让人觉得他就是一个流浪儿。乔布斯这样做可能有两层心理因素：一是他正处于叛逆期，就想让别人觉得他特立独行；二是他知道自己是个养子，而且发现自己的智力比这对夫妻都高，内心深处瞧不起他们，感觉到让他们来送有些丢人。第二层原因可能是最主要的。

当乔布斯有了自己的儿女后，他对自己对待父母的行为开始感到内疚。他的养父母为了兑现抱养时的承诺，一直努力工作，省吃俭用，为他上大学攒钱。到了他中学毕业时，这笔专款虽然不多，但也够用了。但是此时的乔布斯更加任性，有了自己的主意，不愿意上大学，想到纽约去闯世界。父母坚决不同意，乔布斯拗不过，就赌气不选家门口的斯坦福大学、伯克利加州大学，而选了学费贵得跟斯坦福大学差不多的里德学院。不少年轻人都有一段这样的时间，不想再受父母的管束，要找一个远离父母的地方去学习或者工作。

到了里德学院，乔布斯也没有培养出读书的兴趣，学了一年就退学了。

后来返回家里,在硅谷的一家电子玩具厂找了份工作。然而,本来干得好好的,突然里德学院的同学撺掇他去印度寻找精神导师,他还根本没有什么经济积蓄,辞掉手头的工作就走了,一去就是七个月。在印度期间患恶性痢疾,差点儿就命丧异国。有一天保罗夫妇突然接到乔布斯打来的电话,让他们来奥克兰机场接他。父母忙驾车开了一个多小时来接他,一到机场,怎么也找不到乔布斯。他们在一个地上蹲着的小伙子身边前前后后走过了五六次,只见他剃着光头、身穿印度袍、皮肤黑红,最后还是母亲眼尖,叫了一声"史蒂夫",这才把沉睡的乔布斯惊醒。人家印度那地方虽然穷,但是盛产精神导师,任何一个人到那里几个月,不在自己的"硬件"和"软件"上有大改观,那才奇怪呢!无怪乎乔布斯的父母认不出自己的孩子。

在父母与儿女之间的关系上,西方不像中国走得那样近,没有事事都得征求父母同意才能做的规矩,父母和儿女之间的关系比较宽松。这样虽然少了点人情味,然而却有利于培养年轻人的独立精神、冒险精神。这两种品质都是成就大事业必备的。

中国的父母总是对子女不放心,总想把儿女拴在自己的裤腰带上,精神上互相支撑,正如流行歌所唱的那样,一辈子就图个团团圆圆、平平安安。咱们所得到的是家庭观念的增强和亲人之间的温暖,所缺失的则是创业精神的薄弱。

保罗夫妇的过人之处就在于,对儿子包容,给儿子自由,放心他做事,然而当儿子需要他们的时候,他们的爱马上就站在儿女身边。乔布斯能够成就大业,与父母这样无私的大爱密不可分。

其实,乔布斯是美国人中难得的孝子,这一点倒可以跟中国的孝顺儿女比肩。他事业成功之后,不仅给予父母大力的经济支持,也使得他们得到了精神上的安慰。

乔布斯被驱逐出苹果公司那十几年里,主要做了一件事,开发 NeXT 电脑产品。在生产车间的设计上,乔布斯把从父亲那里学来的完美主义发挥到了极致,不仅布局十分讲究,还把机器涂上了亮蓝色、黄色。一个周末的早晨,乔布斯把父亲带到工厂来参观。乔布斯很自豪地向父亲展示他那严格的生产工艺、整齐美观的摆放、亮丽的色彩效果。乔布斯一直看着父亲的表情,从父亲欣赏的神态中得到了巨大的精神满足。

此外,乔布斯也把父亲带到一些企业界重要人士的聚会场所。有一次,在一个有英特尔 CEO 格鲁夫参加的重要聚会上,乔布斯也让父亲来了。保罗一到场,格鲁夫这样的企业界大鳄也热烈欢迎,亲密拥抱。这个做了一辈子工人阶级的保罗,与当今最大的一批资本家欢聚一堂,怎能不由衷地骄傲自豪!

俗话说,三十年前看父敬子,三十年后看子敬父。乔布斯成功以后,大大地让他这个工人阶级的父亲被尊敬了一把,出了风头,露了脸。

在这一点上,我很赞赏乔布斯的作法,应该向中国做儿女的推广。在 2012 的 6 月,我回到了自己的家乡洛阳,其间到洛阳师院做了一场讲座。我就让我七十多岁的父母一同前往,学校派专车接送,讲座中间洛阳电视台来录像,讲座之后校领导陪同参观图书馆的碑刻珍藏馆,晚饭还有副校长来作陪。从父母的喜悦和骄傲中,我这做儿子的也感到快慰,算是在精神上孝敬了父母一回。

很多人都只知道从物质上孝敬父母,平时给些钱,逢年过节给父母买些好酒好烟,好吃的好穿的,然而你如果有机会从精神上回馈他们,千万不要错过机会。

爱是一种基因,可以代代相传。保罗对乔布斯的教育,影响到了乔布斯对自己儿子里德的态度。

iPhone 4 刚出来的时候,遭遇了"天线门"事件,因为手机天线设计上的缺陷,会导致谈话中部分信息丢失。一时间,顾客抱怨,媒体批评,闹得沸沸扬扬。此时乔布斯正和家人在夏威夷度假。公司里的人不知所措,打电话向乔布斯询问对策。

乔布斯决定立即返回公司，召开紧急会议，让里德一同前往。此时里德已是高中四年级了，马上就要上大学。乔布斯告诉里德："接下来的这两天都有会议，你也去看看，这两天你能学到的东西，比在商学院所学的两年的内容还要多。你将和世界上最优秀的人在一起，看他们是如何做事的。"这时候乔布斯已经动过肝脏移植手术，而且癌细胞已经扩散，知道自己不久于人世，所以特别想多给儿子留下些东西，最重要的是培养儿子生存的能力。可怜天下父母心！父子情深，东西方都一样。乔布斯希望在自己生命的最后阶段，让儿子多了解自己的工作，希望他将来也能成才。当乔布斯向给他写传记的艾萨克森谈起这段经历的时候，热泪盈眶，里边包含着对儿子的关爱，其中也可能有一丝自己的遗憾，因为工作繁忙没能更多地关照儿子的成长。

美国文化中，很注意亲人之间的互相鼓励加油。上面讲的很多是父母的工作让孩子来观察，以影响他们未来的事业。其实，在美国更常见的一种形式是，学校经常邀请父母参加孩子的活动，每个家长一学期都有很多次这样的机会。不论大人小孩，都有表现欲，都希望得到亲人的表扬，所以有亲人在场会有很好的激励作用，可以让孩子超水平发挥。

中国文化不太注重这一点。在我的记忆里，从小学到高中，也包括大学和研究生，父母没有参加过我的一次学校活动，这是普遍情况。现在随着西方教育观念的引入，这种状况在逐渐改善，但是受重视的程度还是远远不够的。

乔布斯身上流淌的是阿拉伯人钱德里的血液，但是体现的是德国人保罗的精神。当别人提起保罗不是他亲生父亲的时候，他会非常生气地说："保罗是我百分之一千的父亲！"所以，即使乔布斯的胞妹找到了他们的生父，他也终生都没有去认他。可见人是一种感情动物，更看重的是情感关系。

乔布斯之所以能够创造科技发明的奇迹，与他的动手能力、讲究细节、追求完美的精神是分不开的,这些品质主要是来自父亲保罗的言传身教。

　　父母和儿女之间的爱、信任和容忍,非常有助于孩子成才。爱给孩子提供了健康成长的氛围,爱也是孩子奋发有为的动力。有爱的家庭才能成就儿女的大才。

缺憾的人生

中外历史表明,缺憾的人生往往能够造就伟人。

一个人的最大的缺憾莫过于他一生都不知道自己的生身父母是谁。有这种缺憾的人,一懂事就发现自己跟这个世界上其他人都不一样,认识到自己的"特殊",觉得自己"另类"。有这样人生缺憾的人,往往从小就以一种独特的视野看世界,把自己作为一个"局外人",作为社会的旁观者,倾向于从整体上思考人类问题。先看中国历史上两个著名人物,然后再谈乔布斯的人生经历。孔子从小没见过父亲,所以他渴望父爱,提倡仁爱,讲究孝道,结果发展出了蔚为壮观的儒家文化。秦始皇有生父之谜,不清楚谁是生父,感到难以启齿,所以他残暴,他要臣服天下,让世人觉得他的力量最强大,疯狂地报复那些歧视他的人。结果,秦始皇统一了天下。

乔布斯一出生就被弃养,他长大知道这事后非常痛苦,所以他产生了以科技改变世界,从发明上征服世界的想法。对此,乔布斯周围的亲朋好友的解释也与此相似:乔布斯要显示出他的优秀,要让弃养他的父母感到后悔。可见,人生缺憾往往是一个人奋发有为的动力,再加上天资和机遇就会造就一个杰出的人才。

乔布斯一生经历了多次被抛弃。当然,他一生最大的被拒绝,最残酷的被抛弃,就是父母没有抚养他。这是他一生抹不去的痛,让我们看看乔布斯第一次"被抛弃"的过程。乔布斯的生母乔安妮出生于一个德国人的家庭,与来自叙利亚信奉伊斯兰教的钱德里在威斯康辛大学相好,因为宗教背景的重大差别,他们的婚姻遭到乔安妮父亲的坚决反对。乔安妮未婚先孕,但是在他们威斯康辛州的天主教社区,堕胎是不允许的,这使得乔布斯能有机会来到这世界上。乔安妮只好来到旧金山把乔布斯生下来,送人领养。

乔安妮立下一个契约,领养她孩子者必须是大学毕业生。这一要求又使得乔布斯的领养问题一波三折。接生的医生本来已经把乔布斯安排给符合条件的一对夫妇,然而1955年2月4日乔布斯出生时,这对夫妇放弃了,因为他们希望领养一个女孩。

保罗夫妇因为无法生育,很希望领养个小孩,倒是不在乎男女,但是因为不是大学生,开始的时候就被乔安妮拒绝了。即使保罗夫妇已经把乔布斯抱到了家里,乔安妮仍然拒绝在领养证书上签名。此后过了相当一段时间,乔布斯一直被人们"抛弃":因为没有符合条件的人来领养,乔安妮只好妥协:要求保罗夫妇先签一份保证书,从乔布斯小的时候设立专款,将来送这个孩子上大学。保罗夫妇答应了,这才办妥了领养手续。就这样阴错阳差,乔布斯没能成为律师的儿子,而进了保罗这个高中肄业生的家庭。

美国人很坦诚,但是有时坦诚得太残酷。比如,病人得了不治之症,大夫会毫不掩饰地告诉你,你还能活多长时间。比如,乔布斯本来是到斯坦福大学医院检查肾结石的,意外发现了胰腺肿瘤,医生就把他叫过来,告诉乔布斯还有半年左右的生命,赶快处理好后事。一个意志薄弱的人听到这个消息时,肯定会如五雷轰顶,完全丧失生存的信心,很短时间内就可能离开人世。而且美国的大夫倾向于把病往重里说,小病说成大病,大病说成无救。他们这样做的目的大概也是为了推卸责任:反正最后出现再坏的结果,都是因为你的病本来就有这么严重,不是因为大夫的医术不高。

不论是在孩子面前还是街坊邻居那里,保罗夫妇都不避讳说乔布斯领养这件事。所以,乔布斯很小就知道自己是被领养的。乔布斯六七岁的时候,街对面的一个小女孩冲着他说:"你是领养的,这是不是说你的亲生父母不喜欢你?"乔布斯后来回忆自己当时的反应:"天哪,我当时就像被闪电击中一样,跑回家里,大声哭喊。"保罗夫妇安慰道:"我们是专门挑的你。"这话只能说保罗夫妇很喜欢他,却没回答一个残酷的问题:乔布斯的生身父母为什么遗弃了他?其实,保罗夫妇自己也不清楚为何乔布斯的生身父母不养他,因为他们之间也没有直接接触,抱养一事都是通过接生大夫沟通的。

所以,乔布斯从小就跟一般的小孩不同,脑子里就有两个极端:"被遗弃"和"被选择",这直接影响了他长大后对世界的判断。也间接影响了后来乔布斯容易走极端,一件事情要么是"狗屎",要么是"棒极了",绝对不存在中间状态。

凡是跟乔布斯关系密切的人,都能感觉到他一出生就被遗弃这件事给他带来的精神伤疤。乔布斯的疯狂控制欲就与此有关,婴孩时期无助的他被大人们随便抛弃,所以成年以后就要拼命增加自己的控制能力,把周围的一切人纳入自己可控范围,让自己的主观愿望决定世界,而不是让命运被别人掌控。乔布斯这种做法背后的心理因素就是害怕再一次被抛弃。可是,他越想控制这个世界,就越容易被这个世界捉弄。结果就形成了乔布斯30岁之前的人生特点,一而再再而三地被别人抛弃。真正做到掌控这个世界是在乔布斯经过10年历练重掌苹果公司大权以后,这时他已经40岁出头了。

一出生被遗弃这个伤害,使得乔布斯有一个性格特点,有时显得特冷酷无情,这可能源自内心深处的报复心理。最典型的就是表现在乔布斯对待自己亲生骨肉——丽萨的态度上。他23岁时与克里斯安生下了丽萨,但是在克里斯安怀孕过程中,他漠不关心;丽萨出生初期,他不承认父女关系,致使克里斯安母女两个只好靠政府的救济生活。那时候乔布斯的事业已经相当成功,已经创办了自己的公司,经济上很富裕了。最后,克里斯安只好诉诸法律,做亲子鉴定,直到法院判决认定他与丽萨的父女关系后乔布斯才勉强承担起父亲的责任。

但是,乔布斯的人生也有阳光温情的一面。最突出的表现是,乔布斯把自己领导的团队命名为"丽萨"研究小组,所研发的电脑品牌名也定为"丽萨",由此可见他对女儿丽萨的情感之深。他后来不仅担当起供养丽萨生活与教育的责任,还对后来与劳伦所生的三个孩子感情很深,经常带他们出国旅游,周末一起跟孩子到附近的公园玩耍。总体上看,乔布斯也是个很有爱心很有责任感的父亲。

乔布斯被遗弃这件事对他的影响是潜意识的,他自己并不见得能够清楚意识到这一点。乔布斯也耳闻社会上对他的一些议论,一次他反驳道:"有些人认为,因为我被生身父母遗弃了,所以我才努力工作,拼命想出人头地,这样可以让生身父母后悔自己当初的决定。这太荒谬了!"乔布斯认为,"我从来没有觉得自己被抛弃过,知道自己是被领养的让我更加独立。"他把自己的生身父母比喻成精子库和卵子库。

但是遗传因素还是会在特定的场合显现出来影响人的情感的,特别是一个人在青少年期心智尚不成熟时更容易如此。乔布斯小的时候,听爸爸说,所有的喇叭都必须有扬声器,可是一天他在邻居家里发现一种电子发声器跟爸爸说的不一样,马上跑回家告诉爸爸:"你说的错了。"保罗还纳闷,跟乔布斯一同到那邻居家一看,才知道自己的知识也有限。乔布斯意识到自己比养父母更聪明,就不自觉从内心深处与这对养父母疏离了,他觉得孤独,与世隔绝,甚至有点儿瞧不起保罗夫妇。上文也曾说到,乔布斯第一次去波特兰上大学时,保罗夫妇驾车六七个小时送乔布斯去。可是乔布斯拒绝保罗夫妇送他进校园,他不想让人看到他这对没有文凭且智商不高的父母。如果是自己的亲生父母来送,乔布斯大概就不会这样。

然而,客观上讲,乔布斯被抱养是他的一件幸事,这使得他有了一对慈爱、开放、负责任的父母。保罗和克拉拉是很有奉献精神的父母,他们愿意自己做出牺牲来适应这个聪明任性的孩子,他们对孩子的爱是没有保留的,而且能够发现乔布斯身上的长处，理解他的行为，支持他的选择。乔布斯是这样评价自己的父母的："父母都很了解我，他们意识到我的特殊才华，精心呵护着我。他们想尽办法让我学到更多的东西，送我去好学校，尽量满足我的要求。"不难设想，如果乔布斯跟着生身父母生活境况会如何！

乔布斯的缺憾人生使得他的精神世界缺了一大块，容易陷入困顿迷茫，所以他对能够医治精神上的东西就特别偏爱。乔布斯在里德学院里，很崇拜一位犹太裔同学，他叫弗里德兰。1973年，弗里德兰从印度寻访精神导师回来，给自己起了一个印度教的名字，走到哪都是一双凉鞋和一身飘逸的印度长袍。这让乔布斯觉得弗里德兰酷毙了帅呆了。弗里德兰还神乎其神地说到，自我精神启蒙确实可能实现，他已经达到了一个更高层次上的觉悟，并鼓励乔布斯也去印度一趟。

因受弗里德兰的影响，乔布斯迷恋上自我启蒙，想要弄清楚自己到底是什么样的人，又是如何融入这个世界中。那时乔布斯就决定踏着弗里德兰的足迹，到印度去寻找精神启蒙。乔布斯大学休学后不久，就只身一人去了印度，后来大学同学科特基也来到印度找着乔布斯。科特基回忆说，"乔布斯这次去印度的探险之旅，也有一部分因素是因为不知道自己的生身父母是谁。他心里有一个洞，想把它补上。"

也许是命运的安排，乔布斯的人生总是那么多坎坷。他在经济极其拮据的情况下，辗转来到印度，因为在一个宾馆喝了不洁的水，染上恶性痢疾，差点儿丧命。身体刚养得能行动，他又坐火车，换乘汽车，辗转来到喜马拉雅山脚下的一个小村庄，这里就是传说中的精神导师——尼姆·卡罗里大师曾经居住过的地方。可是，乔布斯到那里的时候，这位大师已经离开人世了。印度之行，乔布斯又经历了一次"被抛弃"的精神打击。

乔布斯也尝试用"尖叫疗法"来排遣压抑在心里的痛苦。洛杉矶的精神治疗医师亚瑟·亚诺夫发明了这一疗法，是针对那些心理有问题者，特别是因为童年时期的痛苦导致的成年后的压抑，就是通过尖叫来发泄。乔布斯跟着学了一阵子,自己觉得,这一疗法还比较有效果。

跟乔布斯是好同学的弗里德兰是这样认为的,乔布斯非常渴望了解自己的生身父母,这样他就可以更好地了解自己。确实是这样,很多人了解自己就是通过了解自己是从哪里来的,自己的父母是什么样子等这些寻根的方式。

缺少父母的人都会有乔布斯这种感受。年轻的乔布斯经常放一首歌,反复地听,歌名就叫《妈妈》,这首歌引起了他的强烈共鸣。这是歌手列侬根据自己的经历编写的,在他一岁的时候,父亲扔下了他们母子两个走了,母亲很快病逝。缺少父母是他人生的最大遗憾,他的歌词里有这么两句:"爸爸不要走,妈妈回来吧。"真是催人泪下。跟乔布斯一样,列侬也尝试过尖叫疗法,用以排遣他心中的压抑。

成年以后,乔布斯又遇到另外一次残酷的被抛弃,而且是最不可思议的事情:他被自己请来的公司高管们集体抛弃,被自己创办的苹果公司无情地拒绝,以致他最后不得不离开自己心爱的企业。这真是"天将降大任于斯人也",就要"劳其筋骨","苦其心志","行弗乱其所为",而且是以这种与命运开玩笑的奇特方式进行的。

在抛弃乔布斯的人中,马库拉和斯卡利两个最让乔布斯伤心,因为他们都是乔布斯费尽心血请来的,却在关键时刻都背叛了他。在公司创办初期,乔布斯几番周折请来了马库拉,对他十分迷恋信任,俩人之间有一种深深的父子情结。此后他又费了九牛二虎之力,把百事可乐的总裁斯卡利请来做苹果公司的CEO。对待这些人,乔布斯有一个矛盾的心态,一方面想请这些管理精英来经营公司,另一方面他对每一个人都有控制欲,又想左右这些请来的高管。结果他与斯卡利交恶,造成了有你无我的结局。这时,包括马库拉在内的公司所有高管都站在斯卡利一边,乔布斯在公司里被彻底孤立,既被剥夺了所有权利,又无事可做,相当于被炒了鱿鱼,最后只得走人。被自己创办的公司抛弃,这是闻所未闻的怪事。

这次事件中,还有一位让乔布斯心碎的人,他叫亚瑟·罗克。在这次与斯卡利的交恶中,亚瑟·罗克也站在斯卡利一边。乔布斯这样描写他与亚瑟的关系:"亚瑟平时就像我的父亲一样,呵护着我。"亚瑟时常给乔布斯讲歌剧,乔布斯还从日本给亚瑟买了随身听。要知道,乔布斯给人买礼物是罕见的事,由此可见他们之间的感情之深。即使多年以后乔布斯想起这件事,眼中仍满含泪水,说道:"亚瑟选择了斯卡利而不是我。这真的是我无法承受的打击,我从来没有想过他会抛弃我。"

这一次次的背叛,对乔布斯的打击极大,几乎让他对世界失去了信任。

后来,乔布斯的养母在去世之前,说了他们是从哪领养的他。从那个时候开始,乔布斯就产生了寻找自己生母的想法。开始他还忐忑不安,生怕让父亲保罗伤心。一次他鼓足勇气向父亲提出了自己的想法,保罗倒十分开明,说自己不会介意。这样从上个世纪八十年代初,乔布斯就雇用一个私人侦探,开始悄悄地寻找他的生母,但是找了很长时间什么线索也没有找到。后来打听到为他接生的医生,这位医生开始告诉他当时所有的档案在一次大火中烧毁。其实这个医生编了个谎,为的是信守领养条约,保守秘密。但是这位医生去世之前给他太太留下一封信,信封上写着:"我死后交给史蒂夫·乔布斯。"乔布斯从这封信中得知,他的母亲是来自威斯康辛州的一个未婚研究生,名字叫乔安妮·席蓓尔。他很快就在洛杉矶找到了生母,又惊喜地得知自己还有一个同胞妹妹。从此以后,每年圣诞节,都会请生母和妹妹来帕洛奥图的家中做客。

乔布斯的人生经历了多次被抛弃,其中两次对他影响最为重大,第一次是一出生就被生身父母抛弃,第二次是他被自己创办的苹果公司抛弃。这种不平凡的经历造就了一个不平凡的乔布斯。

宽松的教育环境

中小学教育对一个人的成长至为重要。中国人的创造力偏低,造成这种现象的主要原因就是中小学教育的失败。很多中国学生的天性、想象力和创造力,都是在中小学阶段受到毁灭性的打击。这是一个值得整个社会反思的教育问题。我们可以从乔布斯的成长过程中得到启发,了解一下美国的教育如何孕育出那么多科技大师。

我们先设想,如果乔布斯在中国读中小学,很可能早就被淘汰掉了。在应试教育中,特别是按照中国人评判好学生的标准,乔布斯都属于"有问题的差生"。然而在美国中小学的宽松氛围中,老师不以考试分数作为衡量学生的唯一标准,注重发现和培养学生的个性,结果这种教育体制呵护了乔布斯的特殊才能,老师对他采取特殊的教育方式,这使得乔布斯不仅成功完成了中小学学业,还孕育了一位当代科技发明的大师。

美国教育的宽容程度高是乔布斯能够生存下来的关键因素。从小学到高中,乔布斯干过三次出格离谱的事情。这要发生在中国的中小学里,后果不堪设想,轻者受体罚,重者可能被开除学籍。

第一次是小学三年级的时候,乔布斯与班上另一位男同学玩了一次极为危险的恶作剧,他们在女教师瑟曼的椅子下事先装了些炸药,待老师坐下来上课时,他们偷偷点燃了炸药,突然"轰"的一声响,瑟曼吓得惊叫一声跳起来,身体直抽抽了很长时间。幸好炸药的量不够大,否则就会出人命。即使这样,学校也只是批评教育乔布斯,并没有严厉惩罚他,这可看出美国学校对学生的极度宽容。这要是在其他地方,乔布斯很可能因此被开除。

要说乔布斯用炸药吓老师时年龄还小,可以原谅,那么下面两次乔布斯已经上了高中,该到了自己承担责任的时候了。

第二次是他高中时期开始吸食致幻剂。那时的乔布斯已经交了女朋友,俩人经常一起到附近的麦地里,吸食致幻剂后,打开录音机,欣赏巴赫的音乐,享受整个原野随着音乐而起舞的梦幻感。美国在毒品的管制上宽松得让人不可思议,因此很多高中生都是在这个时期第一次接触毒品的,微软的盖茨也在这个年龄段尝试过这玩意儿。

第三次是在家园高中毕业典礼时,乔布斯与沃兹、鲍勃一道,在一个床单上画了一个竖起中指的手,同时做了一个滑轮和绳子装置,安装在学校旁边一栋房子的阳台上。待毕业生的游行队伍通过时,他们徐徐把床单放下,弄得全体师生瞠目结舌,群情激奋。虽然这是对毕业班师生的恶毒辱骂,学校也没有对乔布斯采取什么严厉的措施。

当然,即使在美国,也没有人赞成乔布斯这种恶作剧。然而问题是,假如出现了这种情况,学校应该怎么办?是严厉惩罚,还是疏导教育?这一点对人才的培养至关重要。要知道,那些大师级的人才,小时候往往表现得很出格很叛逆,粗暴的体罚很可能就会把他们早早扼杀掉。美国中小学教育中的这种宽容,不会轻易葬送一个学生的前途,很值得中国学校借鉴。

乔布斯淘气也跟别的学生不一样,常常是"非同凡想",很有智慧含量,而且往往产生轰动效应。

乔布斯的妈妈非常重视孩子教育,在他上小学之前,母亲就开始教他阅读了。然而这却给乔布斯小学的最初几年造成了麻烦,让他觉得学校的功课很无聊,所以就有更多的心思来琢磨如何做恶作剧。不像中国的父母在幼儿园时期就开始教孩子读书识字,美国父母对这个时期的孩子就是放纵天性,任其玩耍,所以乔布斯妈妈的做法是不多见的。

一天乔布斯制作了一个小海报,上面写着"某月某日为带宠物上学日",到处张贴,哪里显眼就贴哪里。到了这一天,整个学校闹翻了天,到处都是小狗小猫。小学生们倒是快乐无比,可把老师气坏了,这天的课没法上了!

还有一天乔布斯设法让小朋友们说出自己的自行车钥匙的密码,然后偷偷把所有自行车的锁打开换掉,结果放学的时候谁也开不了自己的锁,谁也回不了家。老师和家长直弄到天黑以后才把问题解决。

小时候的乔布斯就常能制造这些轰动的效应,就不难理解他后来能够领导研发出让世界神魂颠倒的苹果产品。这说明乔布斯生来就不是一个凡人,命中注定他要做一番轰轰烈烈的事业。

一个好老师,遇到学生恶作剧时,不是马上去训斥学生或者惩罚学生,而是观察这些恶作剧背后的智慧和胆量。乔布斯十分感念小学时候的一位老师,她叫希尔,他把希尔老师看做自己心目中的圣人。乔布斯认为,如果不是希尔对他的关爱和帮助,自己很可能就走上了犯罪道路,最后的命运十有八九是蹲监狱。

希尔接任了乔布斯的班主任,在观察了乔布斯几个星期之后,她决定采取一种"特殊"的办法来对付这个爱搞恶作剧的学生。有一天放学时,希尔给了乔布斯一个练习簿,上面都是数学题,要乔布斯放学以后带回家把题目都解出来。乔布斯第一个反应是:"你是不是疯了?"当乔布斯用疑惑的眼光看着希尔时,只见希尔又拿出了一个超大的棒棒糖,说道:"如果你能把大部分题目都做对了,就把这个给你,再奖励你5美元。"乔布斯用了不到两天的时间就做完了所有题目,得到了希尔的奖品。这样几个月下来,奇迹发生了,乔布斯不再老想着要奖励,而只想努力让老师高兴。希尔老师只用了一些棒棒糖和很少一些钱就改变了一个学生。尔后,希尔老师又有新花样,弄到一些小工具给乔布斯,让他动手做打磨镜头,制作相机之类的事情。乔布斯如醉如痴,总想做得更好,让希尔老师高兴。

希尔老师独具慧眼,发现这个爱做恶作剧的小孩子的与众不同之处,给乔布斯以特殊关爱,使得乔布斯也觉得自己很不一般。这样的自我意识对乔布斯的成长很重要。

多年以后,希尔还是很喜欢向人展示当年"夏威夷日"拍的照片。乔布斯那天没有带"夏威夷衫",但在照片中,他穿着夏威夷衫坐在前排中央。原来他成功地说服另一个孩子把自己的衣服脱下来给他。希尔很赞赏乔布斯这种高超游说别人的特殊能力。

希尔老师的不平凡之处就在于,她真的爱学生,观察他们,发现具有特殊才能的学生,自己花精力、花钱去鼓励他们,引导学生把自己的才华用在正道上。希尔这样的老师越多,那些有天赋的学生就越容易被发现,越有可能得到保护和鼓励,他们日后成长为杰出人才的可能性也就越大。

乔布斯很幸运,遇到了希尔这样的好老师,然而要知道不是每个人都有这么幸运的。一个学生要有这样的运气,首先必须有希尔这样的老师存在。大家可以反思一下,中国的中小学里现在有多少像希尔这样的老师?

也正是希尔培养了乔布斯的数学兴趣,改变了乔布斯的学习生涯。乔布斯小学四年级时接受数学测试,证明他的能力已经达到高中水准,因此学校允许他连跳两级。可是父母为了不让乔布斯压力太大,只让他跳了一级。跳级也给乔布斯带来一个"副产品",班里的学生都比乔布斯年龄大,他经常受欺侮,这客观上造成了他孤僻的性格,也促使他心理早熟。

到了高中,乔布斯认识了几个反主流文化的同学,这些人又常与社会上的电子极客和嬉皮士混在一起。乔布斯周围的朋友都很聪明,大家都感兴趣数学、科学和电子学,而且他们都喜欢迷幻药和反主流文化。乔布斯身上的叛逆精神和嬉皮士风格就是在这个时期形成的。

课堂与社会、自然的结合,是美国中小学教育的一大特色。比如学习数学,他们时常把小学生拉到野外,数树叶看花瓣,培养他们各种数量概念,而并不那么注重把学生关在教室里反复做各种花样练习题。此外,他们还让学生参观博物馆和历史遗迹来学历史,通过观赏自然美景来学习文学。乔布斯在高中时期学习的大学预修课,英语文学课的教学方法之一是,老师带他们去"优胜美地"国家公园踏雪,让学生描写自然美景,提高自己的审美品位。乔布斯很欣赏这种授课方式,对他日后的影响也很大,后来乔布斯就选择在这个公园举办婚礼。现在国内一些学校也采取了这种教学方式,是一种进步。

美国的教育很注重提高学生的学习兴趣。像物理学这些课,老师一旦不能引起学生的学习兴趣,学生就很容易产生畏惧甚至反感情绪,最后导致学业失败。乔布斯高中的时候听了一门电子学课,是大学教授麦科勒姆讲的。大学教授到中学里授课,也是中国值得借鉴的一种教育方式。麦科勒姆像个杂耍艺人,用各种各样小把戏来激发学生的兴趣,比如让特斯拉线圈产生电火花。他还把储藏室的钥匙借给学生,那里堆满了晶体管一类的零部件,让学生自己去尝试。麦科勒姆有一种巨大的魅力,他可以给学生解释清楚电子学原理,并能把抽象的理论联系到实际应用中,例如怎样将电阻与电容串联和并联,然后用这些知识来制作放大器或者无线设备。乔布斯电子学的兴趣就是来自麦科勒姆的课。

美国教育还有一个特点,就是重视动手能力。麦科勒姆的课程是三年,要求每个学生动手设计一个电子产品。乔布斯制造了一台带有光感器的装置,光感器遇到光后就会开启电路。除了课堂以外,乔布斯还跟着父亲经常动手制作各种各样的东西。此外,乔布斯与其他小朋友一起设计各种各样的东西,一次他们设计了一种音乐舞会的装置,就是通过使用安装在扬声器上的镜面反射激光,以增加音乐会的气氛。从这件小小的设计上就显示出了乔布斯的动手能力不一般,而且很善于把发明创造与实际应用结合起来,这与他后来领导设计苹果产品的理念一脉相承。

乔布斯得益于这样一种教育系统：宽容、自由、重视激励、个性化、诱发兴趣、重视动手能力，注重课本与现实世界的结合。这对我们的教育有很多可借鉴的地方。中国的中小学教育过于重视书本，以考试为指挥棒，学生每天局限在课堂或者家里，很少有机会接触自然和社会。更重要的是，中国的教育追求的是大一统，忽略了个性化教育，导致那些具有特殊才华的学生难以被发现，结果他们的才能往往会被埋没。中国的这种教育体系就很难培养出动手能力，而且创造力和想象力在很大程度上没有被开发出来。总之，中国要出现乔布斯这样的科技大师，就必须在教育理念上有根本的变化。

1.4 两个中学生的会面

苹果公司的两位奠基人——乔布斯和沃兹,他们有同样的名字"史蒂夫",但是却有着截然不同的性格特点:沃兹是电子设计神童,乔布斯则是经营谈判高手。他们的珠联璧合改变了世界,他们的成功也对今天的教育富有启发意义。

那么,沃兹和乔布斯是如何走到一起的呢?他们又是如何从恶作剧甚至违法乱纪中培养后来创业的本领呢?

沃兹喜欢捣鼓电子元件。碰巧有一个叫比尔的中学生,好奇沃兹怎么捣鼓这些玩意儿,就请沃兹来自家的车库里做他的事情。有这样爱好的青少年,有这样的社会风气,这就是出电子设计天才的最好群众基础。就像体育运动一样,哪个国家的青少年喜爱哪种体育项目,这个国家就很有可能出这方面的体育明星。比如在巴西,绝大部分小孩都喜欢踢足球,所以巴西不断有世界级的足球明星出现。

节假日的时候,沃兹就来比尔家的车库捣鼓电脑。他们渴了就喝易拉罐,不几天就会攒一大堆易拉罐,再拉到商店换些零钱回来,用以补贴他们的设计开销。因此他们就给自己设计的电脑起了一个很有生活气息的名字——"苏打水电脑",虽然听起来有点儿奇怪,然而却很生活化。在强调动手能力的教育环境里,小小的一个中学生就能自己设计出可以做乘法的计算器,具体办法是通过一系列开关将数字输入,然后用小灯显示二进制编码呈现的结果。现在看来不算什么,然而在上个世纪70年代初,一个中学生能做出这么极富有创意的设计,它要求综合运用物理和数学知识的能力,还必须具备很强的动手能力。这可比在纸上算题,搞些心算口算这类机械性的脑力活动复杂得多,难度也高得多。

改变历史的很多重大事件,往往是偶然因素促成的。虽然比尔本人并没有表现出多少电子学上的才华,然而他热衷于此道,不仅是一个十足的小电子爱好者,还是个热心的组织者。他不仅把自家的车库腾出来让沃兹当实验室,而且还把沃兹介绍给了乔布斯。一天比尔告诉沃兹,"我有一个好朋友,他也叫史蒂夫,跟你同名,也跟你一样喜欢恶作剧,一样喜欢电子学。"就是这三个"共同点"决定了沃兹和乔布斯这两个陌生人的人生轨迹一旦交叉就难分难离。

美国这种社会十分开放且富有活力,其中一点就是,一个人在年纪很小的时候,就有很大的社交圈子,可以找到与自己学习情趣相投的年轻伙伴。这些具有共同兴趣的年轻人经常在一起摸索讨论,往往是孕育大师的契机。

因为比尔的撮合,IT科技界的第二次最有历史意义的车库会面诞生了。第一次是上个世纪30年代,休利特和帕卡德在车库里生产出第一个电器产品,它标志着惠普公司的诞生和硅谷时代的开始。

沃兹和乔布斯在比尔家车库门口的人行道上坐了很久,兴高采烈地谈论他们过去做的恶作剧,相互交流各自的电子设计。高山流水遇知音,沃兹惊奇地发现他和乔布斯之间有如此多的共同点,可说是"心有灵犀一点通",他向别人解释自己的设计很费劲,然而乔布斯一下子就明白了他的意思。乔布斯对电子学的悟性,令沃兹有一种"相见恨晚"的感觉。乔布斯也有同样的感觉,他喜出望外地发现了一个比自己还懂电子的人!

乔布斯和沃兹还有不少共同的业余爱好,他们都酷爱音乐。一般来说,两个年轻朋友之间的共同点越多,他们在一起玩的时间就越长,他们的友谊自然就会越牢固。不论是古典音乐还是流行乐,他们俩都喜欢。他们沉醉于莫扎特、贝多芬的交响乐,又迷恋鲍勃·迪伦的流行乐。有一段时间,俩人游走于圣何塞、伯克利之间,疯狂地收集迪伦的音乐。因为买不起原版,就买盗版。他们还购买迪伦的流行乐歌词书,彻夜解读他的歌词。他们收集了超过100小时的磁带,包括迪伦巡回演出的每一场演唱会。

他们对音乐的酷爱,给了他们设计音乐电子产品的灵感,后来在电子行业低迷的时期,让苹果公司一枝独秀。本世纪初期,个人电脑产业开始衰落,互联网泡沫破灭,很多大的电脑公司陷入低谷。乔布斯率领苹果公司走科技向人文服务的路线,开发音乐播放器。iPad系列产品的研发成功,可谓一石二鸟,不仅使得苹果公司获得了巨大的商业利益,同时也振兴了流行乐坛。

乔布斯和沃兹早年的恶作剧成了他们后来企业人生的关键准备。

办企业需要非凡的组织能力,乔布斯的组织能力从高中时期就显示出来了。他在家园高中时曾经组织过一个俱乐部,主要成员有沃兹和鲍姆,他们的首要任务就是搞恶作剧,而且还是高科技的,有音乐,有灯光,还有一个寓意深长的名字"巴克鱼苗"。"巴克"就是校长的名字,辱骂校长那还了得?巴克校长可没有那么大的容忍度,就动用了自己最大的权限——"暂时停学处分"来惩罚乔布斯。

然而,任何处罚都改变不了乔布斯的叛逆行为,他决定在每年一度的毕业典礼上,搞一次更轰动的事情,要给这届毕业生留下一个永恒的记忆。这个年龄段的孩子正处于青春期,他们从家里拿了一条学校标志性颜色的床单,是黑白相间的,上面画了一只竖起中指的手。另外还设计了一个由绳子和滑轮组成的装置,挂在学校旁边的一栋房子的阳台上。等毕业生的游行队伍行进到阳台下方时,他们缓缓落下床单,那副不雅的图案下面还赫然写着:沃兹、鲍姆和乔布斯联合出品。

人们常说,不要扼杀少年儿童的天性。然而什么是小孩的天性?很多父母和老师不一定很清楚。这种天性往往表现在小孩子的恶作剧中,所以大人对孩子们的荒诞行为不要动辄就上纲上线,认为他们是问题少年,过早地宣称"孺子不可教也",从而打击甚至抛弃他们。那样的话,父母就可能与天才的孩子擦肩而过。

苹果产品的成功有两个重要的因素:一是他们追求人性化的设计,二是让科技为人文服务的理念。这一理念早在乔布斯和沃兹少年时期的恶作剧中就表现出来了。

沃兹设计了一个可发射电视信号的装置,能利用静电干扰图像,使电视画面变模糊。大小就像后来苹果产品 iPod,袖珍的,可以装在口袋里,人们不易察觉。

上个世纪七十年代,美国人最着迷的电视节目是《星际迷航》。沃兹藏在人群里,用自己设计的装置遥控电视,先把图像弄模糊,待大家站起来而有人要去调电视时,沃兹又让电视画面回复正常。在场的观众很快发现了规律:电视机的图像随人们的姿势变化而变化:坐下去模糊,站起来清晰。结果,大家都像做广播操那样,在沃兹的指挥下,反复"起立——坐下——起立",不出 5 分钟大家都给弄疯了。

这是沃兹和乔布斯第一次体验用科技来"操纵"他人的乐趣,让别人跟着他们小小的设计而起舞、发狂。他们从中也悟出了一个道理,技术只有与人们结合时才能产生乐趣。苹果现在生产的一系列产品,不就是如此吗?人们对苹果产品的着迷,已经远超实用的目的,精神上已经被苹果产品所折服。每款产品正式销售之前很久,人们就开始翘首以盼了:新产品开始发售的前天晚上,世界各地的苹果专卖店都有长长的人群彻夜等候。

很多年以后,乔布斯在新产品发布会做演讲时,电脑突然出现了故障。他就利用技术人员修复电脑的当儿,把当年与沃兹玩这个装置的快乐讲给了大家,惹得大家笑得前仰后合。

乔布斯和沃兹在搞恶作剧的道路上越走越远,越搞越大。他们开始捉弄美国最大的电话电信公司 AT&T,而且尝试从中赚钱,不再是单纯为了好玩。这是他们后来创办企业的最直接、最重要的一次"演练"。

沃兹翻阅电子杂志时得知,AT&T 电话公司的系统存在缺陷。他就设计了一个小小的电子装置——蓝盒子,用它联上电话公司的线路,这样打电话就可以不花一分钱,说白了就是偷电话。起初,他纯粹是为了好玩,为了寻找刺激。沃兹来到乔布斯家里测试蓝盒子,尝试给洛杉矶的叔叔打电话。电话是通了,然而回话者不是叔叔,原来因为他们太紧张而把电话号码拨错了。光给叔叔打电话哪能显示出这个发明的重要性?因此他们就决定玩个大的。一次他们干脆打给梵蒂冈的教皇,沃兹模仿那时的国务卿——基辛格的声音,说想要跟教皇通话,商量天上人间的大事。

乔布斯的非凡之处就在于他的商人头脑,他立刻意识到这个蓝盒子的经济价值。他认为社会上没钱的人多,打不起电话的人一定也不少,因此对蓝盒子这种免费电话装置感兴趣的人肯定有。当然,制作售卖蓝盒子是违法的,所以不能光明正大制作售卖。起初沃兹还不答应这样搞,乔布斯最后说服沃兹制作更多的蓝盒子出售。每个蓝盒子的成本费是 40 美元,乔布斯决定以 150 美元售出。

沃兹翻阅电子杂志时得知,AT&T 电话公司的系统存在着缺陷。他就设计了一个小小的电子装置——蓝盒子,用它联上电话公司的线路,这样打电话就可以不花一分钱。他和乔布斯制作了一批蓝盒子,到附近的大学兜售,赚了一笔钱。这次蓝盒子的恶作剧为乔布斯和沃兹日后的创业模式做了最好的"演练"。

既然这种装置不能在电视上做广告,就得私下里寻找买主。他们聪明地锁定顾客群为大学生,因为这个群体一是穷,二是道德观念还没有建立,敢于冒偷电话费这个风险。他们就到附近的大学里,一个宿舍一个宿舍敲门售卖,给顾客展示打国际长途到伦敦不需要一分钱,可以一次投资终身享用。起初制作的 100 个蓝盒子,几乎都卖出去了。

这次蓝盒子的恶作剧为他们日后的创业模式做了最好的"演练"。后来乔布斯是这样评价的:"如果不是蓝盒子,就不会有苹果公司。这一点我百分之百确定。沃兹跟我从中学会了如何合作,我们也获得了自己办企业的信心,相信我们可以解决技术问题,并真的投入生产,最终获得经济利益。"

虽然制作销售蓝盒子是违法的,但它为苹果公司培养了两位奠基人。首先,他们找到了合作的方式:沃兹设计产品,乔布斯寻找商机。沃兹是个纯粹的、善良的电子天才,他可以捣鼓出很酷的发明,但是目的是为了寻找刺激、寻找快乐,乐意白送给别人,从来没想到赚钱。乔布斯则思考如何让这些发明简单易用,然后把它加以包装,推向市场,赚上一笔。其次,这件事还大大增强了他们的信心,甚至可以说膨胀了他们的控制欲:他们发现,仅用一个小小的电路板装置,竟可以愚弄价值数十亿美元的 AT&T 的电话系统!

任何人在某一个领域的成功都不会是偶然的,在他们此前的成长过程中,培养了直接和间接的经验。苹果公司两位奠基人的成功来自于他们青少年时期的恶作剧。所以,大人们应该有一双慧眼,能从孩子的恶作剧中发现他们的才华,这样也许就可以造就未来的大发明家。

1.5 多元文化

历史的发展规律表明,任何一种强大的文化都是由多元文化因素孕育出来的,相反,任何单一的、封闭性的文化都必将走向衰微。那种主张"首先是中国的,然后是世界的",梦想在中国内部产生一种影响世界的强势文化,是不太现实的。

一个国家的文化强势,主要表现在各个领域都有杰出人才上。美国之所以盛产各个领域的大师,跟它是个移民国家,具有多元文化这种天然优势密不可分。不论是乔布斯个人,还是苹果产品,都是多元文化的产物,吸收了各种文化的优秀基因后复合生长而成。

乔布斯本身就是一个多元文化的"产物"。他的生父是叙利亚人,生母是德国人。他一出生就被德国后裔保罗夫妇领养。保罗具有典型的德国人的优秀品质,他追求完美,做事有条不紊,辛勤劳动,善于讨价还价,这些特质深深地影响了乔布斯。乔布斯身上体现最突出的文化特质就是德国的,这可以在一定程度上解释他成年以后的一些审美偏好。他非常喜欢德国车,长期开的一辆是奔驰,他对德国车的设计理念非常欣赏,并尝试把奔驰车的设计理念应用到他的电脑设计中。苹果公司前期的招牌设计师艾斯林格也是德国人，乔布斯把他请到帕洛奥图，让他在这里开展自己的业务，专门为苹果产品做各种工业设计。

在大学时代，对乔布斯影响最深的是一个犹太同学，叫弗里德兰。此人具有典型犹太人的特点，工于心计，精明诡诈，善于利用别人为自己谋私利。乔布斯在大学时期曾经一度把弗里德兰奉为偶像，模仿他的言行和做事风格。弗里德兰到印度去了一趟，说是去寻找精神导师，回来以后就是一身的印度人装束，头上围着头巾，身穿长袍，到哪都是一双拖鞋。乔布斯后来也踏着弗里德兰的足迹，到印度寻访传说中的精神导师。乔布斯还模仿弗里德兰的一招一式，包括说话的时候死盯着别人的眼睛。苹果公司的命名就是来自弗里德兰的叔叔在俄勒冈经营的一家农场。每年暑假，弗里德兰都鼓动一帮同学到他叔叔的农场打工，说是为了精神追求，其实就是为他打工，让大家剪枝、打柴、收获苹果。然而，乔布斯渐渐地发现，弗里德兰是利用他们这些善良的人们在赚钱，就与他决裂了。

如果看过《威尼斯商人》都知道犹太人精明，善于做生意。要办企业做生意，还必须有弗里德兰这种人的商人头脑和蛊惑人心的做派。乔布斯虽然后来不喜欢弗里德兰，然而受他的影响是很深的，从后来乔布斯办企业、为人处事上都能看出弗里德兰的影子。

乔布斯也深受日本人的影响，这包括精神、生活和科技三个方面。一位日本人在乔布斯住家附近开了一家禅宗馆，开始的时候，乔布斯每周去一次参禅，后来迷上了参禅，觉得一周一次太少，提议一天一次。乔布斯举办婚礼时，就请这位禅师来主持，由此可见他对禅宗的虔诚程度之高。这一点中国人应该反思一下。日本人在唐代从中国学去了禅宗，他们一直保持到今天，而且还推广到了世界，影响了乔布斯这个当今科技发明大师。然而禅宗在中国早已失传，没有对自己文化的坚持，自然也就难以影响世界。

乔布斯非常喜欢日本的京都，对那里的禅寺情有独钟，他曾经先后带孩子去过好几趟。苹果产品也蕴含禅意，外观浑然一体，人们可以凭意识感觉去使用这些产品。生活上,乔布斯很喜欢日本食品,他对京都地区的日本料理非常熟悉,各家餐馆的特点了如指掌。每次带孩子去那里,都会品尝日本饮食。穿着上,乔布斯也很喜欢日本风格,他的标志性的装束——黑圆领衫就是一位日本服装设计师制作的。乔布斯本来只订做了几件,可是这位设计师十分热情,一下子做了100件送给他。当乔布斯找到自己胞妹的时候,他又请这位日本设计师给妹妹设计衣服。

乔布斯虽然挺烦日本人,也不太瞧得起日本的电子公司,到日本公司去参观都没有给他们好脸色,然而乔布斯对日本公司的技术和管理倒是很欣赏。乔布斯领导研发的Mac电脑的光盘驱动器就是索尼公司的一位工程师帮助开发的。他还很赞赏日本公司所有职员穿统一的服装,甚至还想在苹果公司推广,后来因为遭到大家的一致反对而作罢。他曾经把日本的生产流水线引入电脑生产。此外,苹果公司的iPod核心技术书是东芝公司首先研发出来的,是乔布斯出了1000万美元买下了这项专利。可以说,日本科技文化对乔布斯的影响是全方位的。

印度文化对乔布斯也极有感召力。他二十岁刚出头的时候,辗转来到印度,去寻找那里的一位精神导师,在那里整整呆了7个月。乔布斯这一趟印度之行让他脱胎换骨,从思想到言行都深深打上了印度文化的烙印。印度之行甚至影响了乔布斯的肢体动作,后来他坐的姿势总是像练瑜伽,两腿盘着,光着脚丫子,席地而坐。在他买的一栋别墅的大厅里,就挂着两个人的画像,一个是爱因斯坦,一个就是这位印度的精神导师。乔布斯坦诚地说,西方的理性思维有其局限性,东方的直觉思维有其独到之处。他这里所说的"东方"指的就是印度。

如果说有哪个国家是乔布斯最想移民过去的话,那就是法国。乔布斯十分喜欢法国的浪漫,包括那里的女郎和巴黎风光。1985年,乔布斯被驱逐出苹果公司后不久,他首先想到的是到意大利、法国去散心,排遣胸中的郁闷。那次乔布斯是和女友一起去的,他们在巴黎流连忘返,他的女友建议他们干脆留下来,在那里买一个庄园,生儿育女,安居乐业。然而乔布斯壮志未酬,还是决定继续回美国创业。

伦敦也是乔布斯经常去的地方。英国文化对苹果产品的影响主要是通过英国人乔尼的产品设计。1997年乔布斯回归苹果公司后,乔尼是最重要的设计总管,他与乔布斯之间具有很高的默契和信任程度。乔尼的父亲是英国一所大学的金属工艺设计师,他深受父亲对完美的追求。虽然乔尼在伦敦上的只是一所普通技术学校,但是他在产品设计方面的品味则是超群绝伦的,连乔布斯这样挑剔的人也对他倍加赞赏。过去十几年来苹果产品的设计很多就是来自乔尼的创意。

乔布斯历来不喜欢暗色调、工业气息十足的日本索尼设计风格,然而却很欣赏意大利的品位,从建筑师到电影制片人,再到汽车制造商,以及菲亚特汽车公司,都是乔布斯所钟爱的。1981年9月,他到阿斯彭参加一年一度的国际设计大会。在这次大会上,他接触到了包豪斯工业设计新理念——干净而实用的设计,这一理念已经被广泛应用于建筑、家居、家具、印刷等众多领域上。乔布斯是这样评价这次会议的收获的:"我就是去膜拜意大利设计师的,那次会议真是一个奇妙的启示。"

非常遗憾,中国这个文明古国、文化大国,并没有直接影响到乔布斯和苹果产品。要说有影响,也是间接的,就是中国创立的禅宗通过日本影响到了乔布斯。像禅宗这样的文化传统在中国早已失传,今人多是为了商业目的而尝试恢复这种传统,很少有真诚的坚持。当今中国信仰上遭遇的尴尬是西方的没有真正学到家,传统的又丢得差不多了,结果两手空空。更令人深思的是,大部分的苹果产品都是在中国工厂组装生产的。难道我们已经沦落到只配做别人生产工厂的地步?

1.6 首席工程师——沃兹

苹果公司的首席工程师非沃兹莫属。沃兹和乔布斯是公司的两个奠基人,沃兹设计的 Apple II 使得公司赖以成立,也是公司初期的经济支柱。这款电脑标志着个人电脑的诞生,被看做影响人类的最伟大的 100 个发明之一,与中国的造纸术和指南针同列。

乔布斯最亲密的伙伴——沃兹是苹果公司的开创人之一,他是 Apple II 的设计者。这是世界第一款真正的个人电脑,被誉为影响人类最伟大的 100 个发明之一。

沃兹的成长道路可以给中国教育很多启发。

中小学时期,沃兹就才华出众,是老师最喜爱的学生。但是沃兹的情商并没有随着年龄增加而增长,而是一直像个高中生。情商直接决定社交能力,沃兹在与人打交道上,没有最差,只有更差,以致一直找不到女朋友。

俗话说"有其父必有其子",说的就是父亲对孩子的影响极大。沃兹的父亲是加州理工学院的杰出校友。这所大学虽然规模很小,只有两千多学生,三百多教师,但是教师队伍里获得诺贝尔奖的人数在世界大学中名列第五。钱学森先生就是毕业于这个大学。然而,沃兹的父亲恃才傲物,十分推崇自己的工程学,却瞧不起商人。他常挂在嘴上的一句口号是:"工程学是世界上最重要的。"

大人影响孩子的方式是多种多样的,除了自己日常生活中的言行外,还包括自己的工作环境。沃兹的父亲经常带他到公司去玩电子器件。有时父亲让显示器上的一条波形保持平直,检测自己设计的电路是否正常运作,这让沃兹看得入了迷。沃兹看到实验室里那琳琅满目的电阻、晶体管,向父亲好奇地问这问那,有时父亲还拿起笔就在黑板上给小沃兹耐心地解释。对于沃兹来说,父亲是最好的老师,已经不是个比喻了,而是一个实实在在的现实。沃兹这样回忆父亲的教育:"他会从原子和电子讲起,给我解释电阻是干什么的。我上小学二年级的时候,爸爸就给我解释电阻是怎么一回事,他不用抽象的方程式,而是用很具体的形象来说明。"难怪沃兹是个电子天才,他那么小就有一个著名大学的高材生爸爸给自己当老师!天才不光来自先天因素,也是后天环境造就的。

大人对孩子的影响是多方面的,除了知识,还有道德和价值观。沃兹还是个道德标兵,这也是父亲言传身教的结果。他的父亲教他绝对不要撒谎,沃兹是个听话的好孩子,所以他在任何时候都显得很单纯。沃兹对他这一性格形成的原因也有一个说明:"我父亲信奉诚实,极端的诚实。那是爸爸教给我最极端的事情。我从没有撒过谎,到今天也是如此。"父亲还告诫沃兹不要有野心,这也对沃兹影响很深,使得他后来一直埋头于自己的技术发明,从不想出人头地的事情,真真正正的低调之人。

苹果公司创办40周年时,公司举办了一次新产品发布会,乔布斯又特意把离开多年的沃兹请了回来。面对在场的那么多观众,沃兹回顾了他与乔布斯之间的差别:"我总是想做一个普通人,不想成为像乔布斯那样的明星。我就想成为我爸爸那样的工程师。我知道自己的弱点,太腼腆了,不善社交,因此永远成不了像史蒂夫那样的商业领袖。"这种差别跟各自的家庭环境不无关系,明显是受各自父亲的影响。

在中国,很多人心目中的大学,就是有大楼有教授的地方,中小学时期一心读书,盼望着高中毕业那一天再进去深造。其实真正的大学就在你的身边,它的大门一直向你敞开着,只要你意识到了它的存在,即使你在小学的时候就可以体验大学的"创意"乐趣。那样,等你高中毕业了,你可以具备甚至很多大学生没有的知识和能力。人们可以从沃兹的成长中领悟到这一道理。

父亲直接教沃兹电子学,所以沃兹到了小学四年级的时候,就成了"电子神童"。沃兹一看到晶体管眼睛就放光,而见了小姑娘则害羞得低头不语,整个一个机器人!沃兹的天然条件不怎么吸引人,矮矮胖胖的,背还有点儿驼。同学们也觉得沃兹性格内向不合群,也都不来找他玩耍,所以他能够大多数时间都埋头于电路板上。

在电子学知识和设计上,跟乔布斯相比,沃兹可以说是先知先觉。在乔布斯还处于在一个简单的电子元件上懵懂的年纪,沃兹已经在用晶体管搭建对讲系统。这可不是闹着玩的,设计工艺相当复杂,得会组装放大器、继电器、蜂蜜器、灯泡等这些令人头疼的玩意儿。乔布斯还在玩儿童工具盒时,沃兹已经在组装世界上最先进的电子制造商才能生产的发射器和接收器。沃兹还和父亲一起获得了无线电证书。

大人买什么书,喜欢看什么书,也会影响到小孩。很多小孩都会对家里的书好奇,随手翻一翻,可能就会发现自己有趣的地方。因为沃兹的老爸是一个电子学专家,家里订了很多这方面的期刊,沃兹大量的时间就是呆在家里翻看这些杂志,特别感兴趣上面讲的那些故事。

课本之外的自学,对一个人的事业可能发挥关键作用。沃兹有一种特殊智力偏好,那就是别的小朋友感到枯燥乏味的学科,他则其乐无穷。沃兹中学的时候就自学了布尔代数。这可不是一般的初等代数,非常抽象,要求很高的逻辑推导能力,主要用于电路设计原理上。但是沃兹就是沃兹,他学了以后惊奇地发现,其实计算机系统一点儿也不复杂,而且还能马上把布尔代数的知识付诸应用。到了八年级的时候,沃兹就能够运用二进制理论造出一台电脑,把100支晶体管、200支二极管、200支电阻装在10块电路板上。这台计算器拿去参加了由空军举办的比赛,尽管参赛选手还有高三的学生,但是只有初二的沃兹获得了大奖。恐怕在这个年龄段的中国的学生还在家里忙着做练习,可是在强调动手能力的美国教育中,沃兹已经会自己组装电脑了。沃兹这种学生在美国是普遍现象,可是在中国则很罕见,这是两国教育理念不同所导致的差别。

有独创精神的孩子往往显得不随群。因为这些孩子爱自己静静思考,独自一人琢磨喜爱的东西,就不大愿意与其他小朋友玩。同龄的孩子也搞不懂沃兹一天到晚在捣鼓什么,也都没人去理会他,结果很长时间都没有一个人去搭理沃兹。沃兹成了孤独的侠客,通常都是独来独往。

因为长期被人忽略,这种不随群的小孩有时会做出惊人之举,以引起大家的关注。沃兹高四的时候,做了一个电子节拍器,响起来很像定时炸弹。他把这个装置放在学生的换衣柜里,而且这玩意儿很智能,一旦柜门被打开,"滴答"频率就会突然变高,像炸弹爆炸一样。

实际上,沃兹的装置就是几个废旧电池组成的。他特意把电池的标签撕掉,把它们捆绑在一起,看起来就像一捆炸药。有同学打开衣柜,看到滴答作响的这个玩意儿,就惊慌失措地报告校长,"衣柜里,有,有,有定时炸弹。"校长确实勇气非凡,直奔换衣柜,抱起那颗定时炸弹,紧贴着自己的胸口,冲向开阔的操场,然后镇定地把电线拆掉。其他同学都吓得魂不附体,往远处躲,唯独沃兹镇定自若,开始强忍着不笑,看着校长那煞有介事的样子,最后实在忍不住"噗嗤"一声笑出来了。这位校长确实应该被授予"英雄勋章",因为他当时认为那就是一颗随时可能爆炸的定时炸弹,他是冒着生命危险来保护学生的安全的!

沃兹做恶作剧是不管场合的,他的创意也是处处可见的。就因为定时炸弹这件事,沃兹被警察带到少年拘留中心过了一晚。即使在这里,沃兹还继续他的恶作剧,把天花板上风扇的电线解下来,连到铁窗上,一旦有人碰到铁窗,就会感受一次电击。因为长期与电子打交道,沃兹养成了个癖好,喜欢被电击的感觉,每次被电击就有一种获大奖的感觉。

即使设计一个赌具,沃兹也能另类思维,很有创意,让赌徒们"玩的就是心跳",体验无比刺激的感觉。他曾经发明了一种轮盘赌博游戏,四个人把拇指按在槽里,球落下之后,其中一个被电击倒,被击倒者赢取赌资。沃兹得意地说:"搞硬件的人愿意玩这种游戏,搞软件的人太胆小了。"是呀,一天到晚编程序的人,是没有机会享受被电击的快乐!

沃兹到了高中四年级时,他在一家电子公司找到一份工作,这是他人生中第一次有机会尽情摆弄计算机,实现了他孩童时期的一个梦想。沃兹有超强的自学能力,他又自学了计算机编程语言,并涉猎了各种各样有关电子系统的使用说明。那时,他又琢磨最新的微芯片的规格,开始用这些元件自己组装计算机。他把自己关在房间里,独自一个沉浸在电子世界里。每天晚上,他都会努力在前一天的基础上改进自己的设计。

到了高中四年级结束时,沃兹就是一位电子学工程师了。17岁的沃兹就有这种能耐,他设计的计算机可以节省一半以上的元件,所使用的芯片只有市面上产品的一半,而具有同样的性能,甚至性能更佳。

沃兹这样的电子天才,只有在美国的教育体系里才有可能。在美国,考试制度宽松,功课学习轻松,不单纯以成绩论成败,中小学生可以有大量的业余时间来做自己喜欢的事情。试想一下,在中国当前的教育体制下,在学校有忙不完的功课,回家还要做作业到深夜,周末还得参加各种各样的补习班,怎么可能有时间去阅读电子期刊、自学布尔代数和计算机语言?而且学校一切以分数的高低论成败,即使一个学生设计个很有创意的东西,也可能会被认为不务正业,如果考试成绩不好,甚至被无情地淘汰。在中国这种教育体制中,即使有沃兹这样的少年天才,也早就被埋没了。

沃兹的成长过程还让我们反思一个问题,那就是中国人的名校情结。在新闻媒体里经常可以看到,谁谁谁被北大、清华录取了,谁谁谁同时收到了哈佛、斯坦福、耶鲁的录取通知书。似乎上名校就是一切,意味着学习的最大成功。然而,要知道被名校录取只是一种暂时的荣誉,只说明你有一个好的教育机会,与走出校园后的事业成功是两码事。

从沃兹身上可以看出,他对读名校的态度是比较淡泊的。沃兹家的附近就有两所世界名校——斯坦福大学和伯克利加州大学,按照美国重视经历和动手能力的录取标准,沃兹申请这两所大学应该不成问题,会被优先录取的,因为他读中学时候就获得过电子设计大奖,是申请这两所名校的重要资本,然而他却去了名不见经传的科罗拉多大学。

沃兹把自己恶作剧的习性从中学一直带到大学。不仅按照中国的标准不是好学生,即使按照相对比较开放的美国标准,沃兹也是个有问题的年轻人。在科罗拉多大学期间,沃兹仍然把大量的时间用在恶作剧上。他印发了大量的传单,上面写着"去你妈的尼克松",尼克松可是当时的美国总统。因为这件事,他没有通过有关的课程考试,被学校留校察看。已经这样了,沃兹还觉得情况不够糟,又编了一个程序,让计算机不停地运算斐波那契数列,浪费了计算机大量的运行时间。在那个年代,计算机还很稀有,只有大学才买得起,而且运行费用非常高。为此学校警告沃兹,让他承担费用。

恶作剧给沃兹带来的始终是快乐。沃兹在科罗拉多大学愉快地度过了一年,然后决定休学去赚钱。还好,在美国找工作不需要看毕业证,有能力就行,所以他很快在一家为交通部门生产计算机的公司找到了工作。那里的一名同事很慷慨,把多余的芯片给他,沃兹就把自己的设想变成了一台真真切切的计算机。

有时候缺钱不见得是件坏事,反而可以激励人出色地工作。因为沃兹手头拮据,总是无法买到足够的电子元件,在这种经济压力下,沃兹就想方设法尽可能少用芯片,就不断挑战自己。他的电子才华就是在这种情况下磨砺出来的。

　　沃兹后来转到了一个社区大学——迪安扎学院,就相当于中国的成人夜校,师资和设备都很差,以培养技能工人为主。我对这个学校很熟悉,在斯坦福大学读书期间,每个周末都到库菩提诺的一家中国食品超市购物,经过这个学校。那时候心里想,旧金山那么多世界名校,大概只有最笨的学生才会上这种社区学校。万万没有想到这个改变世界的沃兹曾经就读于这个学校。此外,苹果公司最近十几年来最重要的产品设计师乔尼也只是从伦敦的一所技校毕业。由此看来,一个人的成功与他读什么学校确实没有太大的必然联系,小学校也可以培养出名人。

　　这也为中国公司招聘提供了一个新思路,不一定老盯着那些名校的毕业生。过于讲究名校,很多情况下也就是给自己装装门面,不见得有什么实际效果,只是"面子工程"而已。

1.7 大学经历

乔布斯只读了一年大学就辍学了。虽然时间很短,也没有拿到学位,更没有学到任何系统的专业知识,但是这段经历却是他企业人生不可或缺的关键一环。

到了高中毕业时,乔布斯变得更加叛逆了。其他同龄的人大都选择上大学,他偏要选择与众不同的道路,想到纽约去打工。然而父母坚决反对,因为他们要兑现抱养乔布斯时签下的合约,要供他上大学。

最后乔布斯妥协了,没有坚持去纽约打工。也许是与父母赌气,也许是出自他的非同凡想,乔布斯不选择家门口的两所世界著名大学——斯坦福大学和伯克利加州大学,而选择了北方小镇波特兰的里德学院。这个学校规模很小,只有1000多名学生,然而学费奇高,跟斯坦福的一样,属于贵族大学。正因为此,父母劝他不要去,但是乔布斯坚持非里德学院不上。

后来,乔布斯对自己大学的选择是这样解释的:"去斯坦福大学的人,他们已经知道自己想要做什么了。而且斯坦福缺乏艺术性,我要去上更富有艺术性、更有趣的学校。"很明显,乔布斯是把大学教育看作一次人生探险的旅程，不喜欢过程和目标都已经很清楚的名校，而且他更注重是否符合自己的兴趣。他热爱艺术，里德学院是以艺术擅长，这就是他做出这样选择的原因。

里德学院位于俄勒冈州的波特兰市。我去过这个地方，从旧金山驾车往北需要七八个小时的车程，是一个很有特色很漂亮的历史名城。

乔布斯在2005年斯坦福大学的毕业典礼上谈到了自己在里德学院的读书经验，概括起来就是一句话："凭兴趣而学，未来可能有意想不到的用场"，也就是"学什么，才知道什么有用"。他告诫学生，学习不要太功利了，不能总是跟着社会需求走。有些课程可以凭自己的兴趣爱好来学，当时也许看不到有什么用途，日后也许发现它们有惊人的用处。

乔布斯特别提到了那时学的一门书法（指英文书法）课，他从此以后喜爱上了书法艺术，掌握了字体及版式知识。凭自己兴趣上的课往往能给学生的印象最深刻，多年之后乔布斯这样生动地描写这门课的收获："我学到了衬线字体和其他字体，知道怎样在不同的字母组合间调整其间距，以及怎样做出完美的版面设计。这其中蕴含的美、历史意味和艺术精妙之处是科学无法捕捉的，我为之陶醉。"

乔布斯学这门课时根本不知道它将来会有什么用途，纯粹是自己的爱好。然而多年以后，在乔布斯设计麦金塔电脑的过程中，当年学习书法的知识派上了用途，他运用所学技能为麦金塔设计出各种优雅美观的字体。公司里的很多人无法理解乔布斯对于字体设计的痴迷，有些人甚至疑惑地问："字体？难道我们没有更重要的事情要做吗？"公司的元老马库拉回忆道："我们很惊讶乔布斯对字体的了解，赞佩他执着于设计出好看的字体。"由于乔布斯的努力，Mac电脑上用到了各种漂亮的字体，再结合激光技术和强大的图形功能，不仅让普通人体验到了出版印刷的乐趣，而且也推动了桌面出版产业的诞生。这也成了苹果电脑的卖点和公司的盈利点。后来微软拷贝了这套字体，通过微软操作系统推广到世界，今天每一个使用电脑者都从中受益。

　　美国大学五花八门,各具特色。里德学院是一所重视人文艺术的学院,提倡自由精神,所以它成了嬉皮士的乐园。受里德学院校风的影响,乔布斯一直追寻自我精神启蒙。就在乔布斯进入大学的前几年,启蒙领袖蒂莫西·利里曾经盘腿坐在里德学院的草地上,宣扬"打开心扉,自问心源,脱离尘世"的理念。许多里德学院的学生把这三条告诫奉为自己的人生座右铭。乔布斯曾经批评80年代的大学生都太现实了,缺乏梦想。反观今日的中国大学生,又何尝不是如此?都太世故太世俗了。一个人没有精神世界的执着追求,也就很难做成大事业。大学时候,影响人最深刻的往往不是某门功课,而是建立一种信仰,特别是那种值得你终身追求的信仰。这应该是乔布斯在里德学院的最大收获。

　　大学期间,除了功课学习,同学们之间的互相交流、相互切磋也很重要。那时候越战刚刚结束,大学生谈论最多的话题由原来的政治变成了自我实现的方式。宿舍里,大家争论最多的就是如何实现自我价值。那时候同学们中间流传着各种各样关于精神启蒙的书籍,尤其是《此时此地》这本书最为流行,它是关于冥想和致幻剂的美妙之处的论著,它深深吸引住了乔布斯。乔布斯后来回忆道:"这本书的意义深远,它改造了我和我的许多朋友。"后来乔布斯还把这本书送给了自己最信任的雅达利公司的高管奥尔康看。

　　工作以后,乔布斯的许多爱好都是受他大学同学的影响,其中对乔布斯影响最大的另一个同学就是科特基。科特基喜欢佛教禅宗、迪伦的流行乐和迷幻药。科特基的这三样爱好乔布斯都有,除了迷幻药是乔布斯原来就有的外,其他两项都是从科特基那儿来的。科特基也很欣赏乔布斯,发现乔布斯身上有很多独特之处,如是评价道,"他很酷,又科技十足。"这种精神上的探索追求让他们逐渐看不惯那些物质主义者。

　　科特基可以说是乔布斯的铁哥们,是乔布斯保持最久的一位朋友,他们一起去印度,一起在乔布斯家的车库组装电路板,又一直在苹果公司共事。他们牢固友谊的背后是共同的精神追求,这就是为什么他们俩在苹果期权上发生了激烈争执后又能和好如初的原因。科特基和乔布斯的友谊表明,有共同信仰的朋友之间的友谊最牢固。

在里德学院读书期间,他们一起搭便车到海边玩,参加同学们关于生命意义的说唱,到当地的寺庙参加"爱心活动",还去禅宗中心吃免费的素食。乔布斯还到图书馆里借了一摞关于自我实现的书,诸如《禅者的心》《一个瑜伽者的自传》《宇宙的意识》《突破精神唯物主义》等,俩人轮流阅读,定期相会交流读书心得。他们还在一位同学的房间屋顶阁楼的狭小空间里开辟一间印度教修炼室,地上铺着印度花布,还布置有一块手纺纱棉毯、蜡烛、熏香,外加几个打坐参禅的坐垫。他们经常到这里打坐参禅。乔布斯这种做什么像什么的认真态度,也与众不同。

我非常赞赏美国大学生中这种执着的、严肃的精神追求。中国人没有宗教信仰,实际上很多人是啥信仰也没有,只相信眼前,只觉得看得见摸得着的物质才可靠,结果各个学生很现实很世故。这种情况的弊端是,太容易为周围的环境所左右,很难达到高层次的境界,难以取得杰出的成就。

如果说科特基是乔布斯理想主义的好伙伴,那么另一位大学同学弗里德兰则是乔布斯物质主义的教练。只有理想,不讲究物质主义,就失去了办企业的动力;只讲物质,没有理想,就不知道办企业的方向。二者缺一,企业都办不好做不大。

虽然乔布斯后来对弗里德兰的印象很差,甚至完全与他断绝了关系,但是乔布斯身上的一些企业家的素质却是来自这位犹太人后裔的影响。犹太人是个很了不起的民族,各行各业的世界级大师很多,虽然其他民族看不惯犹太人的一些风俗习惯和做事方式,然而一个人真要有成就,不论是做学问还是办企业,犹太人身上都有很多值得学的东西。

商界如战场,兵不厌诈在办企业上也很适用。要学会这一招首先你得"敢诈会诈",乔布斯的这种胆量和本领一部分是向弗里德兰学的。开始的时候乔布斯把弗里德兰视为偶像,后来觉得他是个吹牛欺诈的高手。乔布斯在创业的过程中,不少时候就是靠"吹牛欺诈"渡过危机的。反过来看,那个道德高尚、绝对诚实的沃兹是做不了大企业家的,只能做一个优秀的工程师。现实生活中,大家都愿意跟沃兹交朋友,不愿意跟乔布斯交往,然而道德标兵往往办不好大企业。

物以类聚,人以群分。乔布斯能被弗里德兰的魅力所吸引,也说明了乔布斯身上与弗里德兰有某些相通的特质,所以才对其会产生共鸣。

乔布斯是演讲高手,极具煽动性,这一点也是从弗里德兰那里学来的。弗里德兰的父亲是二战纳粹德国的奥斯维辛集中营的幸存者。他在美国东部读大学的时候,曾因贩卖毒品而被判刑2年。刑满释放后,弗里德兰才来到西部这所里德学院。这个人能耐很大,摇身一变,成了受政治的迫害者,声称要洗刷罪名,把这作为他竞争学生会主席的宣言,最后还真成功了。

弗里德兰又把乔布斯的视野引向了东方,使得乔布斯深深迷恋东方精神。1973年夏天,弗里德兰去印度拜访了印度教导师——马哈拉杰。从印度回来,弗里德兰整个变了一个人,他为自己起了个印度宗教的名字,走到哪里都是一双凉鞋和一身飘逸的印度长袍。弗里德兰还多次跟乔布斯讲,他确信自我启蒙的状态确实存在,这可以让人们达到一个全新层次的觉悟。乔布斯深为所动,后来他踏着弗里德兰的足迹寻访印度的精神导师。

作为朋友的双方必须都有相互吸引对方的地方才行。弗里德兰也觉得乔布斯很有魅力,他如是评价乔布斯,"让我感到震撼的是他的激情,他只要对一样东西感兴趣,就会把这种东西发挥到非理性的极致状态。"这就是乔布斯留给弗里德兰的印象。这也是乔布斯能够创办苹果这样大公司的特质。

乔布斯的"现实扭曲力场"①带来了一次又一次的技术发明,他的这一特质也是受弗里德兰的感染。弗里德兰极富有魅力,善于忽悠人,可以让现实屈从于他超强的意志。这个人还具有领袖的特质,很机智,充满自信,还有一点独断专行,精于如何让自己成为公众焦点。弗里德兰身上散发着超强的气场,他走进一个房间,别人立刻就会注意到他,而且还特别善于交际,是

---

① 关于这一问题的详细讨论见3.10:《实事求是有碍创新》。

一个优秀的推销员。这些都是一个企业家所需要的素质,弗里德兰自己后来在国外开采金矿发了大财,也成为了亿万富翁。

不管乔布斯自己愿不愿意承认或是否意识到,他都深受弗里德兰的影响。俗话说旁观者清,科特基在一旁看得很清楚,他第一次见到乔布斯的时候,乔布斯显得羞涩而谦逊,非常内向。乔布斯跟弗里德兰相处一段时间后,身上的羞涩开始逐渐退去。科特基认为,是弗里德兰教会了乔布斯如何推销自己,怎样与别人相处,怎样展现自我,怎样控制局面。这些都是企业家的必备素质。

现实就是如此具有讽刺意味:正是这个品德上有缺陷的弗里德兰最后到国外挖矿而成了亿万富翁,那个只讲究精神追求、老实巴交的科特基只能跟着乔布斯在公司里打零工。品德好坏和赚钱能力,往往不是一回事。

弗里德兰除了个人的魅力外,他叔叔的苹果园也对乔布斯影响深刻。那个时候,弗里德兰除了上大学读书,还兼管他叔叔的一个苹果园。果园位于波特兰市西南40英里处,有220英亩那么大。为了凸显自己对东方宗教的酷爱,弗里德兰又给自己叔叔的苹果园起了一个带有宗教色彩的名字——"大同农场"。他们这帮志同道合的哥们儿,平时来这里度周末,暑假在这里打工。乔布斯主要负责打扫果园,给苹果树剪枝。

就是从这个果园的管理上,乔布斯逐渐认清了弗里德兰的奸诈本质。最初这些人是把苹果园看成逃避物质主义的庇护所,所以才来这里干活,然而弗里德兰却利用这帮人纯真的追求来赚钱。大家整日劳动,除了给苹果树施肥、剪枝,还要收摘苹果。此外,弗里德兰还指使大家砍柴,然后拿到市场出去卖,而且还让大伙生产榨苹果汁机拿到外边销售。然而乔布斯这些人全是义务劳动,统统都是没有报酬的。时间一长,人们逐渐认识到弗里德兰的商人面目,就一个个离开了。这一点让乔布斯很痛苦,一时接受不了,原来认为弗里德兰是个精神至上者,把他奉为自己精神上的引路人,后来却发现他原来是个欺诈的商人,典型的拜金主义者。所以,尔后的岁月里,虽然俩人都成了亿万富翁,却几乎没有任何交往。后来有一天,弗里德兰因为环境污染问题被政府调查,他打电话请求乔布斯向克林顿总统说情,乔布斯则断然拒绝。乔布斯是个很认真、很执着、很有原则的人,一旦认定你是个坏人，就会跟你断绝来往。

　　弗里德兰所管理的这个苹果园，对乔布斯的家庭和公司都影响极大。后来乔布斯安排女友克里斯安来这里生下女儿丽萨。在公司成立后，乔布斯和沃兹一直为公司的名字而苦恼，想了很多名字都觉得不合适。这时又到了苹果收获的季节，乔布斯就丢下了公司的事情到大同农场去了一个月，回来以后见到沃兹就提议干脆叫"苹果公司"。关于苹果公司的来源，社会上有各种传说，这是乔布斯自己唯一认可的版本。此外，乔布斯也从给苹果树的剪枝上悟出一个管理企业的道理：像剪掉那些枝蔓可以提高苹果产量一样，只有砍掉公司里那些不重要的产品，公司才真能发展。乔布斯1997年重掌苹果公司后，就是用这种管理思想，让濒临破产的苹果公司起死回生，铸就了科技创新的传奇和神话。

　　乔布斯在里德学院注册了一年，后来又在那里旁听了9个月的课，前前后后不到两年。虽然他只有这一年多的大学生活，但是对他后来的事业至关重要，对他的科技人生和企业人生产生了重大影响。

1.8 无缘中国

乔布斯去过世界那么多国家，多次到日本，在印度呆过七个月，然而却没有来过与印度相邻而与日本隔海相望的且对苹果公司贡献极大的东方文明古国——中国，这背后的原因值得深思。在我看来，乔布斯没有与中国发生过直接关系的主要因素是：现在的中国既没有让乔布斯感动的信仰，也没有让他感兴趣的科技创新。

要说中国对苹果公司的贡献极大，苹果公司的发展离不开勤劳的中国人——中国是苹果产品的最大生产基地，有70万工人为苹果公司生产电子产品。中国也是苹果产品的最大的客户之一，国内稍微有头面的人，手头都有一两款苹果产品，不是 iPhone 就是 iPad。中国人对苹果产品也最疯狂，每款新产品出来，苹果专卖店彻夜等待的现象不算新鲜，因为美国也有，新鲜的是为争买苹果产品而打架斗殴，致使商店不得不关闭停业。上海等地的苹果专卖店就发生过这种事情。世界上绝无仅有的"山寨版"的苹果专卖店也曾在中国西南部的一些城市兴起。在中国，衡量名牌的一个可靠标准就是是否被山寨。中国很多地方都能见到山寨版的苹果产品。

苹果产品属于科技时尚,是拉风炫富的首选,自然就价格不菲。新闻报道有几次这样的案例,有些年轻人为了买一部苹果手机,把自己的肾卖掉了一颗。甚至还有年轻家长把自己亲生幼儿卖掉,换取苹果产品。这世界上还有其他东西会让人疯狂到如此地步吗?

上海苹果专卖店前排队等候购买新产品的人群。新闻报道还有这样的案例,有些年轻人为了买一部苹果手机,卖掉了自己的一颗肾。这世界上还有其他东西会让人疯狂到如此地步吗?

所以说,从营销的角度看,乔布斯是不需要来中国了,因为不用来就这么疯狂了,来了就更加疯狂。不知道乔布斯生前是否想过来中国的事情。

其实,乔布斯身上有东方精神,苹果产品有东方元素。

乔布斯深深受到东方印度的影响。他二十岁出头的时候,只身一人,颠沛流离,去印度寻找精神导师。这次游历使他在精神上得到了一次彻底的洗礼。这一经验给他留下了深深的烙印,即使变成了亿万富翁,他仍然常常模仿瑜伽的姿势席地而坐,这一习惯就是从印度那里学来的。乔布斯的过人之处就在于他认识到了西方理性思维的局限性。他所说的"东方直觉思维"①就是指的印度人这种思维方式。

印度的这个精神导师深深地影响了乔布斯。苹果科技创新的奇迹,一半来自于科技的理性思维,一半来自于乔布斯的直觉思维。乔布斯凭自己的直觉,提出很多在当时科技看似不可能的设计,挑战他的团队智慧,最后不少都实现了,设计出了具有革命性的创意产品。

乔布斯也深深喜爱由佛教嬗变而来的禅宗。他经常到帕洛奥图日本禅师那里参禅,也多次带家人观赏京都的禅意园林。苹果的产品里融合了禅意,讲究产品的外观浑然一体。

现在的中国缺少印度精神导师和日本禅师这种有坚持的人了,大家都变得太世俗,太现实了。据说,国内的佛教名胜大都已经商业化了,到处开分店招徒赚钱,方丈也开着奔驰满世界跑。本来禅宗在中国唐代很兴盛,日本是从中国学去的,然而其真谛在中国早已失传了,日本却坚持到今天,而且传播到了世界其他地方,甚至影响到了当今科技发明大师。

一个社会不怕落后,不怕人傻,就怕没有坚持,缺乏信念。要说当今的中国,总体经济实力在印度之上,而且高科技领域也超过了印度,然而古代的印度佛教深深地影响了中国,今日印度的精神导师又影响了美国一批年轻人,通过这些年轻人的科技发明,又影响了整个世界。中国的文化就缺乏这种强劲的内功,虽然政府宣扬建立文化大国,提倡文化输出,但是真正影响到世界的东西微乎其微。当今中国在精神上的贫穷落后是非常值得关注的一个问题。

乔布斯曾经多次去日本,除了参加一些科技大会外,还有一个目的就是解决技术问题,搜集科技情报。苹果产品有两项关键技术采用的是日本人的科技发明。一是 Mac 电脑的光驱设计,它是一个日本工程师做出来的。麦金塔团队开发的后期,在光盘设计上遇到了技术难题,乔布斯就带领一帮

---

① 乔布斯关于"东方直觉思维"有详细的论述,详见本书 1.18 小节:《多种文化的结晶》。

人到日本寻找解决方案。当时乔布斯是跟一家公司签约,但是随行人员觉得单靠一家风险太大,就私自从东芝公司"偷运"回来一位工程师来搞。最后果不其然,签约那一家公司不能按时交货,东芝这位工程师的设计最后派上了用场,从而保证了产品研发能够按时完成。

苹果风靡世界的音乐播放器 iPod 的关键技术是日本东芝公司首先研发出来的。当时乔布斯正在构思一种音乐播放器,他看到这种东西有广阔的市场前景,但是无法解决关键的技术问题。这时乔布斯正好有一个到东京开会的机会,随行还有苹果公司的高管鲁宾斯坦。乔布斯做报告期间,鲁宾斯坦就到东芝公司参观,那里的工程师介绍他们发明了一种芯片,可以装 1000 首音乐,还有一个袖珍液晶显示屏,但是尚不知道有什么用处。鲁宾斯坦赶快跑回宾馆,找到乔布斯商量,立刻决定用 1000 万美元的支票买下这项专利,从而使得乔布斯 iPod 的设计变成了现实。

乔布斯也很注意学习日本公司的管理方式。他的 NeXT 电脑生产车间就是采用了日本生产线的一种流线型生产方式,即只有负责下一个流程的机器人能够处理另一零件时,上一个流程的机器人才会开始执行自己的任务。

虽然中国的 IT 行业也十分庞大,但是缺乏日本这种科技创新,起码没有让乔布斯认识到有什么创新的价值,所以一直没有把乔布斯吸引来。这从一个侧面可以反映出中国 IT 行业的现状。

乔布斯和苹果公司的高管对中国电子行业的水准是有自己判断的。让我们分析两个案例来看他心目中的中国电子行业是个什么样子。

在一次与美国总统奥巴马会谈中,乔布斯曾经夸中国,并批评美国。他说在中国建立一家工厂有多么容易,而在美国几乎是不可能的,主要是因为监管太多,不必要的成本太高。很显然,在乔布斯的心目中,中国就是一个适合建工厂的地方,可见咱们"世界工厂"的称号真是名闻遐迩,名不虚传。

从乔布斯的评价中可以看出,中国各地的招商引资政策还是相当成功的,各地政府也制定各种配套措施,大力扶植合资企业,提高就业率,增加财政收入。

乔布斯认为,苹果在中国办厂容易的一个重要原因是,中国的工程师多。他们在中国的工厂雇用了70万名工人,这需要3万名工程师去管理指导这些工人组装电子产品。生产高科技的电子产品跟制作服装毕竟不同,做衣服不需要太高的学历,普通工人接受一下训练就可以胜任;然而生产高精密的电子产品则需要专业训练的人首先搞懂它的制作原理,然后指导监督工人来生产。

乔布斯还向奥巴马抱怨,在美国雇不到这么多工程师。然而乔布斯特别指出,他这里所说的"工程师"跟他苹果公司研发团队的成员不是一个概念,乔布斯是这样定义的,"这些工厂的工程师不必是博士或者天才,他们只需要掌握基本的制造业技术。技术学校、社区大学或者贸易学校都可以培养。"当奥巴马征询能否把设在国外的工厂搬回美国以增加就业机会时,乔布斯则回答道:"如果你能培养出这些工程师,我们就可以把更多的制造厂搬回来。"

每当乔布斯提到自己公司里的工程师的时候,都是赞不绝口,说他们是一流的人才,世界级的天才。然而他所说的这些中国工程师都是较低层次的技术人员,而且是可以大批量生产的。乔布斯爱才如命,一旦发现一个人才,他可以使用各种招数,动之以情,晓之以理,重金收买,甚至痛哭流涕,常常搞得对方别无他择,只好跟着乔布斯走。然而中国的这些工程师显然不是苹果公司的研发团队所需要的那一类。这也就是乔布斯为什么没来中国的原因之一,因为咱们缺乏乔布斯所需要的那类创造型人才。

不仅乔布斯心目中的中国工程师层次不高,苹果公司的其他高管也持同样的看法。对于中国的这些工程师或者工人,他们一个较低层次的管理人员就可以搞定。

库克是乔布斯最信任的高管,现任苹果公司的CEO;乔布斯离开人世不久之前,亲自指定库克为他的继任者。在乔布斯病重休假期间,库克掌管大

为什么中国出不了乔布斯

局。在一次会议上,库克听说中国的一家苹果产品供应商出了问题,说道:"这太糟糕了,应该有人马上去中国处理这件事。"他只讲了"有人",也没有指定谁,大家还以为他只是说说而已,看来中国发生的事情真的不重要。半个小时以后,他看着还在桌前坐着的运营主管,面无表情地说:"你怎么还没有走?"那位主管二话没说,站起来,直接开车到旧金山机场,买了机票飞往中国。

这个故事说明库克做事干练果断,同时也透露出一个讯息:在库克看来,苹果公司在中国遇到的那些麻烦是一个较低层次的管理人员就可以搞定的,不需要总裁亲自出马。

乔布斯的心里有中国,但是中国对他的意义主要是两个:一是他们的生产工厂,二是他们的原材料供应地。

iMac 和 iPod 都需要用阳极电镀铝板,这种材料是将铝进行酸融后再电镀,最后表面氧化而制成。这种阳极电镀铝可以使苹果产品看起来更加漂亮。乔布斯得知这种材料的产量不够,就在中国兴建了一家工厂进行生产。

这种铝制品的生产会带来严重的环境问题,一方面排放出大量的有毒气体污染空气,另一方面还制造出大量的有毒液体污染水质和土壤。结果常常是,这些在中国的合资企业赚了眼前的一点小钱,带来的则是长期的环境污染,特别是对大众的健康危害。

中国人对苹果公司的贡献就是廉价的劳动力,让苹果公司赚到更多的钱;然而苹果公司带给中国人民的则是环境污染,让中国人在健康上付出代价。所以,中国的企业要有志气,走科技创新之路,设计出引领世界的产品。

创造力薄弱,不仅是中国大陆的问题,也是整个华人世界的普遍现象。看看现代化的家用电器,诸如收音机、电视机、电冰箱、微波炉、计算机等,没有一样是华人发明的,就明白了华人创造力到底如何。华人的创造力跟其他民族比确实有明显的改善空间,影响世界的品牌产品很有限,与我们这个人口最多的民族很不相称。说这些,不是自暴自弃,而是希望普天之下的炎黄子孙,要志存高远,开发民族的创造力。

台海的事情我一直很关心。2012年初马英九竞选的时候,有两位大企业家出来力挺,一个是王雪红,一个是郭台铭。很巧,这两个企业家都与苹果公司有关。我对台湾的企业界不太了解,到王雪红出来讲话之时,我才知道她是宏达公司的总裁,她的公司生产的HTC手机在美国的销售额仅次于苹果。我当时就觉得她很了不起,是华人的骄傲。读《乔布斯传》才知道,原来HTC用的核心技术都是谷歌的,而谷歌又涉嫌侵犯苹果的发明专利,并且苹果和谷歌之间为HTC手机还有一场激烈的官司。

2010年1月,宏达电子推出了一款使用谷歌安卓系统操作的手机,并大张旗鼓地宣传其多点触控功能,还特别声称HTC与iPhone之间外观设计的相似性。乔布斯对此大为光火,于是起诉了宏达电子,并将安卓设计者作为连带起诉对象,称其侵犯了苹果的20项专利。他们还一一列出这些被侵犯的专利,包括多点触控、滑动解锁、双触点滑动进行缩放,以及判断手持姿态的传感器,等等。

在起诉的那一周,艾萨克森正好到乔布斯家中谈为他写自传的事。他从来没有看到乔布斯如此生气。乔布斯让他看了诉讼中的一段话:

> 我们的诉讼是这样说的,"谷歌,你他妈的抄袭了iPhone,完全抄袭了我们。"这是偷窃。如果有必要,就算用尽最后一口气,花光苹果账户上的400亿美元,我也要纠正这个错误。我要摧毁安卓,因为他是偷来的产品。我愿意为此发动核战争。他们怕得要死,因为他们知道自己有罪。除了搜索引擎,谷歌的产品,包括安卓和Google Docs,都是狗屎。

谷歌的施密特想跟乔布斯和解,乔布斯断然拒绝:"我对和解没有兴趣。我不想要你们的钱。就算你们拿出50亿美元求和解,我也不会要的。我有的是钱,我要你们停止在安卓上使用我们的创意,这才是我想要的。"乔布斯为何如此生气,一般的人很难理解,只有那些发明创造者们才能真正体会到,因为他们深知发明创造的艰辛,所以希望他们的智慧成果能够得到别人的尊重。

后来,苹果还起诉了三星公司,官司于2012年完结,三星被判赔偿10亿美元的侵权费。这中间的是是非非,曲曲直直,圈外的人很难理解,但是我们不得不承认一个事实:第一个发明这些技术的叫"创造",后来的只能叫"模仿","创造"所需要的智慧远高于"模仿"。

民进党候选人在这次选举中失利,他们把这口恶气都撒在那些选举之前力挺马英九的企业家身上。民进党的梁文杰是这样贬损郭台铭的:"我就不知道郭台铭这一辈子搞出了什么东西。"这句话也有一定的道理,想起了乔布斯就会想到一大串产品是在他领导下设计发明出来的,然而提起郭台铭,就知道他是富士康集团的大老板,很有钱,然而没听说他研发出了什么国际首创的新产品,只知道他是苹果、惠普、戴尔这些大电脑公司的承包商,人家研发出来一个什么东西,他把它们承包下来,用设立在中国的工厂组装产品。他的财富是靠抽取工人劳动力的差价而得来的,这是华人合资企业老板的共同特征。

没有自主创新,单靠从压低劳动力成本中赚取利润,必然要加大工人的工作强度,延长工作时间,而且尽量给予最低的报酬,结果就是导致一连串悲剧发生。2010年上半年,深圳富士康公司里有十几个二十来岁的年轻人跳楼自杀。是什么把他们逼到这种地步?很值得大家深思。更让人痛心的是,与此同时,富士康的招工大楼门前的广场还排着几里长的来应聘的人群。按理说,富士康发生了这么多的惨剧,应该人神共愤,社会谴责,政府调查,工人离去,然而现实正好相反,人们仍然是趋之若鹜,有大批的人来应聘。这说明富士康开出的工资条件是具有吸引力的,很多人还渴望得到这个赚钱的机会,来安身立命,来成家立业,来养家糊口。更令人痛心的是,公司鉴于自杀太多对公司形象的负面影响,要求新应聘的职工签一个"不能自杀"的合同。这种连"自杀"权利都被剥夺的人们,不知道还有什么比这更可悲的!

这是新落成的河北廊坊富士康的职工宿舍,其安全设施可能是全球首创,二楼有一个金属支架撑起来的大网,据说是为了防止工人跳楼用的。

因为当前深圳的劳动力比较贵,生产成本比较高,富士康公司就计划逐渐往内地的城市迁移。很多地方政府积极主动,急忙圈地盖房,热烈欢迎富士康公司来安家落户。千万不要怪罪这些地方政府的领导要压迫剥削本地的劳动人民,他们也是出于为民办实事办好事的良好愿望,扩大就业,提高GDP。

多次在国外的新闻上看到,美国大众游行抗议苹果公司在中国的生产条件太差,对工人不人道。如有报道说,成都的苹果产品生产车间发生过爆炸,造成了死伤。还有不少报道说,苹果的生产车间缺乏安全保护,让工人长期接触有毒物品,造成健康上的危害。但是令人费解的是,从来没有听说中国的工人或者群众游行抗议过,可能大家觉得有这种工作机会已经不错了。

然而话又说回来,不能怪罪郭台铭,更不能怪罪那些地方政府,因为没有他们也就没有了这些工作机会。造成上述现象的深层原因就是民族创造力低下。乔布斯虽然也是个工作狂,还经常发脾气骂人,但是没有听说过他的公司有任何人为此寻短自杀的。我长期住在苹果公司附近,那里是干净的空气,漂亮的环境,优美的住房,舒适的生活。不要简单地把这些归为剥削或者不公平,脑力创造和体力劳动之间永远是"不平等"的,这是现实世界的法则。

这是2010年上半年在深圳富士康招聘大楼前排队的人群。就在当年上半年的短短几个月里,这个公司有十几个年轻职工跳楼自杀。按理说,应该不会有很多人来应聘了,可是实际情况正好相反。

至此我们可以理解温家宝总理这句话的深刻含义:"中国应该有自己的乔布斯。"乔布斯所创造的技术发明可以全世界分享,然而他们的创造发明所带来的财富则是不能分享的。我们应该记住,利益分配权永远属于那些创造发明者。

"中国不缺富人,但是缺乏具有像乔布斯这样科技含量的富人。"我在北大、清华、武大等院校的讲座中谈到了这个问题。这句话不仅适合大陆的企业家,也同样适合王雪红、郭台铭、李嘉诚这些港台企业大鳄。

另外,乔布斯不到中国也不是政治原因,他是一个实用主义者,对中国人并没有任何偏见。乔布斯最欣赏的华人有两个:一个是建筑师贝聿铭,一个是大提琴演奏家马友友。

乔布斯离开苹果公司那12年发愤图强,发誓一定要生产出比苹果公司更好的电子产品。所以他处处追求卓越,从研究队伍的人员素质,到办公大楼的建筑,再到商标的设计,都讲究最好。他的办公大楼内大厅的楼梯,就是请世界著名的建筑师贝聿铭设计的。可见乔布斯对贝聿铭的欣赏。

著名华裔建筑师贝聿铭为乔布斯办公大楼设计的楼梯。

乔布斯一生酷爱音乐。他非常欣赏马友友的音乐造诣,也很尊重他的为人,所以马友友经常是乔布斯家的座上宾。1981 年,乔布斯在阿斯本音乐节上第一次听马友友演奏,为他的纯粹艺术精神而感动,自那以后就成了"马粉"。几年以后,乔布斯把马友友请到家里,就在他的客厅里演奏了巴赫的曲子。听罢乔布斯泪流满面,情不自禁地说:"这是我听过最棒的演奏,有如仙音,因为我不相信一个凡人能够做到这样!"

上个世纪九十年代初,乔布斯与劳伦结婚时,本来请马友友在婚礼上演奏,可是不巧,马友友已经事先安排好到别的地方演出。当乔布斯被诊断出患上癌症后,他又请求马友友在他的葬礼上演奏。乔布斯对马友友艺术的一往情深,确实令人感动!

乔布斯还很相信中医。2003 年 10 月,乔布斯被诊断出患有胰脏肿瘤,医生坚持让他动手术马上切除,他拒绝了,而首先采用饮食疗法,其中也进行过针灸疗法,还服用各种各样的中草药进行治疗。他这样坚持了 9 个月,最后病情恶化,不得不动手术。乔布斯后来也反思,如果一开始就动手术,也许可以避免癌细胞扩散。

最后提出一个令每一个华人深思的问题:虽然硅谷里有那么多华裔工程师,虽然美国每一个大学的电子工程系、计算机科学专业都是华裔学生的天下,为何在苹果公司这种顶尖级的创新研发团队中却很少见到他们?

1.9 追求精致的文化

乔布斯能够设计出一款又一款精致的产品,让世界惊艳,这与他从小生长的文化环境密切相关。这一点特别值得我们中国人学习。从整体上看,华人世界的文化就是处处凑合,做事粗糙而缺乏精致,这种文化环境就很难孕育出乔布斯这样的人,也不大可能诞生苹果公司这样的企业。"中国制造"在国际市场上成了一个"价廉质次"的代名词,就是这种"凑合文化"的体现。

精致是一种文化,它可以体现在社会的每一个环节。反过来,它又可以从每一个方面来影响塑造这个社会的人。

乔布斯多次提到他从小居住的房子设计对他的影响。他们家的房子是房地产开发商埃奇勒的公司建造的。埃奇勒的公司于1950—1974年间,在加州建造了一万多栋房子。他建房子不光是为了赚钱,背后还贯彻一种建筑理念:"建造适合美国普通百姓居住的简易之家。"这一点就体现出了美国这个社会的特别之处,不管哪行哪业,都有一批像埃奇勒这样有理念的、有自己坚持的人,不让金钱主导一切。现在中国各个地方到处都在搞房地产开发,除了接连不断的官商勾结赚钱的新闻报道外,还没有听说过哪个开发商的房屋建造体现一种服务社会的理念,更没有听说哪个开发商建造房屋是为了实现自己的某种美学观。

这就是埃奇勒公司设计的乔布斯青少年时期的家,这种"干净而简洁"的建筑风格对乔布斯深有启发,他把这种建筑理念贯彻在自己的产品设计之中。

乔布斯成了大发明家、大企业家之后,虽然住的是富人区的豪宅,仍然非常欣赏自己小时候住的房子的建筑风格。他是这样评价的:"埃奇勒很棒,他造的房子整洁漂亮,价格低廉,质量上乘。他把干净的设计和简洁的品味带给了低收入家庭。房子本身还有颇具创意的地方,比如地板下安装了供暖设备,这样房间里没了暖气片,不仅省了空间,而且整洁美观。我小的时候,铺上地毯,躺在上面,温暖舒适。"乔布斯很赞赏埃奇勒,因为他追求的是一种理念,实现的是一种梦想。

拿中国的情况对比一下,就知道我们的孩子从小体验到的是什么。现在中国到处都是建筑工地,新的居民楼成片成片拔地而起,房产交易十分活跃。但是不少时候,人们买房子的经历不是喜悦而是气愤。交付了一辈子靠省吃俭用攒下来的钱来买房子,可是到新房子一看,心里一下子就凉了,整个一豆腐渣工程:地板裂着缝,天花板漏水,墙壁上有洞,电线都是寿命不超过三年的劣质产品,水管一加压就爆裂,让人觉得家是个丑陋不安全的地方!

开发商除了追求利益最大化以外,似乎他们什么都不在乎:算成本时都是按照市面质量最好、价格最贵的材料,然而真正用的材料往往是假冒伪劣的。即使业主来告状,他们也早做好了思想准备,花俩钱找关系摆平就行了。试想一下,一个在这种环境下长大的孩子,会培养起一种追求精致的理念吗?会养成一种奉献社会的责任感吗?孩子们看到的是不讲究质量,人坑人,小小的心灵已经受到了伤害,这样如何培养讲究精致和服务社会的精神?

凡是用过苹果产品的人,都会发现埃奇勒所追求的"干净而简洁的品味"在苹果产品中有充分的体现。乔布斯自己也承认,埃奇勒建造房子的观念,激发了他为大众设计制造精良产品的热情。他说,"我喜欢把很棒的设计和简便的功能融入产品中,而且不要太贵。""这是苹果公司最初的设想。我们在建造第一台 Mac 电脑时就尝试这么做,最后在 iPod 上完美实现了这个设想。"一个社会有埃奇勒这样的开发商是一种幸运,而乔布斯能把建筑理念应用到电子产品中去则是一种智慧和创意。

乔布斯成了大企业家之后,就搬到帕洛奥图镇,这里是全美百万富翁最密集的地方。乔布斯就有这种慧眼,看着眼前自己居住的房子,总能发现它背后的建筑理念。乔布斯很欣赏它的建筑师的品格,他向艾萨克森这样介绍他的房子建造者:"他是自学成才,工艺精细。他更重视创造而不是赚钱,也一直没能发财。它的建筑灵感来自图书馆阅读和《建筑文摘》。"

让大众走近科学,这是美国科研机构的重大使命之一。乔布斯这位技术发明的天才就是得益于美国的这一传统,使得他很小就有机会接触到各种精致的科技产品,耳濡目染科学的精致,从而把这种精致应用到他的发明创造上。

中国的民众对科学有一种本能的畏惧,而对迷信则天然亲切。这与中国几千年的文化密切相关,也与我国的科技管理者把科学弄得太神秘、太遥远不无关系。中国每年都有很多重大的科研项目,少则几十万经费,多则几百万甚至上千万,然而还没听说哪个基金要求这些研究人员为大众解释自己的研究价值。拿到基金者最关心的往往是如何从中提成来补贴自己的日常生活,如何把钱用在吃喝旅行上,如何让来检查的人满意而让自己的项目验收过关。结果,很多科研项目是只见投入,不见产出,纳税人也不知道他们做了什么。

美国的重大科研机构大都有这样一个重大使命:"让民众走近科学"。斯坦福大学的高速粒子加速器(SLAC)世界闻名,我上个世纪九十年代在读书时期就知道,当时在这个实验室工作的 5 个教授中就有 4 个获得诺贝尔奖。去年我在美国访学期间,正值这个研究所一年一度的"大众科学普及日",有一个科学家利用各种精美的图片向大众展示他们的研究原理和应用前景。他们的讲座向所有大众开放,而且免费提供食品。虽然这是国家高端科研机构,但也向外国人开放,所以我也有机会去听了一次。听众大都是来自附近社区,男女老少什么人都有,就像看大戏那样热闹。从中也可以看出美国普通民众对科学的好奇和兴趣。

乔布斯童年的时候,他爸爸曾经带他到附近的森尼韦尔美国国家航空航天局研究中心去参观。这个地方我曾多次路过,是湾区很显眼的一处建筑。这个中心的职责主要是分析 U-2 侦察机拍摄的苏联照片。就是在这里乔布斯第一次看到了电脑,让他兴奋不已。

乔布斯并没有读过大学计算机学科,他的电子知识和好奇心主要来自于他周边的环境。在造就一个人才上,环境熏陶比学校教育甚至还重要。所以说教育是个全社会的问题,需要大家一起关心,一起努力。

除了建筑,连果园种植也能影响到一个人的发明。为了让乔布斯有个更好的学习环境,到了九年级的时候,父母搬到了南洛斯阿尔托斯镇,离乔布斯的家园高中不远。在那里乔布斯遇见一个酷爱园艺的人,专门种植有机作物,自己积肥自己种植。这位园丁种植不是为了收获,而是为了分享,每年果子熟的时候就让乔布斯来品尝。乔布斯回忆道:"他不管种植什么东西都追求完美。我一生中没有吃过比那儿更好的果子了。也就是从那时起,我喜欢上了有机水果和蔬菜。"周围的环境确实可以塑造一个人的品质。

此后乔布斯也爱上了园艺,他在自己帕洛奥图的家中也种植了各种各样的花草。一次他跟乔尼为新型电脑的造型而苦苦思索,他们两个就在乔布斯的院子里散步。当看到那一大片的葵花时,乔布斯突然来了灵感:"有了,就用向日葵的形状。"这一设计被广泛应用于电脑终端设计上,而且乔布斯后来还为这一设计申请了专利。

精致的文化已经渗透到社会的每个角落,因此在不经意之中就会影响一个人。高二的时候,乔布斯经常到附近的一个仓库去玩,仓库的后面就是旧金山海湾,那里用栅栏围出了一个区域,里边堆放着从一艘二战时期的北极星上潜艇拆下来的零件,都是当做废品来处理的。男孩子对这些军事武器都很喜好,乔布斯就像发现了一个乐园一样,经常到这里玩。潜艇的所有操纵装置和按钮都在,它们涂着军绿色或者灰色,但是开关和螺栓盖则是琥珀色或者红色。那些开关都是老式的手柄式开关。有时乔布斯手握着这些开关,心想着自己就是那个指挥战斗的舰长,一按按钮芝加哥立刻就被夷为平地。这是小男孩最棒的感觉!

乔布斯还经常到斯坦福购物中心的一家梅西商店,我也经常到这家百货商店逛。二楼全是各种各样的炊具,设计精美,工艺考究。乔布斯来的目的不是购物,而是寻找电子产品的设计灵感。有一次他干脆买回一个炊具,拿到公司里,让他的工程师把电脑也设计出这种审美效果来。

埃奇勒建造房子的理念是如何具体影响乔布斯的电脑设计理念的?让我们看一个与当今每一个使用电脑者都有关的事情。

在施乐PARC公司的一次会议上,他们的工程师展示了电脑的图形界面和位图显示屏幕,展示历时两个多小时。现在的年轻人可能不大清楚,早期的电脑都是DOS命令,都是用计算机语言来命令电脑做事,即使像打一个斜体字这样简单的操作,都要打一串抽象的符号,而且一个符号弄错,机器就给你出乱子,需要反复检查发现问题,经常得重新来过。那时候打一篇文章,既繁琐又费时,还常出错。现在大家都在用图形界面,这是计算机技术的重大革命,这场革命与乔布斯有关。乔布斯首先捕捉住这一重大的技术发明,这一敏感性与他小时候住的房子有关。

乔布斯听完施乐公司的介绍,第一个反应就是:"仿佛蒙在我眼睛上的纱布被揭开一样,我看到了计算机产业的未来。"他在回公司的路上,车开得很快,心跳得很急,嘴上不断地叨叨:"就是它了!我们要把它变成现实!"这是乔布斯一直以来寻找的突破:"将电脑推广到普通人家中,让他们享受到埃奇勒建造的房屋一样美好而廉价的东西,以及厨房电器一般的简易操作。"

一回到公司乔布斯就叫来最信任的工程师阿特金森。他问:"实现这个目标需要多久?"阿特金森回答道:"我不确定,大概6个月吧。"大家朝这个方向努力,虽然花费的时间比预计的长,最后终于实现了电脑技术的一场革命。后来盖茨又从乔布斯这里"偷走概念",设计出了视窗图形界面。乔布斯为此还与盖茨闹翻了脸。这种技术带来了计算机的一场革命,今天的人们都在享受着这场革命的成果。

综上所述,苹果产品的精致,来自于乔布斯从小到大生存环境中的各种"精致",包括建筑、园艺、军工、炊具等。只有处处都能体现出精致的社会,才能产生乔布斯这样的科技发明大师。

中国要出乔布斯这样的科技发明大师,要拥有自己的苹果公司,首先就是要建立一种精致的文化。华人传统上讲究的主要是"能用就行",我们需要引进"追求精致的文化基因"。

以大学为邻

大学是精英荟萃之地,智慧的源泉,创新的摇篮。如果一个人能够始终与大学亲密接触,他一定不一般。

斯坦福大学商学院前任院长琼斯教授做过一个讲座,题目为《人生的十大智慧》,其中一条就是"跟著名大学保持密切联系"。我当时听了就觉得很有道理,但是直到看了乔布斯的科技人生后,才真正明白这句话的分量。

1985 年的年中,乔布斯被迫离开了自己创立的苹果公司,随后到欧洲散心。他 8 月从欧洲回来,壮志未酬,要继续完成自己改变世界的使命。此时乔布斯正在琢磨下一步如何走,乔布斯首先想到了在斯坦福大学校长举办的一次午宴上结识的一位生物学诺贝尔奖获得者伯格教授。在那次闲谈中,伯格给乔布斯讲述了基因对接和重组领域的新进展。乔布斯很善于捕捉信息,喜欢跟知识渊博的人在一起交谈。虽然他与伯格会谈的时间不长,却留意了这件事。

乔布斯拿起电话打给伯格教授,问他是否可以再聚一次,伯格爽快地答应了。相见那天,他们就在斯坦福大学的校园里散步,这是乔布斯谈大事最常用的方式。俩人谈得十分投机,最后走到一个咖啡店里吃午饭。

伯格向乔布斯解释了在生物实验室做实验的困难:做一个实验,要获得完整的结果可能需要数周的时间,既费时又费钱。乔布斯就问:"为什么不能在计算机上做模拟实验呢?这样,不仅可以更快地完成实验,而且可以借此推广你的软件。有一天,美国的微生物学领域的科研人员都会用您的基因重组软件,那该有多好。"伯格解释说,对于大学实验室来说,具备这种能力的计算机太贵了。就在这一刹那,乔布斯为这一现状所蕴含的计算机商业信息兴奋起来,他决定创办一家新企业,专门满足高校这种需求。

高校是聪明人的汇聚地,不论是老师还是学生,跟那里的人多聊一聊,你一定会有收获。所以,高校也是各行各业的智者常去的地方。

乔布斯一直注重拜访专家学者,询问他们对计算机工作站的需求。自1983年以来,他就开始考虑设计一款面向高校市场的电脑。当时,他造访了布朗大学的计算机系,向他们展示麦金塔电脑,获知在大学实验室里需要性能强大的电脑,而且很多科研人员都梦想拥有一台强大的个人工作站。从那时起乔布斯决定动手进行这种电脑设计。当时乔布斯还是麦金塔部门的负责人,为了生产这种电脑,就推出了一个新项目,叫做"大麦金塔",计划采用 Unix 操作系统和麦金塔的舒适界面。但是在1985年,当乔布斯被驱逐出麦金塔部门后,他的继任者加西取消了这一项目。

跟伯格教授谈话以后,乔布斯决定立即行动,先同原麦金塔软件主管特里布尔商议,说自己想创办一家公司,专门生产强大的个人工作站。

在1985年9月的苹果公司董事会上,乔布斯说自己有个计划,将为高等教育市场开发一款计算机,要带走苹果的一些非关键员工。就在这次董事会上,乔布斯宣布辞去苹果公司董事长一职。乔布斯带走的员工中有个叫卢因的,他有这方面的经验,在苹果公司曾经组织了一个高校联盟,目的是向多数大学批量出售麦金塔电脑。因此乔布斯认为卢因是未来可以向高校营销计算机的理想人选。

1986年,在NeXT公司成立的最初几个月,乔布斯和卢因四处奔波,一起走访大学校园,征求各方面意见。一天他们来到哈佛大学,遇见了正在大学餐厅吃饭的莲花软件公司的董事长卡普尔。卡普尔正在往面包上涂黄油,乔布斯看着他问道:"你听说过血清胆固醇吗?"卡普尔回敬道:"我们来做个交易,你别评论我的饮食习惯,我也不评论你的性格。"乔布斯确实不大懂这些人情世故,说话不考虑别人的感受。还好,他们没有因为不愉快的寒暄而立刻不欢而散,最后还谈妥了一笔交易,卡普尔同意莲花公司为NeXT操作系统编写电子表格程序。而且,NeXT还将装一部百科汇编和一部《牛津引语词典》,这使得NeXT电脑成为"可搜索电子书概念"的先驱者之一。

苹果公司也聘请一些大学的教授来任职。柯兰德尔是里德学院计算机系的教授,他向学校请了假,长期在NeXT工作。iPad所使用的多点触控技术也是两位大学教授发明的,乔布斯不仅买了他们的专利,还把他们聘请到苹果来工作。

乔布斯与斯坦福大学的关系最为密切。他在雅达利公司工作期间,白天在斯坦福大学旁听课程,晚上到公司工作。他也多次被邀请到斯坦福大学做讲座,讲述他的创业经验。在2005年斯坦福大学毕业典礼上,乔布斯还应邀作了主题发言,这次演讲被誉为是过去半个世纪以来最精彩的一次演讲,在全世界影响极大。

左图为哈佛大学校园建筑,右图为斯坦福大学校园建筑。大学是精英荟萃之地,智慧的源泉,创新的摇篮。如果一个人能够始终与大学亲密接触,他一定不一般。乔布斯经常到这些著名大学听取专家的意见,预测下一代电脑的潮流。

多年来,乔布斯既是斯坦福大学课堂上的旁听生,又是斯坦福大学讲台上的嘉宾。所以说,虽然他只读了一年的大学,实际上他从来没有离开过大学。

我深切地体会到,不论是谁,跟著名高校保持紧密的联系都有诸多好处。在过去的岁月里,我先后在中国、美国和新加坡的 7 所大学学习或者工作,到过中国、美国、日本、英国、法国、加拿大等近百所大学讲学或者参加学术会议,走访了世界上几乎所有最顶尖的名校,这些经验和知识深深地影响着我,让我获益良多。

1.11 致幻剂与计算机革命

《乔布斯传》里多处提及乔布斯和其他 IT 行业的先驱者服用致幻剂的事情。因此,要理解乔布斯的完整人生,无法回避的一个话题就是他吸食致幻剂,特别是这一"劣迹"对乔布斯科技创新的影响。

吸毒是华人世界极为敏感的话题,人们谈虎色变,遇到这种话题华人的理性思维就会停止,剩下的只有诅咒谩骂。所以,为了避免读者误解,有必要先说明我的立场:我并不认为一个人因为服用了致幻剂就可以培养出创造力,更不提倡任何人尝试这些毒品。但是,我们可以从学术的角度来思考这个问题,把它作为一个窗口来观察美国社会出大师的环境。在国际学术界,关于吸食致幻剂与创造力之间的关系是一个重要研究课题,已有大量的研究成果发表,各种观点都有,有人认为有关系,有人则持相反意见。

不要简单地把吸食致幻剂看成乔布斯的劣迹,因为他把这个当做自己人生所做的最重要的两三件事之一,以至于把它上升到这样的高度:通过吸食致幻剂让他认识到了人生的价值,就是活着不仅仅是为了赚钱,更重要的是为人类留下自己的印记,用科技改变世界。乔布斯在不同的场合多次说过,他的创造力部分是吸食致幻剂激发出来的。

美国社会提倡自由,鼓励冒险。在我们看来,他们有些方面自由过头了,比如私人可以拥有枪支弹药,像致幻剂这类毒品的买卖和服用在很多州是半合法的。所以美国很多年轻人很容易接触到这些毒品,像奥巴马、盖茨这些名人都坦承自己年轻时因好奇而尝试过这些玩意儿。所以,希望中国的读者不要把乔布斯吸毒看做太吓人的一件事,不要马上把它与邪恶联系在一起。

正如概率论来自赌博一样,计算机革命的原动力则与研究迷魂药的效果有关。根据艾萨克森的《乔布斯传》,导致 IT 革命发生的五大要素是:

一、军事技术的研发;

二、电脑黑客群体的出现;

三、对迷幻药效果的探索;

四、嬉皮士运动、反主流文化;

五、实现自我、追求心灵的思潮。

其实,除了第一种为国家投资的科研基金外,其余几种因素都是密切相关的社会文化现象。那时候不少嬉皮士也是电脑黑客,他们提倡反主流文化,挑战传统的道德观念,所以虽一般人认为吸毒不好,但他们偏要尝试,甚至还声称很享受吸毒所带来的精神上的刺激。

开始的时候,这些反主流文化者也拒绝计算机这种新玩意儿,因为他们认为这会成为五角大楼统治人民的工具,会加强集权制度,妨碍人们的自由,损害有益的价值观。可是到了 20 世纪 70 年代初期,出现了一股新的思潮,认为计算机可做个人表达与自由解放的工具,使得这帮嬉皮士对电脑的态度来了一个 180 度的大转弯,由排斥变成了接受。人们普遍觉得,电脑成为了人类的朋友,它可以成为个人释放力量的新领域而蓬勃发展——这种力量可以实现个人教育、激发灵感、塑造环境、不受时空限制地与他人分享自己的经历。结果,就像研究迷魂药那样,这些反主流文化的嬉皮士如痴如醉地投身到电脑的研发之中,也正是他们的发明创造引起了计算机行业一次又一次革命。

电脑技术如梦如幻,深深地改变了今天的世界,使得人类控制世界的能力大大提高。当初在乔布斯他们看来,电子技术给今天的人们带来的这种效果,就如同一个人服用迷幻药后对现实世界的感觉那样:世界随我的意志而起舞。没有这段经历的人也许不大容易理解那些IT先驱者的感受。

有一个很值得注意的现象,不少IT行业的先驱都是致幻剂的爱好者。杜·安吉伯特是参与发明电脑鼠标技术和图形用户界面的工程师,他在上个世纪70年代初甚至还组织了一个准学术性的团体,专门研究迷幻药的效用。团体的成员包括来自硅谷发源地帕洛奥图的许多电子学工程师。其中的活跃分子布兰德和凯西还组织了赞美迷幻药的狂欢节。布兰德主编的《全球概览》的创刊号刊登了富勒的一首诗,其中有这么一句话:"我在那些可靠的工具和机械中看到了上帝。"这本杂志成了乔布斯的最爱,他在高中的时候弄到了一本,后来又带着这本杂志去上大学,去"大同农场"苹果园,走哪带哪。乔布斯在2005年斯坦福大学的毕业典礼上所引用的两句话:Stay Hungary, Stay Foolish(永不知足,我行我素),就是来自这本杂志的停刊号。乔布斯最喜欢的一个乐队也是一帮吸毒者,他们赞美毒品效用,所创造的歌曲《感恩而死》就是致幻剂的赞美诗。

今天的读者不要误解这帮热爱致幻剂的IT先驱者,他们并不是精神空虚颓废,他们都有一个共同的使命:不论是研究电子技术还是迷幻药,提升精神境界,让人类在更高的层次上控制世界。

乔布斯最突出的性格特点可以用一个词来概括,就是"叛逆"。吸食致幻剂就是他叛逆精神的体现,同时也是他实现叛逆的途径。

乔布斯读高中的时候就开始服用致幻剂了。他常与自己的女友克里斯安一道,来到郊外的麦地里,边吸毒边欣赏巴赫的音乐。用乔布斯自己的话来描写他当时的感受:"就在一瞬间,整个麦田似乎都在随巴赫音乐的节奏而舞动。那是我体验到的人生中最美妙的感觉。我觉得自己就是交响乐的指挥,巴赫也好像出现在麦田里了。"

上大学后,乔布斯还继续与同学在所租房子的顶楼上吸食致幻剂,闭目冥想。他的一帮好友,每年夏天放暑假时都要去附近的苹果园打工,闲暇时候就是吸食致幻剂狂欢。乔布斯的这一习惯一直到他与克里斯安的私生女丽萨出生以后才终止。大概是因为身为人父的乔布斯觉得自己不能一味追求个人精神的享受,而要有家庭责任感吧,可能也是顾及到自己的社会形象。

致幻剂对乔布斯的影响,不仅仅局限于他的精神世界,也体现于他的产品和对人才的判定之中。当 Mac 电脑发布的时候,《纽约时报》的马尔科夫来采访乔布斯,在他展示音乐播放器 iTunes 时,屏幕上出现了迷幻风格的屏保,这让他想起了服用致幻剂时的感受,就情不自禁地说道:"它让我想起了我年轻的时代。"现在电脑还有这种音乐播放器,是五颜六色令人眩晕的幻象,它就是由乔布斯领导的研发团队根据服用致幻剂的效果设计出来的。

乔布斯不仅认为吸食致幻剂对自己人生很重要,而且还拿这个去理解评价别人的得失。乔布斯一辈子对盖茨没说过几句好话,大部分都是讽刺挖苦甚至蔑视。我们很多人都认为盖茨很了不起,那是因为每天我们都在享用着微软的软件,但是站在乔布斯的角度来看盖茨则完全是另外一个样子。乔布斯在各种场合都说盖茨心胸狭隘,缺乏创意,一辈子没有制造出任何伟大的产品。乔布斯认为盖茨跟自己的差距是因为盖茨年轻的时候太循规蹈矩,没有吸食过致幻剂,也没有禅修经历。当然,这纯属乔布斯个人的看法,不一定正确,更不一定公正,但是可以聊备一说。实际上,盖茨后来也承认他年轻的时候曾经尝试过致幻剂,可能没有像乔布斯那么上瘾罢了。

乔布斯在大庭广众面前从来不避讳谈他吸致幻剂这件事,可见他自己并没有把这看做有什么不好,自然也不认为自己做了什么错事。在《乔布斯传》中,有一幅乔布斯1982年的照片,是他与斯坦福大学的学生座谈。照片下的小标题注明他向学生问的两个问题:"你们中还有多少处男处女?你们中有多少人尝试过迷幻药?"很多读者可能会觉得乔布斯的问题太离经叛道。如果你这样理解,只能说明你不理解乔布斯这个人,更不理解美国这个社会。他是通过这两个问题来测试年轻人的两种精神:探险精神和叛逆精神。假如一个学生的回答是"还是个处男或处女",或者"坚决反对服用致幻剂",那么乔布斯就会认为这个学生将来不会有太大的出息。

当听到乔布斯第一个问题时,大家都不安地笑,当听到第二个问题时,同学们就更加紧张不安了,其中只有一两个同学举手承认自己服用过致幻剂。大概是因为这个观察,乔布斯对这一代年轻人很失望,认为比不上他们五十年代那一批,说现在的学生太物质化,缺乏理想,没有精神上的追求。

"非同凡想",这不仅是乔布斯管理企业的信念,也是他鉴别人才的标准。根据是否吸食致幻剂来决定是否聘用一个人,就是乔布斯的一种"非同凡想"。

一次,苹果公司招聘一个软件开发小组的管理人员,乔布斯又向那位年轻人问了在斯坦福讲座的那两个问题,害得这位可怜的小伙子面红耳赤、手足无措。乔布斯很快就把这个小伙子打发走了,因为他觉得这种循规蹈矩的"好孩子"不可能做出有什么创意的事来。

还有一点值得华人反思,就是乔布斯周围的人对他服用致幻剂这件事上的反应。

首先看看乔布斯的家长的反应。前文提过乔的父亲保罗在他的车子里发现致幻剂。在乔布斯的记忆里,这是从小到大父亲唯一一次对他发火,这说明保罗对他动火愤怒程度之大。父亲要求乔布斯以后杜绝致幻剂,可是倔强的乔布斯连这一点都没有答应,因为他知道自己控制不住自己,还会吸下去,不能随便答应自己今后做不到的事情。后来也确实是如此,乔布斯一直到自己有了孩子后才断了这个瘾。即使知道了乔布斯吸食致幻剂,保罗也只好面对事实,没再跟踪追究,也没有因此而伤害父子关系。

上个世纪九十年代初期,乔布斯接管了皮克斯动漫电脑研发公司。因为五角大楼要采购这种电脑用于航空图像识别,就让FBI调查乔布斯的背景。其中一个问题就是"是否吸毒",乔布斯则坦然承认。即使如此,FBI也没有怎么样乔布斯,更没有让警察拘捕他。

自上高中起,乔布斯周围的亲人、同学、同事大都知道他吸毒,但是没有一个人因为这个问题而与乔布斯断交,把他隔离起来。大家想一想,如果这种事情发生在华人世界会是如何。恐怕这个人连读大学、找工作、成家立业的机会都没有了,早就把他扼杀在萌芽状态中,哪里还会有成长为科技发明大师的机会!

从对乔布斯吸食致幻剂这一问题的态度,就可以明白华人世界为何出不了乔布斯这种大师。一个出大师的社会必须具有高度的宽容性,对个人癖好有足够大的容忍度,让那些具有缺陷的怪才得以生存下来。

2012年6月的一天,当我思考乔布斯的成功与服食致幻剂关系的时候,突发奇想,想测试一下华人世界的反应如何,就写了一篇博文。那时我正在洛阳老家,文章的题目为《中国应该考虑适度放宽对致幻剂的管制》,放在我的新浪博客里。果然不出所料,一石激起千层浪,华人世界掀起了轩然大波,就是一片诅咒、谩骂、恫吓。为了避免事态进一步扩大,我把这篇博文删掉了。

与华人世界形成鲜明的对比,欧美世界的人反应则异常冷静。首先是美国伊利诺大学的一位资深教授托马斯·罗伯特(Thomas Roberts)给我和新加坡国立大学的校长发了一封信,说他从事精神药物的教学已经31年了,并长期从事致幻剂与创造力之间关系的研究,已经有一系列的论文和专著发表,他的结论是两者之间存在着一定的因果关系。

还有不少欧美的网友说,这个问题没有什么新鲜的,只要简单回顾一下上个世纪六七十年代的音乐和电子科技的发展历史,就知道这是一个简单的历史事实。

最近看到报纸上发表的一篇英文文章,是比较犹太人和中国人的。文章提到的中国人包括李娜、姚明、虎妈等,还专门谈到我讨论乔布斯服食致幻剂这件事。文章的结论是,中国人太保守,不可能出现乔布斯这样的大师。

对同样一件事,华人与欧美人的反应如此鲜明对立,非常能说明大众的心理素质和文化特征。

致幻剂肯定有害健康,但同时它肯定可以产生精神幻觉。华人世界都绝对禁止,然而欧美则采用相对开放的态度,有些国家和地区公开承认合法,有些则不管不问,睁一只眼闭一只眼。

在美国,对于致幻剂,有人私下尝试,有人公开体验,有人组织俱乐部研究,有人编成音乐来歌唱,还有人探索用电子科技来实现同样的结果。结果人家创造了传世的音乐,引起了一次又一次的计算机革命。这方面,华人世界确实很干净很纯洁,可是啥也没有创造出来,只能跟着别人的屁股后面走,还有那一大帮循规蹈矩的民众。

《乔布斯传》是2011年世界第一畅销书,也是当年华人世界的十大畅销书之一,读者大多数是青少年。然而里边有大量IT行业的先驱者服食致幻剂的描写,而且多是从积极方面来说的。作为一个负责任的学者或者教育者,把这些拿出来讨论,本来是再正常不过了。然而大部分华人,掩耳盗铃,谈虎色变。你不敢尝试,总可以讨论一下吧;你没有胆量参与讨论,总可以听一下别人的意见吧;你不能听别人的意见,总可以允许别人去交换意见吧。可是这些人的第一反应是:把提出"致幻剂"这三个字的人给灭了。真不知若乔布斯在华人社会能存活几天!

大师是野生的,而不是圈养的。一个社会只要具备了合适的生态环境,就一定能够产生大师,谁成为大师是偶然的,然而产生大师则是必然的。适宜产生大师的社会氛围主要由四个因素组成:自由精神、冒险精神、开放精神和包容精神。每个人都可以从这四个角度对自己所在的环境评估一下,就知道离产生大师还有多远。

1.12 贵人相助

用我们中国人的眼光来看，青少年时期的乔布斯问题多多，毫无疑问属于"问题青年"——在高中毕业典礼上做出性辱骂的恶作剧，大学一年级辍学，从高中起开始吸毒，工作不专心，说去印度寻找精神导师，辞掉工作就走，乱搞男女关系，前后交了一大堆女朋友，23岁生下大女儿后遗弃不管，说话尖酸刻薄，不讲究个人卫生，等等，可谓是劣迹斑斑。在华人眼里，乔布斯是一个十足的"另类"。

在华人社会里，没有谁会喜欢乔布斯这种人，也没有谁能忍受乔布斯这种人。那样，再有才华的乔布斯恐怕也只能被别人当做神经病、怪人看待，他的"非同凡想"，在很多中国人看来就是典型的"脑残"。在这样的文化里，乔布斯这种人不去蹲监狱算是他的幸运；谁也不会跟他交朋友，谁也不会搭理他，把他孤立起来，这几乎是肯定的。乔布斯在华人社会的具体情境很难想象，但是生活很凄凉很悲惨则是没有悬念的。

社会的宽容是产生大师的必要条件。在美国这个多元文化、多重价值观、多种思维方式并存的社会里，乔布斯在每个阶段都遇到了大贵人，使得他的天生才华得到了充分发挥,成就了一位当今世界上首屈一指的科技发明大师。

自然,乔布斯遇到的不光有贵人,也有有眼无珠者。谈乔布斯所遇的贵人之前,先看一个不识货的。

每个社会都有以貌取人者,遇到这类人,乔布斯肯定抓瞎,不是因为乔布斯长得差,而是因为他太邋遢了。那是在他和沃兹计划把 Apple II 投入批量生产之前,他们需要大量的资金来购置完套的生产设备,于是乔布斯考虑把股权出售给更大的公司。他首先想起了当年有知遇之恩的雅达利公司的奥尔康。热心的奥尔康就安排乔布斯与公司总裁基南会面。

这天乔布斯来到基南的办公室推销自己公司的股票,但是基南无法忍受乔布斯的卫生状况,老远就能闻到乔布斯身上那股强烈的因长期不洗澡散发的酸臭味。来见这么一位重要人物,乔布斯还是我行我素,光着自己那双可爱的脚丫子,谈话中间还把脚丫子放在基南面前的桌子上。基南大吼道:"我们不光不买你的股票,还请你把脚放下来!"呆在门外的奥尔康一听这话,心"哇"的一下凉了下来:"完了,没戏了。"

基南也不能免俗,如果他能"非同凡想"一下,一个敢光着脚丫子来见你,让你买他们股票的人,可能有来头,说不定家里真的有宝,所以不需要靠包装自己来上门兜售。后来到苹果上市时,基南恐怕肠子都悔青了,早知今日,何必当初!

惠普公司的 CEO 休利特是乔布斯的第一个贵人。

中学时期,乔布斯参加了由惠普公司组织的"探索者俱乐部",旨在培养中学生对电子学的兴趣。俱乐部鼓励同学们自己动手设计,乔布斯做了一台频率计算器,用来测量电子信号钟每秒的脉冲数量。

在设计的过程中,乔布斯需要一些惠普制造的零件。他从电话簿上查到了帕洛奥图休利特家的电话,就直接打到他家。一个世界级公司的大老板,接到一个陌生的中学生的电话,很可能会搪塞一下,让他找公司的下属,可是休利特接了乔布斯的电话,还亲切地跟他聊了 20 多分钟,最后不仅给了乔布斯所需要的零件，而且还在频率计数器厂为他安排了一份工作。这件事给少年乔布斯极大的自信心。乔布斯从小就有机会与IT行业的风云人物打交道，为他日后自己成为这样的人扫清了心理上的障碍。

年轻的乔布斯就有这种敢与大人物打交道的勇气，也很说明他的胆量，这是成大事业者必备的。

乔布斯的另一个贵人就是他在里德学院的教务长。

乔布斯在里德学院只注册了一年，就不交学费退学了。但是乔布斯并没有马上离开，还在学校呆了9个月，晚上住在同学宿舍的地板上，白天去旁听自己喜爱的课。

乔布斯能有这样的"免费住宿和学习"的机会，是跟校方的宽容分不开的。教务长达德曼教授回忆道："他有一颗渴求知识的心，这很让人欣赏。他拒绝不动脑筋地接受事实，任何事情他都要亲自检验。"这种理解和宽容对乔布斯后来的发展影响很大。乔布斯在里德学院旁听的成就之一是他选了一门对个人电脑技术创新很有启发的英文书法课。今天人们每天接触到的字母输入，其中就有乔布斯因得到这门课的启发而做出的创造发明。

如前所述，这与里德学院的教务长的态度很有关系，他能够宽容一个学生退学以后继续呆在学校里听课。假如大学很计较，不交学费就不让听课，把退了学的乔布斯撵走，那么乔布斯就没有学这门课的机会了，也就不会有后来的科学发明。一个宽容往往带来的是善缘。

退学以后，乔布斯又在里德学院呆了几个月，然后回到父母的家。他要在硅谷找一份工作。乔布斯的求职方式也"非同凡想"，与众不同，一点儿不包装自己，蓬头垢面，衣衫褴褛，穿着拖鞋，就直奔招聘单位。

这天，电子玩具厂雅达利的高管奥尔康坐在自己的办公室里，有人进来报告："有个嬉皮士模样的人站在大厅里，他说我们不雇他就不走。我们是打电话报警还是让他进来？"乔布斯哪是来找工作的，分明是来"要工作"的！幸亏奥尔康这个人也能"另类思维"，没有叫警察，而是让乔布斯进来。说了

为什么中国出不了乔布斯

几句话后,奥尔康就决定录用乔布斯。这样,乔布斯成了这个公司的第一批员工之一,做技术员,每小时5美元。

奥尔康录用乔布斯这件事很不寻常,因为乔布斯只是里德学院的一年级辍学生,但是幸好奥尔康不看重学历,只看重能力,慧眼识英才,他看出乔布斯不是个凡人,非常聪明且富有激情,对技术也很狂热。

可是,乔布斯来上班后,说话伤人,行为不检点,又不讲究个人卫生,不洗澡也不用香水,让周围的人都无法忍受。所以大家一致向老板布什内尔提议,把乔布斯撵走。雅达利公司虽然不大,但是别具慧眼的人却不少。布什内尔也非常赏识乔布斯,于是就安排乔布斯上夜班,这样其他人也无话可说了。这一特殊安排对乔布斯来说就是"塞翁失马",他白天可以到斯坦福大学的物理学系旁听,提高自己科学理论方面的知识。所以,斯坦福大学也是乔布斯的"大贵人",慷慨大方,不介意乔布斯这些人免费蹭课。要知道斯坦福大学这样的私立大学,学费非常高,学生每上一门课都要交一门课的钱,没有白来学习的。

布什内尔不仅觉得乔布斯身上有哲学家的气质,还发现乔布斯是个商业人才。惺惺惜惺惺,布什内尔决定"特殊照顾"乔布斯,给他开小灶,亲自传授他如何管理一个公司,教他任何时候、任何情况下都要让人觉得一切都在你的掌控之中。乔布斯也就是从这里开始学到企业管理的初步技能。

更难得的还是那个奥尔康,他对乔布斯特别宽容,也特别厚道。乔布斯在雅达利工作不到一年,告诉雅达利的同事,他要到印度寻访精神导师,奥尔康听说此事时被逗乐了。过了几天,乔布斯走进办公室,眼睛盯着奥尔康,然后宣布:"我要去印度寻访我的精神导师了。"奥尔康很爽快:"太棒了!到那儿记得给我写信。"乔布斯来找奥尔康并不是简单告辞,还希望得到公司赞助。奥尔康虽然没有直接给乔布斯路费,但是给了他一个到德国出差的机会,这样会给乔布斯省下一段路费,因为从德国到印度相对比较近了。

这要搁国内现在的公司里,大家听说一个人要辞掉一份很不错的工作,打算步唐玄奘的后尘,到印度取经,一定成了公司里的大新闻,也会有人认为这人脑子进水了。现在的中国，绝大多数人都很现实，很世俗，缺乏乔布斯这种执着追求自己信念的人，这也是各行各业为什么出不了大师的重要原因。要知道乔布斯去印度的目的并不是旅游观光，游山玩水，而是去寻找一个精神导师，去做苦行僧。

奥尔康确实厚道。乔布斯去印度这一趟前前后后共7个多月，完了回到了旧金山湾区。1975年初的一天，乔布斯光着脚，穿着一身橘黄色的印度袍子，手里拿了一本讲自我觉悟的书《此时此地》，虔诚地让奥尔康看看。不知道奥尔康喜不喜欢印度教，可是他真的喜欢乔布斯，又把乔布斯安排在公司里工作。

此外，奥尔康后来还慷慨地把自己公司的人才推荐给了乔布斯的苹果公司。苹果公司成立以后，乔布斯已经是个大老板，还来雅达利请求帮忙解决电脑的电源问题。奥尔康毫不保留，把霍尔特这位睿智的工程师介绍给了乔布斯。霍尔特打量了乔布斯一番，满腹狐疑地说："我收费很高。"乔布斯相信奥尔康的眼光，觉得此人一定物有所值，于是说："钱不是问题。"结果霍尔特发明出了革命性的电脑电源设计，今天的电脑都是采用这一设计。霍尔特后来加入了苹果公司，成了一名全职员工。

虽然在雅达利工作时间不长，乔布斯不仅获得了动手能力、管理经验和理论知识，而且也成了苹果公司的人才资源。这一切有赖于奥尔康和布什内尔能够慧眼识英才，以及对乔布斯的赏识和援助。

人脉好的人，不仅自己行，周围还有一帮很行的人。乔布斯很幸运，在创业初期就有了一个好的人脉。

雅达利的两位高管与乔布斯的关系只能用三个字来描写："缘分哪！"奥尔康给乔布斯推荐了一个技术天才，布什内尔则为乔布斯推荐了一位投资商和管理奇才。乔布斯找布什内尔来他苹果公司投资，布什内尔向给他推荐了风险投资家瓦伦丁。此人可不得了，他创办了风险投资的先驱企业——红杉资本，拥有雄厚的资金。

瓦伦丁开着自己的大奔来到了乔布斯的车库,他穿着蓝色西装,系领口的衬衫打着棱文纽带。瓦伦丁一看眼前这位年轻人是一个反主流文化的追随者:留着一小撮胡子,形容消瘦,看上去就像越南的民族英雄胡志明。反正从样子到体味,乔布斯给瓦伦丁的印象都不怎么样。

然而瓦伦丁毕竟是瓦伦丁,如果以貌取人的话就不会成为硅谷的顶尖风险投资商。瓦伦丁发现,乔布斯对市场营销一窍不通,而且满足于到各家电子商店挨家挨户叫卖,不懂有效的销售方式。瓦伦丁说:"如果你想要我给你投资的话,你必须找一个合作伙伴,这个人要了解销售,还能写商业计划书。"乔布斯热情地请求:"给我推荐三个候选人吧。"乔布斯最终选中了马库拉,这个人不仅给苹果提供了一大笔投资,而且后来20多年的时间里在苹果公司扮演了极为关键的角色。

马库拉以前是英特尔公司营销主管,由于业绩突出,30岁刚出头就拥有几百万美元的财富。因此他决定提前退休,专门享受生活。乔布斯亲顾马库拉的豪宅,运用自己高超的劝说技巧,最后马库拉不仅答应重出江湖协助乔布斯打天下,而且还为苹果公司提供了25万美元的宝贵贷款。乔布斯和沃兹一起来到马库拉家签订协议,三人各占公司26%的股份。乔布斯回忆道:"我当时想,马库拉也许再也见不到自己那25万美元了,我很佩服他敢于承受这种风险。"

马库拉向乔布斯传授非常宝贵的市场和销售方面的经验。他非常照顾乔布斯,俩人相见恨晚,非常谈得来。马库拉告诫乔布斯,不应该仅仅为了赚钱而去创办一家公司,你的目标应该是做出让你自己满意的产品,创办一家有持久生命力的公司。

苹果公司的很多经营理念都是马库拉在创业初期制定的,乔布斯又把这些理念推向了极致。其中一条就是"感召顾客",其原理是人们往往根据第一印象来判断产品质量好坏,比如人们会根据书的封面来判断内容的好坏,根据包装来判断产品质量的优劣。所以乔布斯在每款产品的包装上都特别下功夫,不论是 iPod 还是 MacBook Pro,苹果用户都很享受这种感觉:打开精美的盒子,迷人的产品舒适地躺在里边。乔布斯在产品的包装上花了很多心思和时间,让顾客享受打开包装的过程,就像举行一个庄严的仪式。

然而,马库拉与乔布斯的关系并不是一帆风顺的。在1985年乔布斯与斯卡利的争斗中,马库拉选择站在斯卡利一边,最后乔布斯因为孤立无援被迫离开苹果公司。1997年,乔布斯回到苹果公司时重组董事会,马库拉也被迫离开了董事会。乔布斯对曾经与他并肩作战的人会很有感情,他对马库拉的感情是复杂的:"我深感背叛,然而马库拉就像是我的父亲,我一直都很在乎他。"因此,在请马库拉从董事会辞职当天,乔布斯一个人开车来到马库拉家,亲自向他解释原因。

乔布斯习惯于在散步中谈论重要问题。如往常一样,乔布斯建议与马库拉一起散步。他们带着野餐桌,走到一片红杉树林。乔布斯向马库拉解释道,他想要一个新的董事会,因为他想有一个全新的开始。马库拉也是个聪明人,而且钱也赚够了,并不在乎董事会的位置,因而乔布斯心情上也就轻松了一些。

乔布斯的"有情"也得到了丰厚的回报。虽然马库拉被迫离开了董事会,然而因被乔布斯的真诚感动,再进良言,马库拉的这些忠告决定了苹果公司最近十几年的发展方向。马库拉向乔布斯建言:"长盛不衰的公司都知道如何重塑自我。苹果在个人电脑领域被微软挤出了局。你必须另辟蹊径,做点其他东西,比如其他消费品和电子设备,就像蝴蝶一样来个华丽的转身。"后来的iPod、iPhone、iPad 等产品正是验证了马库拉的建言是何等英明!

从这件事上,也让人看到,一个人不要把事情做得太绝情,不要睚眦必报,不要一日得势就想把对方置于死地,谅解对手,你会得到意想不到的回报。试想一下,如果乔布斯重掌苹果大权后,痛骂一通马库拉当年忘恩负义,这倒是挺解气的,然而他就得不到马库拉的良言,公司很可能找不到方向,更不必说今天的辉煌。

一个好汉三个帮,乔布斯就是有这样的运气,在危难的时候总是有贵人相助。

1985年,乔布斯被迫离开苹果公司,奋发图强,自己掏腰包开发可与苹果公司竞争的产品,然而个人的财力毕竟是有限的。到了第二年,就感觉到经济吃紧。1986年底,乔布斯向风险投资公司发出了招股说明书,300万美元可购买NeXT公司10%的股份。也就是说整个公司的估值为3000万美元,这一数字是他凭空想出来的。此时NeXT公司已经花掉了700万美元,但是回报只体现在优雅的标志设计和时髦的办公桌上,既无收入,也无产品,更无即将发布产品营收的迹象。因此,毫不奇怪,所有风险投资公司都拒绝投资。

幸好,有一个颇具胆量的牛仔对NeXT公司情有独钟。此人就是德克萨斯州的风险投资家佩罗,他创办了电子数据系统公司,后以24亿美元的价格卖给了通用汽车公司。事也凑巧,1986年11月,佩罗碰巧看了美国公共广播公司的一部纪录片《创业者》,其中有一集就是关于乔布斯和他的NeXT公司的。佩罗当时就很欣赏乔布斯和他的团队,他边看边想:"我要帮助他们完成梦想。"看了这部纪录片的第二天,佩罗就主动给乔布斯打电话,提出:"如果你们需要投资的话,给我打电话。"

对此时陷入困境的乔布斯来说,佩罗就是雪中送炭,是标标准准的救命恩人。乔布斯平时做事火急火燎,然而关键时候特别能沉得住气,这次他就大灰狼的尾巴玩深沉,过了一周才回复佩罗的电话。

佩罗此时为何主动出击?这个人也不是憨二,他这样做的原因有二:一是乔布斯在此之前拥有苹果公司的成功经验,因此他相信乔布斯可以重现奇迹;二是他有过惨痛的经验教训,以前盖茨请求他投资,他拒绝了,后来微软上市时他后悔莫及,所以他不想再错过这个良机。

乔布斯出手之狠让人瞠目结舌。数月之前向外招股时估值3000万,已经是个很虚夸的数字,这次乔布斯向佩罗提出的价钱比这个估值又高了3倍。在乔布斯再投入500万美元以后,佩罗可以用2000万美元买下公司16%的股份。这意味着该公司的估值达到1.26亿美元。但是,钱并不是佩罗考虑的因素，他同乔布斯会面后，也没有到公司实地考察，立马宣布入伙，给乔布斯投资。

作为公司的投资者佩罗更是对乔布斯关爱有加，道理很简单，从此以后乔布斯的任何成功，他都可以从中分一杯羹。佩罗一方面带乔布斯出入各种上流社会的社交圈，另一方面利用自己的社会影响力制造、宣传乔布斯神话。

佩罗不仅救了乔布斯一命，还提升了他社交的层次，提高了他的社会知名度，为日后乔布斯重掌苹果大权后的再度辉煌做好了准备。

甲骨文公司总裁埃里森一直是乔布斯的挚友。乔布斯被驱逐出苹果公司后，一心经营自己的 NeXT 电脑公司。苹果公司则每况愈下，一步步滑向破产的边缘。埃里森跟乔布斯商议，自己出钱把苹果公司收购下来，然后再交给乔布斯经营。乔布斯没有答应，因为他认为这属于恶意的收购，这样做自己在道德上先输一城，不利于他日后管理企业。

当乔布斯重新回到苹果，他要重新组织董事会，埃里森成了他的第一人选。埃里森答应他愿意参加，但是他讨厌参加会议。乔布斯答应埃里森不需要参加所有的会议，只要来参加一半议程就行。开始埃里森还能坚持，过了一阵子就只参加个别会议了。乔布斯就找来了《商业周刊》封面上的一张埃里森的照片，放大到真人大小，贴在一块硬纸板上，放在埃里森常坐的椅子上。这样"埃里森"就可以什么会议都在场，而且关注着乔布斯的一言一行。埃里森不仅在商业上非常照顾乔布斯，为他献计献策，而且两家的私交还特别深厚，埃里森还让乔布斯一家乘坐自己的豪华游艇到大海上休闲。

任何杰出人物都是借助各种各样的外力铸就起来的，乔布斯也不例外。乔布斯遇到的这些贵人大都不是一般意义上"乐善好施"的慈善家，而是IT行业的风云人物、风险投资商等，他们直接关系着他事业的成功。仅仅一个乔布斯的"非同凡想"并不能改变世界，社会中相当一部分人都有这种慧眼，赏识他、理解他、帮助他、支持他，世界才会因他们而不同。一个好汉三个帮，不虚言也。

成长的环境

乔布斯为何能成为IT行业的风云人物,苹果公司为什么能成为电子行业的巨擘,这与其所处的人文地理环境不无关系。

人生包含很多偶然因素。乔布斯母亲当初选择把他生在旧金山,并在附近找人领养,这个看似偶然的选择,为这位科技大师的成长提供了最佳环境。

IT革命为什么发生在美国,而不是英国、法国、德国或者其他国家?而在美国,又为什么会是旧金山的湾区,而不是学术文化历史更悠久的东海岸比如波士顿地区?这个问题的答案只能从旧金山湾区特有的人文地理环境中去找。

20世纪60年代末,各种文化潮流在旧金山和硅谷交汇,从而孕育了一场计算机革命。

首先是军工投资刺激了高科技的发展。美苏冷战时期,双方都大量投资军事技术研发。旧金山湾区吸引了大量的军事承包商来投资建厂,军工企业首先青睐最新的科技,因而电子公司、芯片制造商、视频软件设计和计算机公司得以迅速发展。

旧金山湾区常年气候宜人，没有高温或者酷寒这些极端天气，很多通讯电子黑客云集于此，形成了一个"亚文化群体"。那个时期到处可见的是资深玩家、电话飞客、电子爱好者，还有许许多多不愿意遵守惠普公司模式要自己创业的梦想家。与此同时，这里还吸引了越来越多的具有叛逆精神的中学生、大学生。受这种潮流文化的影响，少年时期的乔布斯和沃兹发明了一种叫"蓝盒子"的电子装置，用它可以盗用美国最大电话公司 AT&T 的通信线路而不用付费，这让他们既感受到了自己发明的兴奋，也为他们后来创办苹果公司积累了宝贵的经验。

这是旧金山湾区附近的红杉树公园，加州到处都是这种红杉树。科技大师如同这高大的红杉树森林一样，只要有了合适的生态环境，就会成片出现。硅谷就有一批像乔布斯这个级别的企业大师，如谷歌的施密特、雅虎的巴茨、脸书的扎克伯格、思科的钱伯斯、甲骨文的艾莉森等，他们共同构成了科技上的"大森林"。

乔布斯的科技人生中还混合着两种东西——致幻剂和流行乐，这也是那个时代湾区的时尚。上个世纪六七十年代的一批电脑天才也都是迷魂药、致幻剂的爱好者，乔布斯就是这一洪流中的一员。这批人有个特点，做什么事都容易上瘾，自然十分投入。他们本来认为电脑是一种不祥之物，会成为专制者的统治工具，妨碍个人的自由，可是后来他们认识到，电脑所创立的虚拟世界具有类似致幻剂的效果,而且还可以延伸人的力量。他们这才转变态度,如痴如醉地投入到电脑的研发之中。

湾区也是嬉皮士运动的发源地之一,这些人着装奇特,行为叛逆,我行我素。他们提倡言论自由,个性张扬,政府说东他们偏说西。乔布斯就是其中的一个典型成员,蓬乱的头发,邋遢的衣服,几个星期不洗一次澡,老远都能闻到他身上散发的怪味道,谁见了都会远远躲开。他从来也不主动搭理谁,从来也没想留给任何人一个好印象。就是这帮不合群的人,在电子技术中找到了寄托精神的世界。

因为文化发达,气候适宜,旧金山湾区也是个移民背景丰富的地区,各个民族的文化都能在这里汇聚。如果一个人要探寻自我、追求心灵启迪,就可以在这里找到各具民族特色的方式,比如日本的禅宗可以冥想,印度的瑜伽可以打坐,还有伊斯兰疗法,甚至高科技的电击休克法。还有人发明了一种办法,用大声尖叫发泄内心深处的压抑。这些五花八门的方法,乔布斯绝大部分都体验过,因为他一直在追求心灵的启迪。

生于湾区长于湾区的乔布斯,自身也是多种文化的综合体,他能一天之内就扮演跨度极大的各种角色:早晨到日本人开的禅宗馆冥想,白天去斯坦福大学听物理课程,晚上到雅达利电子玩具公司工作,睡觉的时候梦想创办自己的企业。用乔布斯自己的话来说,"各种各样奇妙的事情在这里上演,这里有最好的音乐组合'感恩而死'和'杰弗逊飞船乐队',还有世界上最先进的集成电路生产厂家,也可以看到引人入胜的《全球概览》杂志。"

这一切的一切都在无形中塑造着一个科技发明大师。乔布斯后来追求苹果产品的设计外观浑然一体,靠直觉就懂得它的使用功能,就是从禅意中悟出的道理。乔布斯在里德学院没有学什么工程技术方面的课程,主要是上了些书法之类的艺术课,他的电子知识,有些是跟父亲修车时学的,有些是通过旁听斯坦福大学的课程而获得的。

音乐对乔布斯的影响,或者说乔布斯对音乐的酷爱,造就了苹果公司的一次辉煌。在本世纪初,科技泡沫破灭,个人电脑萧条,乔布斯凭着对音乐的爱好,预测音乐播放器是一个巨大的电子商品市场。苹果公司先是研发出 iPod 系列,可以把 1000 首音乐装在口袋里,后来又发展出 iTunes 音乐网上商店。一时间,光这一项收入就占苹果公司年收入的一半以上,因而在其他电脑公司哀鸿遍野之时,苹果公司得以一枝独秀。与此同时,那些音乐创作者和歌星的知识产权也受到了有效保护,他们在经济上得到了丰厚回报,这又进一步激发了音乐创作的热情,从而重振流行乐坛。

要谈旧金山特殊的人文地理环境,就不能忽视这里的两大人才资源重地——斯坦福大学和伯克利加州大学。两者加起来的实力,与波斯顿的哈佛大学和麻省理工学院不相上下。特别是在新兴的科技——计算机科学方

这是斯坦福大学计算机系的大楼,是比尔·盖茨捐赠的。在计算机科学中,斯坦福大学一直雄冠全球,很多新技术都是这里发明的,硅谷的建立与发展也是依托它雄厚的科技实力。在上个世纪七十年代末和八十年代,乔布斯曾经在斯坦福大学的计算机系旁听过课。这种高端的科技研究水准构成了产生苹果这种高科技公司生态链的重要一环。

面,斯坦福大学的计算机系一直雄冠全球,长期为美国大学同专业的老大哥。在 2010 年访学期间,我经常到斯坦福大学计算机系听学术报告,注意到他们大楼里的专业介绍里有这么一句话:"在所有的计算机科学领域,他们都是领世界之风骚的。"伯克利加大的计算机系也是世界闻名,在美国大学

评比中都是排在前五名之内。苹果公司初创时期唯一的电子工程师——沃兹，在事业成功之后，就申请到伯克利加大学习。乔布斯的研发团队中，那些最有创造力的年轻人有些就是这两个大学的在校学生或毕业生。

硅谷的兴起与斯坦大学的智力资源密切相关。2011年的一天，我在帕洛奥图镇的街道散步，本来是想寻访乔布斯的住家，路过一个陈旧的木牌，仔细一看，上面写着"硅谷发源地"。木牌上的文字说明旁边车库是当年惠普公司制造出第一件电器的地方。上个世纪30年代，休利特和帕卡德刚刚从斯坦福大学毕业，都是20多岁风华正茂的青年，本来打算要到波斯顿那边的大公司工作，而斯坦福的特曼教授却劝他们留在本地创业。开始他们的生产车间就是这么一个小小的车库。后来斯坦福大学出台了一个刺激新兴电子产业的措施，把学校的一大片土地划拨出去，来建造一个工业园区。惠普公司就是在这里逐渐发展壮大的，它一直是世界上规模最大的计算机公司之一。

惠普的兴起深刻地改变了这里的人文生态环境，对苹果公司的创立与发展有着千丝万缕的关系。少年时期的乔布斯深受惠普公司的影响，他在读中学的时候，参加了惠普公司的中学生夏令营，设计了一个电子装置。乔布斯从小就立志将来成为帕卡德和休利特这样的科技界英雄。一个人小时的偶像，影响着他的价值观念的形成和未来努力的方向。

此外，因为惠普公司是个大公司，雇用很多人，乔布斯的邻居就有不少是在那上班的工程师。童年时期的乔布斯经常到这些人家里玩，耳濡目染，对电子产品发生了浓厚的兴趣。所以说，乔布斯是惠普公司直接熏陶出来的。

惠普公司对苹果公司的最大影响就是为它准备了杰出人才。沃兹原来是在惠普公司工作的，他的设计经验首先是在惠普积累起来的。沃兹在业余时间利用惠普的实验室设计出了 Apple 系列电脑，他本来也是首先让惠普公司考虑生产的，但是惠普的管理高层觉得沃兹的设计不现实，未予采纳，这样他才决定跟乔布斯一道创建了苹果公司，来生产沃兹设计的产品。

旧金山湾区的人文地理环境还包括这里遍布着的各种各样的非盈利研究机构、大公司,国家常拨钱给他们专心搞技术开发,然而并没有规定什么硬性任务。他们在轻松舒适的环境中,创造力得到极致发挥,其研究成果容易产生革命性的概念,可转化为高科技产品。

上个世纪九十年代我在斯坦福读书期间,闲暇时候,经常一家人到学校的后山去玩。那里有一个很大的养马场,从那儿开车翻过一个小山坡,是一片绿油油的草地和低矮的房子,从牌子上知道这里是"施乐(Xerox)"研究所。当时只是知道它与复印机的技术有关。那里的山坡上长着一种鲜红的小果树,每年秋天都喜欢去照相。那时没有觉得这个地方有什么特殊之处。

2010年又回斯坦福访学,故地重游。这回活动的范围大了一些,注意到有几栋建筑前的标牌上写着"PARC"①。当时没弄明白,这到底是干什么的?是不是与"包裹"邮寄有关的公司,潜意识里想起英语"打包"的单词是PACK。

最近看《乔布斯传》,才知道这个地方可了不得!引发计算机革命的一个关键技术首先是这里发明创造出来的,这就是现在电脑中普遍采用的"图形界面"和"视窗技术"。在此之前的电脑都是用DOS命令的。苹果公司的关键发展,就是乔布斯首先发现这个研究所的这一创意,并首次把它应用于Mac电脑上。后来微软"剽窃"了这个技术,这样才普遍使用开来。乔布斯曾为此大为光火,他一个电话把盖茨从西雅图叫过来,当面斥责盖茨不守信用。盖茨平静地听着乔布斯发火,等乔布斯发泄了一通之后,慢条斯理而又果敢地说:"史蒂夫呀,情况应该是这样的,我们都有一个富邻居,我翻窗去偷他们的电视,发现已经被人偷走了。"盖茨的意思是说,咱们两个都是偷别人的,半斤八两,谁也没有理由谴责谁!乔布斯也很无奈,盖茨也有他的道理呀。

苹果公司创立初期,乔布斯把自己带领的Mac电脑研发团队比喻成"海

---

① PARC为Palo Alto Research Center的缩写,就是施乐的"帕洛奥图研究中心"。

盗",他们还在自己的办公大楼顶上挂了一副海盗大旗。"海盗"凭什么生活？抢呗！那么，首先附近得有金银财宝可抢，而且你得嗅觉灵敏知道哪里有财宝才行，另外你还得有勇气去抢。这里有众多的研究机构,他们的成果就是乔布斯这些"海盗们"的猎物。

开车在斯坦福大学的附近走一走，你就会发现硅谷可以说是现代电子科技的一个庞大陈列馆——跟斯坦福大学只有一条马路之隔的就是脸书公司的总部，再过一条马路就是惠普公司的基地，旁边还有摩托罗拉、诺基亚的研究中心。再往西走几公里，就是谷歌公司所在地山景城。沿着旧金山海湾尽头的高速公路走，你会看到英特尔、甲骨文这些威震四海的大公司。另外还有很多数不清、记不住名字、不知干什么名堂的形形色色的公司，就更不用提了。这些公司之间相互竞争，相互依存，共同形成一个大的科技生态环境。苹果公司就是构成这个生态环境中的一个不可或缺的环节，一旦脱离这个生态环境，它也会很快枯萎死掉。

人情与后门

乔布斯是一个叱咤风云的企业领袖,与美国自里根以来的历届总统交往甚密,又与商界的大佬互动频繁。因为他交往的层次高、方面广,所以他的生活是一个很好的窗口,来洞悉美国社会的人情、后门与公正问题。这几个方面都是当今中国社会面临的问题,所以很值得我们反思与借鉴。

人情与后门是任何社会都存在的现象,差别只在程度上。用百分制来看的话,如果说中国社会的人情、后门比例大概占90%,美国社会顶多5%。在任何一个社会,人情、后门的比例越高,那么它的公正性就越差;公正性越差,就越难出乔布斯这样的人物。也就是说,人情、后门、公正和科技创新之间存在着相互制约的关系。

在乔布斯的企业生涯中,几乎看不见利用人情和开后门这种事情。但是确实有人想通过乔布斯开后门,然而乔布斯敷衍搪塞,最后都是不了了之。乔布斯不让自己陷入人情、后门,避免精力分散,从而可以专注于科技创新和企业管理,这也是他成功的关键。

为什么美国社会能够做到这一点?除了他们有完善的法律制度外,更重要的是他们大众信奉靠个人能力去自由竞争的文化,这种追求公平的意识已经深入人心。靠人情或者后门而获得利益,就是对他人的不公,都危害公平竞争。中国社会要建立这样一种文化还任重道远。

乔布斯也曾经想利用人情开后门,几次尝试开克林顿的后门。克林顿是历届总统中与乔布斯私人关系最好的,他们可以说得上是挚友。我 1997 年在斯坦福大学读书期间,克林顿送女儿来上大学,他顺便还在斯坦福做了演讲。克林顿夫妇在那里停留的几天,都是住在乔布斯的私家别墅里。周围有那么多高级宾馆,克林顿又不差钱,却选择住在乔布斯家里,由此可见他们的关系非同寻常。还有一件事也很能说明他们之间的信任程度。1998 年克林顿遇到莱温斯基这个桃色事件,国家成立了独立调查委员会,国会还提出了弹劾案。那时克林顿心里很矛盾,是继续隐瞒,还是坦白承认,自己拿不定主意,就打电话给乔布斯征询意见。乔布斯回答倒很干脆:"如果真有其事,就公开承认。"男人们一般都是找最信任、最亲密的朋友来谈这种隐私事情。后来,在 2011 年乔布斯病重期间,克林顿还专程来帕洛奥图看望乔布斯。

按照中国的常理来理解,乔布斯有了克林顿这棵大树,就可以呼风唤雨,其实并非如此。1997 年秋,克林顿举办了一次筹款晚宴,邀请了乔布斯。乔布斯此时刚刚返回苹果公司,要与另外一个公司的负责人汉克斯谈一项业务合作,但是汉克斯不答应。乔布斯就在晚宴上把克林顿拉到一边,请求他打电话给汉克斯,说服汉克斯答应与他合作。但是克林顿把这件事搁置起来,并没有按照乔布斯的要求去做。本来这可能是一笔交易,克林顿帮乔布斯办成一件业务,乔布斯给克林顿多捐些钱,然而美国社会是不允许这种交易的。其中有一点值得我们注意,克林顿虽然这次没有给乔布斯办事,但是并没有因此而影响了两个人的友谊。很多人也知道乔布斯与克林顿的私交甚厚,也有个别人想通过乔布斯来开克林顿的后门。乔布斯的大学同学弗里德兰就是一位,但是乔布斯断然回绝。由此可见乔布斯是非分明,很讲社会道德。

1997年乔布斯重掌苹果公司大权时,公司实际上已经成了一个烂摊子,每年赤字为10亿美元,离破产只有几个月的时间。此时微软则一枝独秀,笑傲江湖。当时的克林顿政府正在找微软的麻烦,调查微软违背反垄断法的案件。乔布斯急中生智,请克林顿的法务部长来到自己帕洛奥图的家中,一边喝咖啡一边提出自己的计策,建议不要急于对微软征收高额罚款,让他们陷入司法诉讼的时间越久越好。这样可以给苹果公司喘息的机会,趁机发展出有竞争力的产品。

这也算是商界凶险的一面吧。苹果和微软正面上相互竞争,背地里相互较劲甚至使坏。还好,美国政府并不做任何企业的"帮凶",微软照样发展自己的,克林顿政府并没有听乔布斯的旨意故意刁难打压微软。

商场如战场,有时就是你死我活,所以我们也不难理解乔布斯陷入绝望时的"歪招"。80年代初期,苹果公司的规模和收入远超微软,乔布斯是大哥大,盖茨是小弟弟。80年代中期微软胜出,因素很多,其中一个就是剽窃了苹果图形界面的创意。其实微软也没少在背后使苹果的坏,两家在这上面半斤八两,谁也不比谁高尚。

然而,从总体上看,乔布斯的企业生涯反映出的是美国社会的公平与公正。

苹果公司是当今世界市值最高的企业之一,乔布斯个人的财富、威望和地位,在美国当时也是屈指可数。搁在中国社会的话,乔布斯不知道会有多少特权,凡是钱可以买来的,他都能弄来。即使那些靠政治资源才能得来的特权,乔布斯也应该很容易得到。在中国人看来,乔布斯应该天经地义地享受比普通老百姓多得多的特权。然而,乔布斯在美国却拿钱买不来特权,这从他肝脏移植这件事反映得最充分。

2009年1月,乔布斯的癌症迅速恶化,到了非做肝脏移植不可的程度。但是还有一个问题,如果乔布斯在加利福尼亚等待肝移植,那就得排队等机会,可是他没有多少时间了,因为他的身体状况已经非常差了。肝脏移植的程序很严格。首先,要肝脏捐献者的血型相配才行,而跟他的血型匹配的捐献者数量很少。其次,制定美国器官移植政策的机构——器官共享联合网络所采用的机制,是优先考虑肝硬化或者肝炎病人,而非癌症病人,所以乔布斯的手术要往后面排。

美国这方面很公平,病人无法在肝脏移植排位过程中插队,即使像乔布斯这样的人也不行,而且乔布斯和亲友也没有那样做。这里折射出美国社会一个了不起的地方,那就是个人自觉遵守公平规则。试想一下,乔布斯有能干的妻子劳伦,还有苹果公司的精兵强将,外加他的财富和政治资源,如果他们想开后门,让乔布斯早日做肝脏移植,应该说是不难做到的。美国这方面的措施是,接受移植者的每一例捐献都被严格审计,公众从网站上能查到相关数据,病人可以在任何时候上网查排位情况。这也说明一个道理,任何公正都需要个人自觉和大众监督两个方面来保证。

劳伦很焦急,每天晚上都去查排位情况,劳伦估算了一下,要等到在加利福尼亚得到一个肝脏,至少需要 6 个月,而医生认为乔布斯的肝脏 4 个月左右就会严重恶化,所以他们不得不另谋出路。

劳伦很快打听到,病人可以在两个州同时排队等待肝脏移植。但是要在其他州等待需符合两个要求:一是病人必须在 8 小时内到达选定的医院,因为乔布斯有私人飞机,符合这一要求;二是所选定医院的医生必须当面对病人进行诊断,才能把病人加入肝移植的排位名单。

碰巧,担任苹果公司外部法律顾问的莱利是位细心的田纳西人,他的朋友伊森在那儿运营一家人体器官移植医院,是全美最好的。他们允许其他州的人在田纳西州孟菲斯的这家医院排队等待肝脏移植。

莱利安排伊森大夫来到帕洛奥图,对乔布斯身体进行检查评估。到 2009 年 2 月下旬,乔布斯在田纳西州排上了队,然后开始焦急等待。3 月第一周乔布斯的情况迅速恶化,可是等待的时间预计还要 21 天。妻子劳伦的心悬起来了,觉得乔布斯等不及了,她每分每秒都在煎熬折磨。

恰好这个时候,孟菲斯成为2009年全美汽车锦标赛分赛场。3月21日,一位二十多岁的年轻人在一场车祸中丧生,他的器官可以移植给乔布斯,乔布斯这才等到了器官。

乔布斯从同意移植到动手术,排队整整等了2个多月。在这等待的2个月中,乔布斯的病情急剧恶化,曾一度出现病危。假如医院对乔布斯特殊考虑,因为他活着一天就会造福于世界一天,就会发动美国甚至国际力量,迅速找到肝脏捐献者,那么很可能乔布斯今天还在主导着苹果公司。这就是美国社会的公正,人人平等,钱、权、人情等起不到作用,一切都得按规矩来。

乔布斯手术之后非常感激周围的人相助,也非常感恩社会的关怀。他于术后当年9月9日正式回到公司,还发表了一个情感充沛的演讲。在公司秋季的音乐会上,他登上了舞台。全场观众起立鼓掌,掌声持续了将近一分钟。乔布斯对自己的私事、特别是健康问题一直讳莫如深,但是这次一反常态,坦率说明他接受了肝脏移植:"没有这样的慷慨捐赠,我今天就无法站在这里。所以,我希望每一个人都能够同样成为器官捐献者。"最后他以三句铿锵有力的话结束了自己的讲话:"我站起来了,我回到了苹果,我爱这里的每一天。"乔布斯在自己生命的最后两年里又铸就了新辉煌。

公平和公正不光是一种制度,更是一种文化,跟公平相关的是独立精神,靠自己的能力行事。这是美国的一种文化,已经深入人心,小孩子就已经树立这种观念了。乔布斯在美国的地位和能力远远高于中国的"官一代"或者"富一代",但乔布斯的孩子们很少有"拼爹"观念,虽然他们是最有资格"拼爹"的。让我们看看他们是如何拒绝父亲的特权的。

一天吃晚饭的时候,乔布斯儿子里德跟家人商量带女朋友去哪儿吃饭。老爸乔布斯建议去伊尔弗纳奥餐馆,那是帕洛奥图最高级的餐馆之一。但是里德讲,他已经跟餐厅打过电话,说没有位置了。乔布斯试探地问:"里德,你想不想让我给你试一试?"里德拒绝了老爸的帮助,说他自己会想办法解决。

在中国家庭里,遇到这种事情,儿子不请求有权势的老爸出手已经难能可贵了。如老爸主动提出帮忙,儿子反而拒绝,非要自己去解决问题,这几乎是难以理喻的!

这就是东西方文化的差异,这种差异会带来一系列的社会效果。这个问题非常非常值得我们每一个国人去深思!

1.15 热爱科技的大众

大众的思维水准是大师产生的土壤，社会风尚是大师产生的生态环境。

美国大众有一种文化，或者说社会风尚，非常值得我们借鉴，那就是民间的"科技俱乐部"组织，具有共同科技爱好的人自发组织起来，定期聚会交流信息。乔布斯创办企业的最早动机就是来自当时一家计算机俱乐部，这个俱乐部在乔布斯企业人生的初期扮演了至为重要的角色。

在上个世纪70年代初，与斯坦福大学毗邻的帕洛奥图镇出现了一个"家庭计算机俱乐部"，它把该地区具有共同爱好的人集聚在一起。在电脑刚刚兴起的时代，人们对这种新玩意儿虽然好奇，但是信息零碎且不易获得。然而，这种民间组织作用很大，可以让大家及时交流各自获得的信息，互相切磋各自的新点子，激发个人的创造灵感。这种自发性的群众团体，表明了社会大众的爱好和价值观，也注定了这个社会能产生这方面的创新人才。

1975年3月5日，这是个人电脑史上值得纪念的一个日子。这个俱乐部在一个普通家庭的车库中举办了第一次聚会，会上印发了俱乐部的宗旨：

"你想搭建自己的计算机吗?你想设计自己的终端机、电视机或者打印机吗?如果是的话,请加入我们俱乐部吧,这里都是与你志趣相投的人!"看看这则宗旨就知道美国大众的爱好与我们多么的不同!这说明人家普通民众都有创新的意识,也就不难理解他们会有乔布斯这种创新人才和苹果这种创意公司。

先是艾伦·鲍姆在惠普公司的广告栏中看到了俱乐部印发的传单,马上告诉了沃兹。虽然艾伦没有自己的创造发明,然而他在苹果公司的诞生中扮演着不可或缺的角色。沃兹形容第一次俱乐部会议对他的影响:"那天晚上是我一生中最重要的晚上。"沃兹和乔布斯初期的创意和机遇都直接来自这个俱乐部。

俱乐部的第一次会议一共有30多人参加。车库都被挤满了,大家轮流介绍自己的科技爱好。轮到沃兹,他极度紧张,说到:"我喜欢游戏、酒店里的视频电影、科学计算机设计以及电视机设计。"沃兹的爱好还真广,从游戏机到科学研究的计算机都喜欢。这次会议上,还有人演示了最早的阿尔泰计算机。

这个民间计算机俱乐部对沃兹的影响立竿见影。沃兹在这次聚会上看到一个微处理器的规格表,那天晚上回到家里,沃兹就开始设计后来成为Apple I 的计算机草图,尝试把键盘、屏幕、计算机整合在一套个人装置中。

要组装一台电脑首先遇到的是资金问题。如果用质量好的英特尔芯片,那比沃兹一个月的工资还高,这弄不起,于是他就选择了价格比较便宜的 MOS 芯片。沃兹每天晚上到惠普公司加班,尝试在屏幕上显示微处理器。那时候电脑可不是随便用的,沃兹承担不起使用电脑的花费,所有的代码都是手写的。几个月之后准备测试,沃兹在键盘上按了几个键,他震惊了!那些字母都显示在屏幕上。这就是1975年6月9日,星期天,个人电脑历史上具有里程碑意义的事件——一个人在键盘上敲几个字符,然后它们在屏幕上马上被显示出来。今天看来简单得不能再简单的技术,却是前人的伟大发明!

乔布斯对沃兹的这一发明大为震惊,兴奋不已,连问沃兹几个问题:"这台电脑能联网吗?是否可以添加一块磁盘作为存储器?"乔布斯立刻行动,帮助沃兹四处寻找零件,最重要的部件就是 DRAM。乔布斯连打了几个电话,最后从英特尔那里免费弄到了一些芯片。乔布斯就有这种空手套白狼的本事,在他们创业初期,没有任何资金,这种能耐决定能否创办一个企业。沃兹不得不承认:"史蒂夫就有这种能耐,他知道怎么跟销售代表谈判。我不行,太害羞了。"乔布斯和沃兹不仅是珠联璧合,而且是"相依为命",谁离开谁都不行。

沃兹一系列的创造灵感就来自这个家庭计算机俱乐部。

很快这个俱乐部的成员发展到了 100 多人,一般人家的车库装不下了。会议地点也转移到了斯坦福大学线性高速粒子加速器中心的一个大礼堂。这个礼堂是阶梯式的,很大,2011 年我在访学期间曾经去那里听过一次学术报告。这次俱乐部聚会是由费尔森施泰因主持的,他是把反主流文化与计算机结合的代表人物,是工程学院的辍学生,言论自由运动的倡导者。

有一个现象特别值得注意,最早一批计算机行业的风云人物和积极倡导者,多是反主流文化者,其中不少人还是大学肄业生,除了这里说的费尔森施泰因,乔布斯、沃兹、盖茨也都是读大学中途辍学而开始创业的。这可能与计算机行业的特点有关,它是一个新兴的领域,一日千里,充满着机遇、活力,更需要冒险精神和创造性思维。那些循规蹈矩者可能很快被淘汰出局,按部就班者可能失去稍纵即逝的机遇。更重要的是,这个行当更需要动手能力,任何智慧都要立刻转化为实用技术。所以这个行业不会等待一个学生规规矩矩完成学业,拿着证书来工作;它也不允许任何纸上谈兵,那些没有实用价值的理论研究无法在这个领域生存。

这个俱乐部的活动也慢慢正规化了。每次会议的议程都是这样的,首先由一个专家做简短发言,主要是介绍计算机行业的新动向;然后让一位事先安排好的业余爱好者演示自己的设计理念;最后大家互相走动,交流心得体会。每次聚会，沃兹太害羞，不跟别人交流，只在那里演示自己设计的计算机；乔布斯在这个交流环节最能显示自己，到处走动捕捉新信息。

来参加这个俱乐部的人，都不是为了搞个小发明赚点儿钱，很多纯粹出于自己的爱好和追求。会员摩尔为这个俱乐部制定的精神为："交换与分享，拒绝买卖。"对此沃兹深为赞同："这个俱乐部的主题就是乐于奉献，帮助他人。"这些都体现了黑客伦理：信息应该是免费的。沃兹可以说是电脑行业的"活雷锋"，他之所以设计 Apple I，目的就是为了免费把它送给别人。这种非功利的、纯粹出于爱好的创新，十分难能可贵，但是不讲盈利就得不到持续发展的经济基础，难以发展成一个大公司，也无法开展大规模的科技研究，自然难以设计出性能优越的电脑。

然而盖茨和乔布斯这样的人则持不同的看法，他们用商人的眼光来看技术发明，认为技术发明的知识产权要得到保护，发明者应该得到经济回报。盖茨和艾伦首先完成了阿尔泰电脑的 BASIC 语言编译器，这个俱乐部成员误认为盖茨也会像他们一样，无私奉献一切，因此就没有考虑到付费而复制了一套自己使用。盖茨听说此事，来了一封信，一方面谴责他们的做法，一方面还伸手要钱，这令俱乐部成员大跌眼镜。盖茨的信是这样写的：

> 各位电脑业余爱好者，你们的软件都是偷来的。这公平吗？你们这样做只会让别人不再编写好的程序。谁能够承担起无偿从事专业研究工作？如果你们愿意付钱的话，请给我来信，我会十分感激的。

虽然盖茨的话听起来不那么慷慨大方，不讲无私奉献，甚至显得小气和计较，然而他的处事方式对计算机行业的发展意义重大。试想一下，大家都像沃兹那样，天天做好人好事，助人为乐，况且沃兹自己只能业余时间凭兴趣来做，又没有资金的支持，根本无法做出重大的研究突破，更无法把发明的技术转化为一个规模庞大的产业。

乔布斯更加务实，劝沃兹不要再免费赠送他的设计原理图。但沃兹只享受发明创造的乐趣，乔布斯则更乐于把发明创造商业化。沃兹是一个纯粹的非功利主义者，压根儿就没有想过要卖电脑，每次沃兹设计出一样很棒的东西，乔布斯就会想办法拿出去赚钱。沃兹对自己的设计总是没信心，他设计出了一个电路板，但是根本没有想到会有人掏钱去买，用他自己的话说就是"我甚至看不出怎么收回成本"。即使沃兹穷得已经无法按时交房租，他也想不出自己如何能够赚钱，更不敢想去创办自己的公司。

乔布斯倒是有远大的理想，他提议办自己的公司，虽然不能保证他们将来一定赚到钱，但是这起码是一生宝贵的经历。乔布斯甚至这样认为，"即使我们赔了钱，起码我们曾经拥有了一家公司，实现了我们的一个梦想。"这就应了那句歌词，"有梦想才能了不起。"少年时期的乔布斯一直梦想着将来有一天可以像惠普公司的休利特和帕卡德那样，拥有自己的公司。这话可说到沃兹的心窝窝里去了，这对他来说比变成富人更具有诱惑力。沃兹当时的反应就是："想象一下那种情景我就兴奋，两个最好的朋友创办一家公司！天哪！我立马同意，有什么理由可以拒绝呢！"

就这样，沃兹继续着他的发明，乔布斯则寻找商机，两位年轻人在为自己的梦想而努力。

俱乐部的活动，也让沃兹和乔布斯干劲儿十足，所以很快就有了自己的电子设计。沃兹和乔布斯就把他们设计的电脑拿到俱乐部来演示。沃兹追求的设计理念是，把键盘变得人性化，而此前的键盘则是让人困惑地由一大堆灯泡和开关组成的面板，非常笨重。乔布斯则主张，把所有的关键部件都内置在机器中，这一点就与阿尔泰计算机有很大的不同。乔布斯趁机宣传自己设计的价值，询问大家："人们愿意花多少钱来购买一台这样完美的机器？"然而在场的观众反应冷淡，主要原因是乔布斯他们使用的是二流的处理器，不是最先进的英特尔8080。

也就是在这个俱乐部，乔布斯遇到了商机，碰见了第一个买家，他的名字叫特雷尔。特雷尔于1975年开了一家电脑商店，当时已扩展到三家，并计划在全国开连锁店。乔布斯敏锐地觉察到这是位潜在的客户，非常兴奋地让沃兹给特雷尔展示。乔布斯在一边说:"看看吧,你会喜欢上它的。"特雷尔看后印象深刻,当时也没有说什么,顺手给了乔布斯一张名片。

乔布斯就有这种能耐,只要是一个微弱机会,他也会想方设法捕捉住它。第二天,乔布斯赤着脚走进了特雷尔的商店,一进门就说:"我来跟你联系了。"乔布斯真能死缠烂打,人家特雷尔也许就是礼貌地送他一张名片,他就揪住不放!特雷尔也许是被这位年轻人的热情所打动,答应订购他们一批产品。乔布斯与特雷尔签订了第一宗买卖:50台电脑,每台出价500美元,货到付款,现金结账。

乔布斯拿到平生第一张预订单,而且金额还如此之大,心情只能用三个字来形容:喜欲狂。尔后乔布斯立刻给正在惠普上班的沃兹打电话,告知这个鼓舞人心的消息:"你现在坐着吗?如果站着,请先坐下,然后我再告诉你发生了什么事情。"沃兹确实被这一消息震惊了,他后来回忆自己当时的反应是:"我被震住了,完全震住了,我永远忘不了那一刻。"

特雷尔不仅给了乔布斯一次宝贵的机会,让他赚取了创业生涯的第一桶金,而且还给了他们良好的告诫:个人电脑应以整套设备的形式呈现给消费者,人们都希望拿到手就可以用,只有电子业余爱好者才会自己买元件组装,而且这类人很少。

这个家庭计算机俱乐部对乔布斯和沃兹的创业生涯至为关键,他们的创造欲望、设计灵感、第一个买主都是在这个俱乐部得到的。

看看美国,对比一下中国的社会现实,马上就会发现显著差别。中国人的创新能力差,因为咱们根本没有人家的崇尚科技创新的群众基础。迄今为止,尚无听说过华人有这样自发性的社会组织,大陆没有,香港、台湾、新加坡也没有听说过。中国大陆最常见的是棋牌室和广场舞,属于娱乐健身活动,不是交流观点探讨某个问题,所以不可能带来科技文化上的创新。

有什么样的群众爱好,就会出现什么样的大家。中国要出现乔布斯这样的人才和苹果这样的公司,首先需要培养这方面的社会风尚。

车库

1.16

在美国的企业发展史上,车库扮演着一个不同寻常的角色。前面提到对乔布斯和沃兹影响极大的家庭电脑俱乐部,就是在各家的车库里首先开展起来的。乔布斯和沃兹生产的最早产品也是在自家车库里组装的。无独有偶,惠普公司也是从私家车库组装电器产品起家的。这说明科学技术的创造力不仅需要创新智慧,还需要可供智慧施展的空间。

当听到乔布斯去世的消息时,奥巴马总统立刻发表了一则讲话来纪念他,其中专门谈到苹果从车库起家这件事。奥巴马是这样说的,"他在车库里建立了这个星球上最成功的公司之一,充分体现了美国人的创造力。"

普通民众的居住空间,对大众的创造发明有直接的影响。注意,这里谈的是普通民众,而不是个别有钱人,因为创造发明家最有可能出自普通民众。

我在美国生活了多年,对他们的居住条件深为感叹,常觉得上帝太不公平了,给他们的生活空间太大了,一般人都住在占地面积很大的别墅里。几乎每个成年人都有汽车,所以家家都有车库,而且因为一家不止一辆车,每家的车库通常也很大。他们车库的概念与中国普通居民的停车位不同,功能也与国内有钱人家别墅的停车房不一样。下面就以我自己的观感来说一说美国人的车库。

美国人的车库,停车只是其众多功能之一,此外车库也有仓库的功能。普通美国人的动手能力都很强,家里的设计装修都是自己做的,所以平时车库也是个小车间,把买来的半成品制成各种用具。

上世纪九十年代初,我在加利福尼亚大学圣地亚哥校区读书,有幸找到一对美国老年夫妇作为我的"友好家庭"。他们的子女都长大到外边工作了,所以就把我当成他们的孩子看待,还用他们小儿子一样的名字称呼我,叫我"Jeffrey"。这是大学专门为外国留学生提供的一个项目,目的是帮助外国留学生尽快适应美国生活。我一到圣地亚哥,这对夫妇就把我接到他们家里住,告诉我主要的生活信息,也教我美国人的饮食礼仪,我也时常帮助他们干些园艺方面的活。

这一家是比较富有的,先生是公司的老板,太太是虔诚的基督教徒。他们一人一辆车。因为我时常帮助他们干些杂活,就要到车库拿工具,顺便也观察了他们车库的结构和功能。发现停车只是车库的众多功能之一,一进车库,首先感觉到这就是一个工具房,地上放的、墙上挂的都是工具,除了修车用的家伙外,还包括园艺用的,盖房用的,打扫卫生用的,甚至厨房用的,还有一些健身器材。此外车库也有仓库的功能,他们家车库的墙壁上有一个大橱柜,里边放着各种各样的葡萄酒。普通美国人的动手能力都很强,美国有个专门售卖家庭建材的全国连锁店叫 Home Deport,家里的设计装修都是自己做的,所以平时来说车库也是个小车间,把买来的半成品制成各种用具。

在美国人的生活中,车库扮演着重要角色,远不限于停车用,是普通民众自家的小工厂,从中培养了大众的动手能力,又增添了生活乐趣。年轻人有了一个发明创造的好点子,如果既没有资金,又用不起别人的生产车间,自己家的车库就是最理想的车间,不需要多少资金就可以动手来做。

上个世纪七十年代,乔布斯和沃兹这两位中学生相遇改写了IT行业的历史,他们第一次相会也是在车库。从这次会面以后,他们的命运就联系在一起,创造了改变世界的奇迹。

如前文所述,车库也是"家庭计算机俱乐部"第一次会议召开的地方,这个俱乐部在个人电脑发展史上占有特殊位置。1975年3月5日,发起人弗伦奇在他门洛帕克镇的家中的车库中举行会议。为什么选择车库作为聚会场所?除了因为车库的空间比较大以外,还有一个重要原因就是,车库里一般有工作台、各种工具、电源插座,便于大家展示各种电子器件。

就是在上面这家"车库俱乐部"上,有一个商店老板向乔布斯订购了一批电路板,他家的车库成了组装这些电路板的车间。乔布斯凭借自己的外交口才,说服英特尔老板赊给他们元器件。乔布斯的父母、妹妹、大学同学都来帮忙。乔布斯"企业人生"的第一次尝试就很成功,利润率达到100%,因为是赊账,乔布斯他们几乎是空手套白狼,赚取了创业生涯的第一桶金。他们第一次尝到了创意得到回报的乐趣。虽然这个时候他们还没有正式公司的名称,但是这是苹果公司发展史上最为关键的第一步。

尔后的相当长一段时间里,乔布斯家的车库身兼数职,既是实验室,又是办公室,还是生产车间。沃兹继续在这里工作,先设计出Apple I,这款电脑装在盛雪茄香烟的箱子里,参加了1976年美国大西洋城的展览。周围其他参展的人很不屑,称这款电脑十分平庸。这番话让沃兹很泄气,几乎失去了信心。沃兹回忆说:"他们都用很高深的商业术语讲话,时不时还用一些缩略语,这些我大都听不懂。"这款电脑就像它的设计者一样,邋遢不堪。沃兹很害羞,根本没有勇气介绍他们的产品,所以大部分时间都呆在酒店里,研究他的新样机。乔布斯则四处走动,收集商业情报,捕捉新信息。

虽然 Apple I 并不成功,他们也从中学到了很多东西。回来以后,沃兹继续埋头于车库,不久又研发出了代表当时个人电脑巅峰的 Apple II。有了它,乔布斯开始有信心把自家的车库作为办公室,请那些投资商来观看它的性能,其中就包括马库拉。马库拉看后十分兴奋,一次就投资了 25 万美元。这样他们就有能力买地盘建厂房,成立实体公司。

在苹果公司成立初期的 10 年中,这个在车库研发出来的 Apple II 一直是苹果公司的顶梁柱,公司的主要经济收入都是靠它。公司成立以后,研发条件好多了,不仅有宽敞明亮的办公室和充足的资金,还有庞大的研发团队,然而他们先后研发的"丽萨"电脑和 Mac 电脑都表现不理想,"丽萨"就是昙花一现,Mac 初期的销售额只有预期的一半不到。可见,研究条件优越与能不能做出好成果之间有时并没有必然的联系,车库可以研发出改变世界的好产品,漂亮昂贵的实验室则不一定保证有一流的科技创新。

人们可以思考这样一个问题:假如美国人没有车库,住房条件跟中国人一样,都住在高楼的鸽子窝里,还会不会有惠普、苹果这样的公司出现?中国人的居住条件普遍拥挤,城市里的人大都居住在高层建筑里,条件好一点儿会在地下室停车场有个车位,自家的房间内部也都光鲜锃亮。在这种情况下,不知谁家父母会允许孩子把家里变成实验室、生产车间,让他们捣鼓自己的"发明"?

科学技术上的发明创造,不仅需要大众智慧这个软件,还需要社会生存空间这个硬件!

科技生态系统

1.17

前面谈了旧金山的人文地理环境,本部分从美国科学研究体系来探寻乔布斯成功的秘诀。苹果公司之所以能在美国出现,是由美国的科技环境决定的。

当今科学技术的分工越来越细,科学技术体系变得也越来越复杂。所以,任何公司都无法独立研发他们的产品所需的全部技术,都必须依赖一个科技生态环境,不断从这个环境中吸取营养,又回馈这个环境。

人才的培养最难,也最为关键,一个企业需要大量的各个领域的人才,他们不可能由某个公司独立培养出来,他们的成长需要一个大的社会环境。苹果公司的三个主要创始人都是首先在其他公司成长起来的:乔布斯最早在雅达利获得设计经验和管理理念,沃兹是在惠普公司成长起来的,马库拉的经营理念是在英特尔公司成熟的。如果没有雅达利、惠普和英特尔这些公司,也就没有创立苹果公司的人才,自然也就不会有苹果这种公司。靠科技发明创造的公司,不是喊口号就可以喊出来,也不是下决心就能办到的,更不是几个人头脑一热一拍手就可以拍出来的,它们是一个科技生态系统孕育出来的。

惠普是硅谷资格最老的公司,它在硅谷的科技生态环境中扮演着重要的角色。乔布斯高中时期就参加过惠普的少年电子设计夏令营,还在该公司得到一份工作。举办夏令营是惠普公司的一个远见之明,不仅为本公司未来的发展储备人才,也为本地区其他公司输送智慧。乔布斯大学辍学回来以后,又前后在生产电子玩具的雅达利工作。在硅谷的这两家公司里,他不仅获得电子设计的经验,而且也跟雅达利的 CEO 布什内尔学到了管理企业的技能。

沃兹被誉为电子天才,苹果公司建立初期的几款关键产品都是他设计出来的。然而,在跟乔布斯一起设计这些产品的时候,沃兹一直是惠普公司的正式职员。沃兹的知识、经验、技能大都是在惠普公司工作期间获得的,他也是利用惠普的实验室来做设计。沃兹是个讲求信誉的人,当设计出 Apple II 的时候,他首先让惠普考虑是否有兴趣开发生产,因为他的职业道德告诉他,这个发明创造依赖的是惠普公司提供的条件。可是惠普对沃兹的设计不感兴趣,他这才同意与乔布斯一起开发,并创办企业生产。惠普的一次错误决定,导致了苹果公司的诞生。

马库拉是一位营销天才,苹果公司非常有幸,自创办的初期就有这样一位高手指挥运营。苹果公司营销的主要理念都是马库拉当初制定的。然而马库拉也不是生而知之者,他的管理经验是在英特尔公司那里获得的,因为他本来是英特尔公司的营销高管。

显然,如果没有雅达利、惠普、英特尔这些公司给他们做出的"人才培训",就不会有苹果公司的三位奠基人,自然也就不会有苹果公司。

除了合适的科技生态环境,一个创意企业家还必须具备敏锐的眼光、灵敏的嗅觉,去及时捕捉那些具有巨大市场潜力的发明,因为很多科技发明的价值并不是显而易见的,需要有头脑者去发现。苹果公司每一款产品的关键技术都是外边公司或者研究机构首先研发出来的,有些是买来的,有些是抢来的,有些是连买带骗弄来的,手段不一而足。总之,你要想在电子产业立足,占据一席地位,就要像海盗那样,下手要快,出手要狠。

现在的科技生态环境已经没有国界限制了,一个公司可以利用他国科技成果来发展自己。苹果iPod的关键技术是日本东芝的工程师首先研发出来的。在此之前,乔布斯和鲁宾斯坦已经计划研制一种可以储存大量歌曲的音乐播放器,但是关键问题是芯片技术,当时他们还实现不了。一次鲁宾斯坦和乔布斯一起到日本去,俩人的目的不同,鲁宾斯坦是去谈公司业务的事,乔布斯则是去参加一个会议。鲁宾斯坦在参观东芝公司的时候,那里的工程师给他展示了一种体积小容量大的芯片,但是他们并不知道这有什么用处。鲁宾斯坦一看差点叫出声来:"就是它了!"但是嘴上什么也没说,匆匆赶到宾馆跟乔布斯商议,提议用1000万美元的支票买下这项专利。乔布斯二话没说,马上开出一张支票。东芝工程师得到的就是这笔钱,而iPod为苹果公司的创收则是以百亿美元计。苹果公司这一专利的获得,一半是买,一半是哄骗。假如鲁宾斯坦明白地告诉东芝公司,苹果将把这项技术用在何处,将获得什么样的利润,那样东芝会大大提高这项专利的价码,甚至不卖专利而自己研发音乐播放器。

有时候很小一件事情,也能反映出这个国家发达的科技生态系统。在iPhone面世之前,乔布斯要为它寻找一种坚硬的、不会产生划痕的玻璃。他们打听到纽约北部的康宁玻璃制造公司有这种技术。可是派技术人员到那里一打听,原来这家公司在60年代确实研发了一种"金刚玻璃",因为当时找不到市场,于是就停产了。得知苹果公司大量需求这种玻璃,康宁又重新启用了这种玻璃的生产线。

在这个科技生态系统中,苹果公司一方面从中吸取营养,另一方面又反馈营养给这个生态系统,因此可以保持生态环境良性循环。康宁公司的负责人威克斯讲:"乔布斯和苹果让我们更优秀。"因为康宁有了资金,可以研发下一代品质更好的产品。

半导体科技的发展是苹果这类公司的技术支柱。电子产品的有些元件就是直接从别的公司购买。苹果公司出产的各种电脑都需要微处理器,前期用的是摩托罗拉的,后来改用英特尔的。而英特尔的发展与半导体科技的研发密切相关。半导体是硅谷发展史上最重要的一项技术,也是硅谷最大的产业。硅谷创始人之一肖克利原来在新泽西州的贝尔实验室工作,与同事共同发现了晶体管,于1956在硅谷的山景城创办了一家公司,用硅代替当时普遍使用的锗来制造晶体管。

肖克利麾下有8名骨干工程师,其中包括诺伊斯和摩尔,他们创办的仙童半导体公司发展迅速,很快就达到12000名职工的规模。但是1968年,诺伊斯在争夺CEO宝座时失败,一气之下,带领摩尔又独自创业,创办了集成电路公司,英文的名称为Integrated Electronics Corporation,简称Intel,汉语音译成"英特尔"。这种集成电路为当今绝大多数品牌的电脑所采用,台湾出的宏基和大陆出的联想电脑都是用英特尔微处理器。

英特尔公司里的一位工程师格鲁夫,在上个世纪80年代将公司的业务从生产存储器芯片扩展到计算机处理器,使得公司迅速发展壮大。仅仅几年的时间里,这一地区就出现了超过50家生产半导体的公司。

半导体的发展遵循着"摩尔定律",该定律预测:集成电路的每个芯片所能容纳的晶体管数目,每两年就会翻一番,性能也会增加一倍。从1965年到1971这个领域的发展已经证实了这条定律的正确性,它预示着半导体产业的发展方式是跳跃式的。

摩尔定律对产品的性价比预测的可靠性,让乔布斯、盖茨这类的企业家能够对自己下一代产品的成本做出准确的预测。

我在斯坦福大学读书和访学期间,每天都要经过"国王大道(El Camino Real)"。它绵延40英里,从南旧金山开始,穿越帕洛奥图,一直到圣荷西,聚集着无数的企业和新兴的公司,这里吸引了全美1/3的风险投资。

乔布斯从小到大都生活这里,被其浓郁的科技氛围所感召,他感叹道:"我成长于此,深受这里独特历史的启发,并很想成为其中的一个分子。"乔布斯的成长离不开半导体科技的发展和这里浓郁的科技氛围。

乔布斯把他的麦金塔团队称作"海盗",他们也确实像海盗,嗅到哪里有宝贝就下手去偷去抢。但是,他们要当海盗的前提是周围必须有宝,否则只能喝西北风饿死。而美国的科技研发系统为新兴产业提供了各种各样的"发明珍宝",像乔布斯、盖茨这些企业家们不仅要知道什么是宝,宝在哪里,还知道如何抢到手。苹果公司的 Mac 电脑最突出的技术革命就是视窗界面,这个发明就是从施乐公司抢来的。

前文提到盖茨和乔布斯那次著名的争论。乔布斯首先从施乐公司获得图形界面的概念和技术,后来微软在与苹果的合作中得知此概念,决定自行研发以用于微软的视窗系统上。

在盖茨看来,乔布斯和他都是半斤八两,皆为蒙面的海盗,他们的视窗技术都是偷人家施乐的。乔布斯在 2005 年斯坦福大学的毕业典礼上讲到:"好的艺术家模仿,伟大的艺术家偷窃!"说的就是这个道理,他与盖茨都是 IT 行业的伟大艺术家,也是科技界的"江洋大盗"。

施乐公司的帕洛奥图研究中心,就坐落在斯坦福大学后山的养马场附近,那里是一片开阔的丘陵地带。研究所的房子都很低矮,所以只有走到近处才能发现这片建筑。电脑的一项重大革命技术就是首先在这里研发出来的。

帕洛奥图的这个研究中心全名叫"施乐 PARC",成立于 1970 年,主要研究数字领域的创想科技。它的总部设在 3000 英里之外的威斯康辛州。在这里工作的人,既少了总部高管的各种检查和指示,又没有直接的商业压力,所以他们可以在非功利的环境中轻松工作,自由创新。结果这里出现了很多梦想家,其中有一位叫艾伦的科学家,他有句格言:"预见未来的最好办法就是亲自创造未来。"乔布斯甚为赞同这个观点。艾伦还想象出了未来小型电脑的理念,他称之为"动态笔记本",即使小孩也能轻松操作。

为了创造出下一代老少皆宜的电脑,该研究所的工程师们开始研发友好的用户图形界面,以取代当时电脑普遍使用的命令和 DOS 提示符号。他们想到,可以把桌面上的概念应用到屏幕上,用户可以使用鼠标点击自己想要使用的内容。

施乐的工程师们还提出了另外一个超前的概念——"位图显示"。当时大多数的电脑还是依靠字符,在键盘上输入一个字符,屏幕上就会显示那个字符。那时候电脑的视觉效果很差,字符都是荧光绿色,背景则是黑色,比黑白电视的效果还差。因为字母、数字、符号的数量有限,所以这种显示方式不需要大量的电脑代码,自然也不要求很高的处理器性能。然而位图的显示则相反,屏幕上的每一个像素都要由电脑内存控制着。要在屏幕上显示彩色图形,就要电脑控制每个像素的颜色,这就要占用大量的系统资源,但是可以显示美丽的图像和漂亮的字符。

施乐研究所开发出的"图形界面"和"位图显示"就是电脑行业最名贵的钻石,谁先发现它们,谁先抢到手,谁就拥有了这个行业的未来,也就意味着获得巨额财富!

苹果公司的拉斯金在一本杂志上获得了这项消息,马上意识到这种技术是电脑产业的未来。他原来的博士论文就是做这方面研究的,所以对此很敏感。于是,他提议乔布斯和苹果公司的其他同事们去施乐 PARC 考察一番。

但是,要看人家的"宝贝"谈何容易!恰好这时候天赐良机,施乐总部的风险投资部门想要参与苹果公司 1979 年的融资。乔布斯趁机开出了一个条件:"如果你们愿意让我们了解施乐 PARC 的研究成果,我就同意你投资 100 万美元。"施乐总部的那些人哪里知道施乐 PARC 这些科技成果的价值?他们一心想的就是投资来换眼前的利润,因此很爽快地答应了乔布斯的条件,指示施乐研究所的工程师向乔布斯展示他们的新发明。作为回报,乔布斯同意他们可以每股 10 美元的价钱购买 10 万股苹果公司的股票。一年之后,苹果上市时,施乐的 100 万美元变成了 1760 万美元。然而这只是股票升值了,乔布斯则没有给施乐公司付一分钱,就成功地把他们给套住了,从而获得了这项革命性技术。

开始的时候，施乐 PARC 的工程师还是藏藏掖掖，不舍得把自己的研究发明就这样被乔布斯他们拿去，所以只给乔布斯带领的团队展示了小部分内容。后来苹果的工程师发现他们没有得到完整的东西，乔布斯知道此事后很生气，就一个电话打到施乐总部，抱怨他们的工程师不够厚道。施乐总部的那帮人一想，反正自己买了股票，苹果日后发了，也可以分一杯羹，就命令 PARC 这边给乔布斯他们和盘托出。

现在让我们看看苹果公司这帮"海盗们"发现珍宝时的激动场景吧！

"……，苹果的一圈人都惊呆了。阿特金森盯着屏幕观察每一个像素，他越靠越近，以至于特勒斯感觉到他呼出的气吹到了自己的脖子上。乔布斯跳了起来，兴奋地挥舞着胳膊。后来干脆站起来，离开凳子，在房间里跳来跳去，激动地无法专注屏幕，不停地问各种问题。特勒斯展示一部分，乔布斯就会不自禁地发出感叹。乔布斯不由自主地说：'你们就坐在一座金矿上！我真不敢相信施乐竟然没有好好利用这项技术！'"回到公司后，乔布斯立刻让阿特金森把这一技术加工完善，最终成功用到了 Mac 电脑上。如果不是半路杀出另外一个大盗——盖茨，乔布斯就靠这一项技术，就可以让他们的 Mac 电脑独霸世界！

现在人们可以明白，为什么盖茨说他和乔布斯都是大盗，偷了一位富邻居——施乐 PARC 的财宝。因为乔布斯获得了这么重要的一项技术，一分钱都没有给施乐公司，只是允许他们融资，而且苹果还从这个融资中得到另一份好处，那就是资金。

乔布斯要求他们的研发团队要有海盗精神。然而海盗可不是谁都可以做的，也不是随便什么地方都可以生存的。首先你得有这个胆量和智慧，其次你的周围得有宝物可偷可抢。美国发达的科技生态系统，就是这类科技创新企业用之不尽取之不竭的宝藏，这是乔布斯、盖茨这帮"海盗"赖以生存的环境。

将来中国要有自己的乔布斯，拥有自己的苹果公司，首先应该一步一步建立一个合适的科技生态系统，这个系统必须具有巨大的活力和创新能力。

苹果是多种文化的结晶

不论是乔布斯的思维还是苹果的产品,都有东方文化元素。乔布斯主要通过印度和日本来接受东方的思维和宗教。虽然乔布斯没有直接受中国的影响,但是中国古代从印度引入佛教,经过自己的改造变成了具有"中国特色"的佛教,其中最典型的就是禅宗,尔后又传到日本去。所以,不少中国人可能觉得苹果产品有一种文化上的亲近感,感到舒适美观,这是因为它们间接吸收了禅宗的审美意识。

乔布斯感兴趣东方宗教,对于欧美人来说他是比较另类的。一个虔诚的基督教徒是不大会着迷于东方的宗教,更不会千里迢迢去寻访东方宗教的精神导师。乔布斯对西方宗教的质疑来自于他小时候的一件事,有一天他在自己家里订的杂志封面上看到一个饥饿的非洲小孩,饿得皮包骨头,就去质问教堂里的牧师:"上帝知道这个吗?"牧师的回答让小乔布斯十分不满意,觉得上帝也不可靠,从此以后就再也不去教堂了。

西方人对宗教的信仰远比我们虔诚,而且执着专一。同是基督教,内部还分出各种流派,不同流派的宗教团体之间互不来往,有时甚至互相攻击拆台。一个人如果在宗教上走极端,视自己团体之外的人为异教徒,就不会欣赏到其他宗教的长处。然而,乔布斯在西方的宗教世界里属于"另类",很开明很开放,不是盲从,而是根据自己的观察去独立思考。这样他才会对东方的宗教持开放的态度,而且还十分投入,花了几年的时间去琢磨佛教禅宗的教义,并虔诚实践其修行戒律。

乔布斯对宗教有自己的见解,认为宗教应该更多地强调精神体验,而不是一味遵守教条。他反思道:"基督教太过于强调信仰,而忽略了耶稣的方式生活,不能从耶稣的角度看世界,那就失去了精髓。"他认为不同的宗教有相同之处,就好比同一栋房子的不同的门,虽然门径不同,但是进去的是同一间屋子。

乔布斯只身去印度寻访宗教导师,又长期修炼印度教的教义,研读这方面的书籍,因此他对东方最大的宗教——佛教有很深刻的体会。他如是评价东西方宗教的差别:

> 我回到美国后感受到的文化冲击,比我去印度时感受到的还要强烈。印度乡间的人与我们不同,我们运用思维,而他们运用直觉,他们的直觉比世界上其他地方的人要发达得多。直觉是非常强大的,在我看来比思维更加强大。直觉对我的工作有很大的影响。
>
> 西方的理性思维并不是人类先天就具有的,而是通过学习获得的,它是西方文明的一大成就。而在印度的村子里,人们从来不学习理性思维。他们学习的是其他的东西,在某些方面与理性思维同样有价值,那是直觉和经验智慧的力量。
>
> 在印度的村庄待了7个月后再回到美国,我看到了西方世界的疯狂以及理性思维的局限。如果你坐下来静静观察,你会发现自己的心灵有多焦躁。如果你想平静下来,那情况只会更糟,但是时间久了之后总会平静下来。心里就会有空间让你聆听更加微妙的东西——这时候你的直觉就开始发展,你看事情会更加透彻,也更能感受现实的环境。你的心灵逐渐平静下来,你的视野会极大延伸。你能看到之前看不到的

东西,你必须不断练习。

中国的传统思维也是直觉思维,跟印度的比较接近,而与西方的差别较大。乔布斯的话是我看到的西方人对东方直觉思维的最深刻的感悟。概括起来有以下一些特点:

第一,西方强调理性思维,东方则注重直觉思维。

第二,直觉思维有非常强大的力量,有时甚至比理性思维更重要。这对乔布斯工作有很大的影响。

第三,东方的直觉思维跟西方的理性思维一样,都是长期经验智慧的积累,需要用心修行才能获得。

第四,直觉思维对理性思维有巨大的补充作用,可以让人减少浮躁,有个安宁的心情,看问题会更透彻,视野会更开阔,而且可以看到以前熟视无睹的东西。

第五,心灵的修炼远比形式上的模仿重要,可以在任何地方任何时间修炼东方的直觉思维,我佛即我心。

这就是乔布斯的了不起之处,他洞晓东西方宗教的优缺点,吸收了东西方两种宗教文明的精华,把东方思维的优点融入自己的思维和科技产品之中。

在乔布斯位于苦菩提诺的卧室里挂着两幅照片,一个是爱因斯坦,一个是印度精神导师马哈拉杰。爱因斯坦代表着西方的理性思维,马哈拉杰代表着东方的直觉思维。马哈拉杰是个印度教士,对上个世纪六七十年代的美国青年人影响很大,他倡导"奉献社会,为他人服务",一生做了许多慈善事业。他奔走于印度和美国之间,于1973年死于印度的温达文。

懂得禅理者就会感受到,使用一款苹果产品,就像走进禅宗寺院一样,给人的感觉是宁静、神秘、浑然一体,而自成一个小世界。如同唐代诗人常建描写的禅院那样,"山光悦鸟性,潭影空人心",苹果产品确实有种"悦人性、空人心"的效果。莱昂斯对苹果产品如是说:"封闭的系统可能是传达苹果的技术禅意的唯一理论。"这也是苹果产品的魅力所在。

1.18 苹果是多种文化的结晶

在乔布斯卧室里的墙上挂着两个镜框,里面分别镶着爱因斯坦和印度精神领袖马哈拉杰·吉的照片,地上还有一台 Apple II 电脑。乔布斯卧房里摆设的三件东西寓意深刻:两张照片代表他坚持"人文"和"科技"融合、西方的理性思维和东方的直觉思维并重的理念,电脑就是他创意的体现,用来改变这个世界的工具。

乔布斯对禅宗有很深的感受,他说:"我见过最美的设计就是京都的禅寺,这一文化深深打动了我。"他在斯坦福大学附近的山区买了一栋很大的房子,共有 14 间卧室,是西班牙风格的。乔布斯把它拆掉了,原打算把它建成简洁的日本风格的居所,可惜他生前未能完成这一愿望。乔布斯曾经许诺,在每个孩子到了 13 岁的时候,都会带他们去自己选择的地方旅游一次。儿子里德和女儿艾琳都选择了京都,因为他们知道那座城市是父亲最喜欢的。

乔布斯也去过巴黎、伦敦、罗马、慕尼黑等地方,相比之下,日本的京都是他的最爱。京都是根据唐代的洛阳而建造起来的,城市的布局、街道规划、城门楼的名称,一律按照唐代的东京——洛阳而建。洛阳是我的家乡,对此我深为感慨,因为今日的洛阳已经在文化上与历史完全隔断,当年的繁华与建筑已荡然无存,已经找不到任何古代的风韵。中华民族对自己传统抛弃得太大方,破坏得太彻底,这很值得今天的人们去反思。

乔布斯也坦率地承认,他的专注能力和对简约的热爱来自于对禅理的

为什么中国出不了乔布斯

乔布斯对禅宗有很深的感受,他说:"我见过最美的设计就是京都的禅寺,这一文化深深打动了我。"本来这一文化是属于中国的,然而却被我们慷慨地抛弃了。反观历史,中国破坏放弃了太多本来可以感动世界的文化。

顿悟。打坐参禅增加了乔布斯的直觉思维能力,教会他如何过滤掉那些分散精力的不必要干扰,培养出一种崇尚简洁的审美观。他崇尚极简的设计风格,这源自一名佛教徒对简单的热爱,但是还要使产品充满着乐趣又避免过度简单而让产品显得冰冷。

乔布斯是一位天才,他的思维就像一位修炼得炉火纯青的禅师,来无踪去无影。他的奇思妙想是不可摹状的,不仅充满魅力,又能洞悉事物的本质。他的真知灼见会不期而至,更多的是靠直觉而非理性。他就像一个探路者,可以嗅到风中的气味,对未来发生的事情先知先觉,从中解读出最重要的信息。

同时,苹果产品也包含着西方的审美意识。

大家千万不要误会认为苹果产品仅仅体现了东方审美,如果真的是这样,它就不可能真正风靡世界,特别是在欧美那样受欢迎。实际上,西方的审美观在苹果产品上体现得更强势。苹果产品的前期设计者是艾斯林格,是个德国人,后期的设计者乔尼是个英国人。

艾斯林格是当代工业设计的一位大师,虽然成长在德国,但他有广阔的国际视野,能够娴熟驾驭各种审美风格。他主张"苹果产品的DNA中应该有土生土长的美国元素,特别是加利福尼亚的西部风情,应该像好莱坞的电影一样,有一点叛逆精神,而且还散发着自然的魅力。"他的设计理念主要有两个:一是形式跟着情感,二是形式追随功能。为此,他设计了几十种模型来体现这种理念。乔布斯十分激动,干脆把艾斯林格从德国请到帕洛奥图,专门为苹果产品做工业设计。

后期苹果产品的设计主要出自乔尼之手,他被称为乔布斯回归苹果以后的"灵魂伴侣"。他毕业于伦敦的纽卡斯尔理工学院。跟其他设计师不同,他不仅能够画出精美的草图,还可以照顾到内部元件的工作原理。乔尼的偶像是在博朗电器公司工作的德国工业设计大师拉姆斯,从他那里学到了"少即优"的理念。乔尼对简洁有自己深刻独到的看法:

> 为什么我们认为简单就是好的?因为对于一个产品来说,我们喜欢去控制它。规律就是简洁,如果找出复杂中的规律,就易于驾驭产品。简洁不仅仅是视觉上的,也不是把杂乱无章的东西抹掉,而是挖掘复杂性的深度。要想设计得简单,就必须挖掘得足够深。要做到这一点,就必须准确把握产品的精髓,从而判断哪些不重要的部分是可以拿掉的。

也就是说,在追求简洁上,西方审美与东方的禅意就相通了。然而两种文化在追求"简洁"时的侧重点有所不同,西方强调的是观感、性能和使用三者的简单统一,禅意则主张的是观感简洁,物我统一。这种东西方文化的简洁观在苹果产品上都有充分的体现。

创造力来自多元文化的撞击,任何强壮的文化都是各种优秀基因杂交的结果,单一的文化一定走向衰落。日本这一点很值得我们学习,他们一方面保存了从中国学去的文化,一方面又向西方的科学技术敞开大门。日本人对传统的执着和坚持也是值得我们借鉴的。咱们中国人太容易放弃,对传统的东西常常慷慨地抛弃,致使我们的文化失去了感染世界的魅力。今天,中国要走向文化强国,一方面必须挖掘保存我们优良的文化传统,另一方面要以宽广的胸襟吸收其他民族的优良文化。

1.19 离开苹果的十年磨砺

乔布斯被他自己创建的公司炒了鱿鱼,被迫离开了苹果公司,这是他传奇人生的"奇中之奇"。他在外边的世界闯荡了十余年,这期间的磨砺,既为他华丽人生增加了多彩的一章,也为他再次入主苹果后使苹果辉煌十几年准备好了条件。

纵观乔布斯的一生,可以有把握地说,如果没有这十多年的挫折磨砺,就不会有后来这个改变世界的乔布斯,他所创办的企业甚至都延续不到今天,早早就可能关门大吉了。《乔布斯传》的作者却没有看出这十来年的波折对乔布斯后来达到事业巅峰的作用,简单认为乔布斯离开苹果的这段时间少有建树。其实,假如乔布斯没有这期间的失败和挫折,就不会有后来的成功。

古今中外,成就大事的人在很多方面是相通的,失败乃成功之母,孟子下面这段话讲的就是这个道理:

> 故天将降大任于斯人也,必先苦其心志,劳其筋骨,饿其体肤,空乏其身,行弗乱其所为,所以动心忍性,曾益其所不能。

我一直认为,假如孔子没有十四年颠沛流离周游列国的经历,一直在鲁国当大司寇,那么顶多是中国历史上的一位小诸侯国的成功政治家,但是肯定不会成为中华民族的圣人。苦难使人丰富,磨砺让人深刻,孔子的经历使得他的思想变得丰富而深刻。

乔布斯是个很有使命感的人,他传奇式的人生跟他对自己的认识很有关系。乔布斯曾经跟他最要好的朋友说过,他属于爱因斯坦那类的人,是肩负着特殊使命来到人间,上天安排他来到这个世界,就是为了让他改变这个世界。乔布斯心目中的自己,就是孟子所说的"天将降大任于乔布斯也"。这种自觉意识是激励乔布斯创造奇迹的内在精神动力。

盖茨似乎是截然相反的例子,他非常成功,然而一生也很顺利。孟子的话应该这样理解,磨难可以最大限度地激发一个人的潜能,从而造就卓越,但是成功并不一定必须经受磨难这个过程,其他因素也可以成就优秀。再说,卓越有高下之分,成功也有大小之别。在创新上乔布斯还是明显优于盖茨的,微软经常抄袭苹果的创意,有时候学也学不会。乔布斯认为,盖茨没有胸怀,缺乏创意,一生没有创造出伟大的作品。如果乔布斯的话还有几分道理的话,那就跟盖茨一生太顺利、生活太优裕、缺乏磨难不无关系。

表面上看来,乔布斯是被时任苹果公司 CEO 斯卡利联合其他董事会成员驱逐出去的,然而仔细观察事件的前因后果就会发现,真正的原因则是乔布斯领导的 Mac 电脑研发团队研制出的新电脑不成功,市场销售远低于预期,使得苹果公司陷入空前的经济困境。

乔布斯二十几岁就是个亿万富翁,但是毕竟太年轻,还无法胜任领导一个大公司的重任,所以董事会决定从外边请一个更有经验的人来担当 CEO。他和董事会一起选择了百事可乐公司的总裁斯卡利。乔布斯亲自出马,多次游说,才说服了斯卡利来加盟。斯卡利刚来的时候,俩人亲如兄弟,各自视对方为知己。斯卡利也把注意力和资金都集中在乔布斯的团队上。斯卡利这种偏心或者说不公引起了公司里很多人不满,以至于导致苹果公司的另一位创建人——沃兹愤而辞职。沃兹的心情是可以理解的,因为他们团队研发和改进的 Apple II 一直是公司的顶梁柱,公司年收入的70%都是他们的产品带来的,然而没有得到相应的重视和支持,反而被冷落在一边,搁谁谁都有情绪。

乔布斯团队研发出的麦金塔刚上市的时候,曾引起了一阵轰动。然而设计上的问题很快就暴露出来了,虽然外观看起来精美,可是运行缓慢,动力不足,而且只有128K的内存,所以1984年的销量一落千丈。那时整个公司都把赌注压在这款电脑上,因为在此之前两年开发出来的丽萨电脑存在严重的性能问题,已经完全被市场抛弃。

危机之中,人更容易错上加错。此时乔布斯"急中生愚",又做了一件拙劣的事情,决定把仓库里积压的丽萨电脑安装上麦金塔仿真程序,重新命名为"Mac XL",作为新产品出售。因为这个可怕的骗局带来的可能是更糟的结果,致使销售部的高管霍夫曼愤而辞职。这也是乔布斯一生中所做的唯一一次产品造假。霍夫曼的辞职阻止了更大悲剧的发生,这种人很值得尊敬,如果一个公司有这种坚持原则的人,就会避免很多因造假而导致更大的悲剧——破产。

这个时候的乔布斯自我反省的精神还很差,他不自我反省却迁怒于人,把一腔恶气撒在别人身上,到处发火,随便炒人鱿鱼,弄得公司上上下下鸡犬不宁,导致众叛亲离,连他最信任的马库拉也不支持他。乔布斯成了地地道道的孤家寡人,已经无法再做任何有意义的工作了,所以他只有离开苹果公司这一条路可走。

1985年,乔布斯不得不离开自己创办的苹果公司。

乔布斯是憋着一腔怒火离开了苹果。当他想到这是自己创办的公司,看到那个他视之若父的马库拉也背叛自己了,还有许许多多他平时十分信任的人也抛弃了他,多次痛哭流涕。乔布斯那时觉得,个个忘恩负义,人人落井下石,整个世界都背叛了他。

为什么中国出不了乔布斯

乔布斯离开苹果后不久,和女友莱德斯一起到意大利度假,排遣心中的郁闷。乔布斯虽然以前结识过几位女性,但是莱德斯在他心目中占有特殊的地位。他是这样评价莱德斯的:"她是我真正爱的第一个人,我们那么心意相投。我不知道谁还能比她更了解我。"一天晚上,在巴黎的塞纳河的一座桥上,莱德斯向乔布斯提出了一个严肃的建议:"我们就留在法国吧,在附近的郊区买一个庄园,安居乐业,生儿育女。"此时,他们也确实有这个经济条件。乔布斯离开苹果公司后,手头的股票只留了一张,其他都兑换成现金了,单此一项就大约有一亿美元的进项。这意味着他们有一辈子花不完的钱。很多人可能都会选择享受生活这条路,人不就是图个安逸的日子吗?一个人已经有了幸福条件,还去折腾什么!然而乔布斯不这么想,因为他有自己的使命,他壮志未酬,依然雄心勃勃。

因为观念上的重大分歧,后来乔布斯和莱德斯还是分手了。乔布斯每次想起莱德斯就伤感。用莱德斯的话来说,就是他们的性格不合。其实真正的原因是莱德斯不想再折腾了,希望过一个安逸稳定的生活;而乔布斯就是生命不息折腾不止的这么一种人。

从欧洲度假回到硅谷以后,乔布斯首先去拜访了以前认识的一位斯坦福大学教授,他是生物学诺贝尔奖获得者,听取他的建议。这位教授告诉他,高等教育行业的人需要大型的个人电脑主机。乔布斯就决定研发这种电脑,立刻招兵买马,首先把以前在苹果公司 Mac 团队的骨干拉过来了几个。乔布斯自己掏钱支付公司的前期研发阶段的各种费用。他暗下决心来争口气,要做出一款能够超越苹果公司的电脑,所以处处追求卓越。公司办公室的楼梯请当时最著名的建筑师贝聿铭设计,又掏了 10 万美元请最好的广告设计师设计公司的商标。

到了 1986 年底,公司出现了财务危机。乔布斯自己腰包里的钱已经投资进去了 700 万美元,但是毫无成效,只体现在优雅的公司标识和时髦的办公室上,可是没有产品,没有收入,也没有即将生产的产品,所剩的钱已经维持不了多长时间。乔布斯向各个风险投资公司发出了招股请求,然而没人愿意冒这个风险。

这是锻炼乔布斯应对危机的能力的时候。此时的乔布斯已经不是以前那个三脚猫的小伙子,磨难使他变得沉着、冷静。就在这个时候,出现了一个贵人,他就是德克萨斯州的一位牛仔式风险投资大鳄——佩罗,佩罗主动打电话给乔布斯说,需要资金就跟他说一下。乔布斯确实需要,非常需要,然而他清楚,要把事情做好做大,此时需要的是沉着,是不动声色。所以过了一周他才回复佩罗的电话,讨论投资的事。

佩罗为什么会自己找上门来呢?说来也巧,原来1979年的时候,年轻的盖茨到达拉斯找到他投资,希望他买下微软的大量股份,可是他当时犹豫没有买。到了1986年,微软刚刚上市,佩罗后悔莫及,如果那时投资就可以赚一大笔,所以他一直在寻找下一个机会。佩罗从媒体里了解到,乔布斯是盖茨同一量级的人物,就决定投资。结果两个人的谈判非常顺利,乔布斯得到了救命的资金。

离开苹果出来独自创业以后,乔布斯逐渐养成了务实的性格,学会了妥协让步,知道与人合作的重要性。为了对抗盖茨,他决定与IBM合作。乔布斯能做到这一点很不容易,因为他一直是把IBM作为自己的商业敌人看待的。1988年4月,在佩罗的调停下,乔布斯与IBM达成了一个令人震惊的交易:IBM将在他们的电脑上使用乔布斯公司开发的操作系统。这个合作成了盖茨的噩梦!

1989年,乔布斯新研发的NeXT电脑终于上市了,然而这款电脑并不成功,市场反应冷淡。工厂的生产能力是每月1万台,而每月的销售量只有400台,大大低于预期。工厂里的机器人被喷刷得很漂亮,却只能在车间闲置不用,在这种情况下,整个公司还在继续烧钱。

乔布斯离开苹果公司10多年中,投资最大也是着力最多的就是NeXT电脑。然而这款电脑把他的大部分资金吞进去了,却没有给他带来任何经济回报。可是无心插柳柳成荫,给乔布斯意外收获的是在皮克斯动漫公司的投资。这家公司几乎都要倒闭了,乔布斯出于自己对艺术的爱好,决定自掏腰包来投资这家公司,他持有这家公司70%的股份。当时,乔布斯的这一做法确实有些匪夷所思,硅谷电子行业中几乎无人认为这是一个有利可图的行业。在乔布斯接手之后,皮克斯公司也曾一度岌岌可危。当时在拉赛特的第一部动漫《玩具总动员》制作完成之前,还有30万美元的资金缺口。而乔布斯此时的全部存款只剩几十万元了,但他还是决定孤注一掷,掏出最后的家底来让这部动漫得以完成。令人惊喜的是,这部动漫大获成功,全世界的票房收入高达3亿多美元!乔布斯不仅收回了所有的投资,作为最大的股东,还大赚了一笔。

总结乔布斯这十余年的磨砺,他从中获得最宝贵的经验主要来自两件事情:一是NeXT电脑在市场销售上的失败,二是皮克斯动漫的巨大成功。这两件事情结合在一起,让乔布斯悟出了一条科技企业的黄金定律:"高科技产业只有与人文艺术结合才能获得大成功。"NeXT电脑本来是走高端路线的个人电脑,主要客户群体是高校科研人员,然而本来市场就不大,加上来自其他产品的竞争,最后落到被排挤出市场的地步。但是用高科技制作的这些动漫,是男女老少人人喜爱的东西,一旦成功就会获得巨大的商业利益。

乔布斯重掌苹果公司大权以后,正值电脑行业萧条之时,然而他利用这个10来年磨砺悟出的"黄金定律",先后研发音乐、手机、平板电脑这些大众日常需要的电子产品,大获成功,使得苹果脱颖而出,一跃成为世界上市值最高的公司之一。

这期间,乔布斯还有一个最大收获是成家立业,有了子女。家庭对一个人做事、考虑问题的影响不可小觑。乔布斯在2005年斯坦福大学毕业典礼上的讲话中,特别提到这十年的收获之一就是找到了自己心爱的妻子——劳伦。从此以后,乔布斯说话做事的方式都变了。1996年12月,乔布斯决定重新回到苹果。《金融时报》的一位记者问道:"你是否会最终接管苹果公司?"乔布斯的回答则是:"不会的。现在我的生活中有很多事情,有了家庭,还要参加皮克斯的业务。我的时间很有限,无法全面掌管,只能提供一些我的想法。"显然,家庭因素是乔布斯考虑工作选择的因素。

通常有了家庭的人,冒险精神可能降低,但是做事会更加稳妥周全。

经过10多年磨砺的乔布斯做起事来更加有策略,不再那么莽撞感情用事了。苹果和微软一直是明争暗斗,始终在较劲。但是,两虎相争必有一伤。磨砺让乔布斯的胸襟变得开阔,他重新定位与微软的关系,选择由竞争走向合作。他在一次大会上宣布:"如果我们想进步,让苹果公司真正好起来,就必须放弃这样的观念:如果微软赢,那么苹果就必须输。合作可以给我们带来双赢。我们将在Mac电脑上使用微软的Office,还邀请微软来给我们投资。"

乔布斯这一招实在是高!这种妥协和合作在他年轻时候是不可能的,那时候乔布斯对盖茨是不屑一顾,除了蔑视就是羞辱。即使盖茨修养再好,面对乔布斯的冷酷羞辱,也会借机报复一下苹果。

这次盖茨也很给面子,答应了乔布斯的两项要求。这无疑给百废待兴的苹果公司打了一支强心针。当天交易日结束时,股票飙升了6.56美元,涨幅为33%,收盘时达到26.31美元。这一天的涨幅给苹果的市值增加了8.3亿美元,把公司从死亡线上拉了回来。

经历苦难的乔布斯已经成熟了,不再需要去请什么卖糖水的人来当总裁了,自己就有能力统率一个大公司。在他的带领下,苹果重振雄风,创造出一个又一个的伟大产品,真正改变了世界。

第二编 品行、习性与精神

为什么是乔布斯而不是别人,这与他对人生意义的理解密切相关。乔布斯的企业人生告诉世人,要想成为一个伟大的发明家和杰出的企业家,必须要有超越金钱的追求,必须有以自己的努力惠及世界的理想。为了实现这一理想,他就得"我行我素,永不知足",听从自己心灵的呼唤,奋不顾身地迈向既定的目标。这样使得他的天赋发挥到了极致,造就了这位科技发明大师和最成功的企业家。

2.1 永不知足

乔布斯在斯坦福大学 2005 年毕业典礼上的演讲,被誉为过去 50 年世界上最精彩的演讲之一。他的讲话以这句话结尾:stay hungry, stay foolish。怎么理解乔布斯这句话?纵观乔布斯一生的言行,这两句话应该理解为"永不知足,我行我素"。

跟其他企业家相比,乔布斯总是能往前多想一步,能够从眼前的成功看出未来的危机。1977 年 Apple II 刚问世时,这款电脑把苹果公司推向一个新兴产业的顶峰,销量从开始时每年 2500 台迅速发展到 1981 年 21 万台的业绩。但是乔布斯并没有满足,他清醒地认识到 Apple II 不可能长盛不衰。那时就开始研发下一代电脑,乔布斯先后组织研发了丽萨电脑和 Mac 电脑。

乔布斯很瞧不起那种企业家,办企业的目的就是为了赚一笔钱,创立一个公司后就等待上市那一日,然后转手卖掉拿一笔现金走人。仅仅为了钱,一个人可以到赚够那一日,钱多得可以让你一辈子荣华富贵,永远也花不完。然而乔布斯则不同,他志存高远,他的人生意义就是用技术改变世界,要为这个世界留下自己的足迹。为了这么一个任重道远的使命,他必须"永不知足"地去追求。

乔布斯始终有种紧迫感,为什么他会如此?这与他对死亡的理解密切相关。一次他向斯卡利坦言,他感到自己在年轻的时候就会死去,因此需要尽快取得成就,在硅谷的历史上留下自己的足迹。一天早上俩人坐在办公室里,乔布斯告诉斯卡利:"我们在地球的时间都很短,我们或许只有机会做几件真正伟大的事情,并把它们做好。我们谁也不知道自己能活多长时间,我也不知道,但是我感觉必须趁着自己年轻,多取得一些成就。"乔布斯总觉得时不我待,因为他肩负着改变世界的使命。

乔布斯说,"我清楚生命中什么是最重要的,是创造伟大的发明,而不是赚钱。应该尽我所能,用此生给人类留下痕迹。"

乔布斯拥有"好男儿名留青史"的志向,这让我们想起了孔子。孔子周游列国14年,后来返回鲁国,他此时清醒地意识到自己的政治思想无法被诸侯接纳,同时他的追求境界也更高了,认识到政治只能惠及一时,著书立说则可以流芳万代,所以他不再追求一时一地被诸侯重用,而把精力转到编订古代典籍上。他激励自己的一句话就是"君子疾没世而名不称焉"。结果,孔子对中华文化的贡献彪炳千秋,成了中华民族的圣人。

对很多普通人来说,挣够了钱,钱多得一辈子花不完的时候,就会开始想着如何享受生活了。人活这一辈子,只要把自己伺候好,吃穿不愁,就知足了。然而乔布斯的想法与众不同。

1980年,乔布斯刚刚25岁,苹果公司上市,乔布斯一下变成拥有2.6亿美元的超级富翁。要知道,那时候的美元远比今天值钱,因为经过30年的通货膨胀,美元的购买力已经今非昔比。如果单从财富的角度考虑,乔布斯继续创业,有三种可能的结局:一是可以赚更多的钱,由2亿变成10亿、20亿,但是这些数字的增加对他的生活已经没有太大的意义了,只是心理上得到满足;二是折腾来折腾去,赔赔赚赚,几十年辛苦下来,钱还是那么多,自己后来的劳动白搭进去了;三是因为经营不善,公司倒闭破产,自己手头的钱化为乌有,甚至负债累累,此时就会懊悔当初没有及时收手,把钱存起来慢慢享受生活。

上述三种可能性发生的概率都很大,不同的人会做出不同的选择。

马库拉的想法就与乔布斯明显不同。他原来在英特尔做营销员,赚了几百万美元,才30岁出头,就宣布退休不干了。他娶了个美妻,在著名的风景点太浩湖买了一栋豪华别墅享受生活。要说马库拉比乔布斯的财富少多了,乔布斯更有理由这样做。如果不是乔布斯劝说马库拉放弃隐居的念头,重出江湖,马库拉一生的财富就是那几百万美元,人生的意义就会小很多。后来虽然马库拉跟乔布斯又干了很多年,但是他人生的追求不高,对世界的影响也远比不上乔布斯。

乔布斯成了亿万富翁后,干起活来反而更加疯狂了,因为他心中有一个痛:在创业初期,苹果公司的唯一支柱产品 Apple II 是沃兹设计的,乔布斯要研发出一款属于自己的产品。于是他开始领导丽萨电脑研发团队,后来又主管 Mac 团队。从工作的卖力程度上看,人们看到的乔布斯似乎是一个还为生计而奔波的毛小伙子,根本看不出他早已是个亿万富翁了。乔布斯还提出很多激励大家的口号:"我们要做海盗,不要做海军""过程就是奖励""一星期工作九十个小时"。为了激励自己,他还向丽萨团队发起挑战,公开与丽萨的主管库奇打赌5000美元,看谁首先研发成功。最后乔布斯虽然在时间上输了,然而在质量上却胜了。丽萨电脑因为质量问题昙花一现,在相当长的一段时间内，Mac 电脑及其改进型是苹果公司的生命线。

1985 年，乔布斯刚进入而立之年，他完全可以考虑退出江湖，起码有以下四大理由：

其一，乔布斯已经证明自己不是沃兹那样的电子设计天才。乔布斯带领麦金塔团队经过多年的研发，可是这款电脑 1984 年上市的时候销售并不理想，没能打开市场，远不如当年沃兹设计的 Apple II 成功。本来整个公司对 Mac 寄予厚望，把财力和人力都集中在这款电脑上，希望能够研发出领导潮流的新一代产品。但其市场表现不佳，使公司在经济上陷入困顿。乔布斯激情投入，就是想第一次拥有打上自己烙印的品牌，结果没能如愿以偿。很多人遇到这种打击，恐怕都会改弦易辙，不会再折腾下去了。

其二，乔布斯完全失去了"人和"。本来乔布斯平时就不注意团结群众，人缘不太好，加上 Mac 的市场表现很差，他变得更加暴躁，动辄迁怒于人，以致爆发了与斯卡利的矛盾。斯卡利是乔布斯请来的 CEO，俩人开始时亲如弟兄，后来反目成仇。在董事会表决时，所有成员一致支持斯卡利，决定革去乔布斯的一切职务，使得乔布斯成了无职无权的人，在公司里完全被孤立起来。此事让乔布斯伤心欲绝，那些他平时最信任的人，都在这个时候抛弃了他。在短短的几天内，乔布斯经历了被落井下石、忘恩负义的世态炎凉。搁中国古人心寒到这种程度，首先考虑的是归隐或者出家。对乔布斯来说，起码可以改行不干了。

其三，乔布斯也有退出江湖的经济实力。他被迫离开苹果后，除了留下 1 股外，出手了所有的股票，套取现金 1 亿美元左右。如果其他方面的财富也计算在内的话，乔布斯的财富远不止这些。有了这笔钱，乔布斯不用再干什么，一辈子就可以不愁吃不愁穿了。

其四，最让乔布斯心动的女友莱德斯的请求。1985 年，当乔布斯被挤出苹果公司后，心灰意懒，带着女友去欧洲散心。莱德斯希望他们能在欧洲定居。然而乔布斯虽然很受挫，仍然雄心勃勃，因为他壮志未酬。后来因两人的人生观分歧太大而分手。多年以后,乔布斯回忆起莱德斯都还伤感得痛哭流涕,他说:"她是我真正爱的第一个人,我们心灵相通,我不知道谁能比她更了解我。"莱德斯拒绝与乔布斯结婚的原因是:莱德斯追求的是安静的家庭生活,而乔布斯奋斗的目标则是给世界留下烙印。好莱坞的很多大片宣扬的是英雄为美人而不惜牺牲一切,而乔布斯则是为了事业而不惜放弃最心爱的人。

2003年,乔布斯本被诊断出患有胰脏肿瘤。大夫告诉他最多还可以再活半年,尽快跟亲朋好友商议安排后事。乔布斯在2005年斯坦福大学的毕业典礼上专门讲了得知这一死亡消息的感受,他谈到当每一天都是你最后一天的时候,除了做人生最有意义的事情外,什么也不用在乎了。所以他在听了大夫的话之后,更加富有激情地去工作,使得他生命的最后时光成为他人生最华丽的乐章。

对于一般人来说,当被诊断出患上绝症时,最常见的反应有两种:一是精神崩溃,完全丧失生存的信心,心情加上病情,很快撒手人寰。我知道一位电业局职工,只有三十来岁,本来精力充沛,单位年度体检时被诊断出患有癌症,两个星期后就去世了,可见心情有时比病情对人的打击更大。还有一种反应是觉得生命无多,把没有享受到的尽情享受,走时不留遗憾。新加坡《联合早报》报道了这么一则消息,有一位老人酷爱赌博,在生命垂危之时,希望自己的儿女推他到赌场再玩一下老虎机。儿女满足了他的愿望,他毫无遗憾地于当天晚上离开了人间。

乔布斯就是与凡人不同,当他获知自己生命无多后,则是把每一天作为自己最后的一天,要给这个世界留下更多的东西。光这一点,乔布斯就值得每一个世人尊敬!

最感动人的是乔布斯生命的最后两年。2008年,乔布斯的癌细胞已经扩散,必须接受肝移植手术。他在等待移植和做移植手术的过程中,两度生命垂危,特别是在移植手术中,麻醉剂意外进入肺中,大家都以为无法挽救了,劳伦把家人和亲戚朋友都叫来一一告别。此时的乔布斯已经53岁,手术后体力也远不如前,但他还是一如既往,激情地投入工作,带领公司又研发出了 iPad、iPhone 这些令世界惊艳的产品。

在生命的最后阶段,乔布斯还在憧憬着下一代电脑应该是什么样子。他尝试建立云端服务器,每个人的信息都可以储存在远方的服务器里,可以在任何时候、任何地方处理自己的信息。乔布斯也想让小学生书包变轻变薄,用 iPad 代替目前的纸质教材。

乔布斯虽然走了,然而他改变世界的愿望还在继续着,因为他创办了一家最具有创造力且可持续发展的公司。最后,让我们以乔布斯的一段话作为本节的结束:

我清楚生命中什么是最重要的,是创造伟大的发明,而不是赚钱。应该尽我所能,用此生给人类留下痕迹。

2.2 我行我素

上一章探讨了"stay hungry, stay foolish"这句话中的第一句"永不知足",这一章继续来看乔布斯的"我行我素"。

乔布斯是活在自我世界里的一个人,从来不在乎别人的感受,他的生活方式就是"我行我素"。乔布斯没来过一次中国,不来也罢,否则他的言行很可能惹恼中国人民。他经常到日本,先看看他在日本的种种表现。

有一次,乔布斯在日本连着参观了几家公司,给日本人的印象就是"举止粗鲁"。一开始日本这些公司的经理听说这位大牛人来了,就把自己最好的西装穿上来参加欢迎仪式,可是乔布斯还是日常生活的穿着打扮,穿着牛仔裤与运动鞋,显得很不正式,也不尊重对方。

日本人有一种送小礼物的传统。乔布斯这种大人物来,每个参加会面的日本人都郑重地送给乔布斯一个小礼物。乔布斯连打开看一眼都不看,顺手把这些东西丢在桌子上或者窗台上,显得非常不礼貌。我们中国人讲究"有来无往非礼也",乔布斯可不懂咱们这礼数,专门"非礼"日本人,啥也不回赠他们,因为他压根儿就没有给日本人准备任何礼物。

乔布斯所到之处,都有工程师们在那里列队等候,他们看到乔布斯进来,都满脸堆笑,90度鞠躬,连声"哈衣、哈衣",那意思就相当于咱们的"欢迎欢迎,热烈欢迎"。这些工程师然后再恭恭敬敬地把自己新研发的产品拿出来向乔布斯展示,可是乔布斯连啥东西都没有兴趣看,回应他们的就是一声冷笑,"哼!"如果哪位日本工程师运气好一点儿,没有得到乔布斯的冷笑,就会听到厉声呵责:"你给我看这个干什么?这就是一个垃圾!"

乔布斯不喜欢日本产品的外形,更反感日本人的谄媚态度。

那些见识少、以前不了解乔布斯的日本人都吓得目瞪口呆,心想美国人怎么这么粗鲁没教养?比驻在日本的美国大兵还差劲!但是也有些人早对乔布斯的性格有所耳闻,乔布斯没来之前他们就会猜他的言行举止会是什么样,后来发现果然猜中,就像看春晚的人知道冯巩一上台必然会说"亲爱的观众朋友们,我想死你们啦",哈哈一乐,也就不去认真计较。

不知道是日本人怕美国人,还是对美国人特别尊敬,不管乔布斯如何在日本人面前逞威风,如何"非礼"他们,都没有遇到抵制,所以乔布斯的日本之行顺水顺风。然而欧洲人则不同,他们不仅觉得自己可与美国人平起平坐,而且还占有一定的心理优势,很多欧洲人觉得美国人没文化没传统,即使美国有那么一点儿可称道之处,也是从欧洲学来的。乔布斯到欧洲还是那种目中无人的派头,也不知道收敛,结果就遇到了麻烦。

在麦金塔电脑上市几个月后,乔安娜陪同乔布斯前往欧洲进行业务洽谈。在巴黎的时候,乔安娜安排了乔布斯与法国的软件开发商们进行正式晚宴,商谈合作事宜。临到晚宴开始前一个小时,乔布斯突然决定不去了,扔下乔安娜,独自一人打车,说是去看艺术家福隆。这些软件开发商左等右等不见人来,最后只等来了一位女士,非常生气,甚至都不愿意跟乔安娜握手。

这次欧洲之行,乔布斯第一次见到苹果公司的法国经理——加西。乔布斯认为他们的销售额预估得太低,威胁减少对法国公司的拨款。加西也是个二百五,火气也很大,不吃乔布斯这一套。他抓住乔布斯的衣领,咬牙切齿地说:"你少来这一套!"好汉不吃眼前亏,乔布斯只好答应不削减拨款。

乔布斯即使成了亿万富翁之后,仍保持着自己"劳动人民"的本色。乔布斯爸爸是修车的,收入能够勉强维持生计。盖茨的父亲是个大律师,家境富裕。小的时候,两个人的穿着打扮和举止言行有差别,一点儿都不让人觉得奇怪,家庭状况不同嘛!然而等到他们都成了亿万富翁后,他们的这种差别依然保持着,那就很有趣了。

乔布斯和盖茨有一张合影,是盖茨来到乔布斯的 NeXT 公司谈业务时照的。盖茨穿着白色短袖衬衫、黑西裤、黑皮鞋、坐姿也中规中矩;乔布斯则是一件休闲长袖汗衫、牛仔裤、光着脚丫子、一只脚盘在椅子上、一只脚在地上翘着脚。

这次会面的实际情况是,他们俩本来约定上午 11 点在乔布斯公司的办公室见面,盖茨准时赶到,在办公室里等着乔布斯。盖茨左等不来,右等不来,隔着玻璃墙往外一看,只见远处车间的乔布斯在那里闲逛,到这个跟前聊聊,到那个跟前拍拍肩膀,与职工们有说有笑,似乎没有与盖茨约会这档子事情。结果,整整让盖茨等了半个小时乔布斯才来!

乔布斯即使成了亿万富翁后,仍保持着自己"劳动人民的本色"。与盖茨的一次会面上,两人衣着差别很大,盖茨很正式,乔布斯则相当随意。

两个人见面的时候已经 11 点半了,随便一聊就过了 12 点,正是吃午饭的时候。除了谈话过程中,乔布斯递给了盖茨一罐胡萝卜汁外,压根儿没再提吃饭的这档子事。顺便说一下,乔布斯是素食主义者,胡萝卜是他的最爱,有时几天就吃这一样东西,胡萝卜汁自然也是乔布斯喜欢的饮料。乔布斯招待盖茨这样的贵客也不考虑对方的饮食习惯,自己平时喜欢啥就给对方喝啥。谈完以后,乔布斯也不提吃饭的事,盖茨只好自己到外边找地方买了点东西吃。多年后盖茨想起这件事,还直摇头,而且语带讥讽地说:"史蒂夫让我喝了最贵的胡萝卜汁"。我在那里呆过多年,胡萝卜汁如果成箱买的话,1美元可以买3罐。

如果是盖茨来求乔布斯办事,乔布斯对盖茨怠慢还好理解,可是这次是乔布斯求盖茨帮忙,而且是攸关公司发展的大事。乔布斯被驱逐出苹果公司期间,所做的最重要的事情就是研发 NeXT 电脑。他这次请盖茨来,就是与盖茨商谈让微软为这款电脑写软件的。结果,盖茨也不是个气量很大的人,拒绝与乔布斯合作。这使得 NeXT 电脑与市场上别的常见系统不兼容,也是导致这款电脑受冷遇的一个主要原因。这大概是乔布斯为自己的"我行我素"付出最惨重代价的一次吧。

是不是乔布斯永远不会调整自己,一直保持自己的"劳动人民本色"?也不是的。有一张乔布斯与斯卡利在纽约中心公园的照片,里边的乔布斯则是仪容严整,西装革履,扎着领结。因为这次会面要说服时任百事可乐的总裁斯卡利来苹果任 CEO,意义重大,更关键的是那时候乔布斯打心眼里佩服斯卡利。

美国西部的人大都有牛仔风格,穿着随意,然而东部的人都比较讲究,斯卡利就深受这种美国东部文化氛围的熏陶。一次,乔布斯邀请斯卡利来参加苹果公司管理人员在一个度假村举行的集思会。会后休息的时候,斯卡利看到的一幕情景令他震惊:在会议室前面,乔布斯盘腿坐在地板上,光着脚,心不在焉地用手玩着自己可爱的脚丫子。这是两三岁小孩才爱做的事,可是长大后乔布斯一直保持着儿时的习惯。

乔布斯的随心所欲,有时候达到了不可理喻的地步。

麦金塔电脑研制成功时,在弗雷梦市建了一条很先进的生产线。机器都是崭新锃亮,要么是米黄色,要么是银灰色,很有现代感。可是乔布斯来车间一看,要求给机器重新喷刷颜色,涂上自己喜欢的亮蓝色、黄色、红色这些鲜艳的颜色。工厂负责人卡特劝道,这些都是精密仪器,一旦油漆喷进了机器里边,可能会影响运行,然而乔布斯则一意孤行。果不其然,一台最贵的机器在被喷上亮蓝色后,再也无法运转了。当时这台无法运作的漂亮机器被职工戏称为"乔布斯的杰作"。

这件事令车间主任哭笑不得,忍不住向别人抱怨道:"跟他打交道太费劲儿了,而且常常为一些毫无意义的事情争执不下。"他最后实在受不了,干脆辞职不干。

别人问乔布斯为什么对车间的颜色这么重视,他的解释是:"这是保持完美激情的一种方式。"乔布斯做事不仅不考虑周围人的感受,也不考虑那些机器的性能。

国内的一些领导喜欢摆谱,出席重要的会议,故意晚到一点,等大家都静坐在那里焦急等待的时候,他们才"闪亮登场"。这些干部要的就是这种效果,以渲染自己的地位特别。美国也有这样摆谱的人,但是有一个人很倒霉,因为他遇到了乔布斯。

卢卡斯影业的财务总长发现乔布斯这家伙太傲慢,决定杀一杀他的威风。有一次谈判,在各方即将举行会面时,这位财务总长跟别人说:"我们必须建立正确的等级秩序。"他的计划是自己故意晚到几分钟,等乔布斯和所有的人都聚集在会议室以后,让大家等待几分钟后才开会,以显示他才是主持会议的人。但是这位财务总长万万没想到,等他进到会议室时,看到乔布斯已经在那里主持会议了。这位可怜的财务总长,丢了夫人又折兵,不仅秩序没有建立,连自己的位置都被乔布斯取代了。乔布斯的"我行我素"打破了正常人的游戏规则,时而令人哭笑不得,时而则颇具幽默效果。

乔布斯第一次见劳伦的情境,也很别具一格。

斯坦福大学商学院邀请乔布斯来演讲。演讲开始之前,乔布斯还坐在讲台下面,劳伦进来就坐在乔布斯旁边。俩人寒暄了几句,大概乔布斯对劳伦来电了。演讲结束后,乔布斯在讲台边被一群学生围着问问题。他看到演讲之前跟他聊天的那位金发美女,离开讲堂以后,又折回来,站在人群外围又听了一会儿,然后又离开了。此时,乔布斯不顾那些正在热烈地向他询问的学生,也没想到站在一边等他的商学院院长,丢下大家,直冲出去,在停车场追上了劳伦,说道:"不好意思,刚才不是说你赢了彩票,我应该请你吃饭吗?"劳伦大笑,乔布斯殷勤地说:"那周六怎么样?"劳伦答应了,给乔布斯留下她的联系方式。乔布斯回过头来走了几步,突然又转身追上去,跟已经坐在车里的劳伦说:"今晚就一起吃饭怎么样?"劳伦答应了,俩人当晚就一起去餐馆吃饭。

对于乔布斯和劳伦来说,那是一个美丽的夜晚。然而有两拨人的感觉却不怎么爽。首先是被丢下的那帮学生,他们心里一定很纳闷,乔布斯这是突然想起了什么重要事情,怎么话说半截扔下我们就跑掉啦?最困惑的恐怕还是那位院长,本来会后还有些礼仪性的事情要做,比如送个纪念品呀,起码要打个招呼说声"再见"吧。按照常规,学院还会招待乔布斯一顿晚餐,由重要领导作陪。可是,乔布斯心里哪能想到这些呀!

不过,乔布斯扔下这两拨人都不算什么大事,只是礼节性的问题。可是,另一件事则是与他公司攸关的大事。那天晚上,本来公司事先安排好了一个宴会,乔布斯要与 NeXT 电脑的教育销售团队在一家酒庄的餐厅里见面。更不靠谱的是,乔布斯临时改变主意,也没打个电话过去通知大家,让人家别等他了。结果,那边餐厅的人左等右等乔布斯不来,打电话过去一问,才知道他跟一位女士正谈在兴头上。可想而知这帮人会如何看待乔布斯。

乔布斯很少考虑别人的感受,不论事情大小,不管场合是什么,他都是如此。《红鲱鱼》杂志的几位编辑,约好要采访乔布斯。帕金斯和他的同事刚到不久,乔布斯就从后门溜出去散步去了,让大家整整等了 45 分钟他才回来。这些人可是记者呀,他们可是传声筒,能够一下子就把你的毛病让地球人都知道。即使如此,乔布斯也不在乎。最后帕金斯给乔布斯的评论是:"操纵欲、自私、粗鲁,而且毫不掩饰,我们搞不清楚他这样做的动机是什么!"

其实,乔布斯可能也没有什么特殊动机,也不是成心与人过不去,就是我行我素。

乔布斯停车的方式也与众不同,我行我素。

美国的车多,停车有严格的规矩。我在美国开车,前后多次因为停车被罚款。美国的停车场为了方便残疾人,专门为他们设立了停车位,都是一个大大地坐轮椅的蓝色图标,非常醒目。违反普通停车位的规定,罚款就是几十美元;如果非法停在残疾人的位置,罚款金额会成倍增加。

最离谱的是乔布斯的停车习惯,公司有 CEO 的专用车位,如果乔布斯把自己的大奔停在那里,既尊重了规章制度,又显示了车主的地位。但是乔布斯不这样干,经常把车停在前门旁边的残疾人停车区,有时候还斜歪地停在那里,占两个车位。这样,乔布斯的大奔成了公司里的"大笑话",给大家带来了不少话题和无穷乐趣。有些员工干脆把残疾人的停车位改成"另类停车",甚至有人把残疾人坐轮椅的标志改成了奔驰的标志。

乔布斯经常把车停在前门旁边的残疾人停车区,有时候还斜歪地停在那里,占两个车位。

不过乔布斯自己心里明白,在苹果公司里可以这样停,没有人敢开他罚单。但是,没有听说过乔布斯到别的地方也是这样停车的,因为人家可不管你是"CEO"还是"OEC",你是来自"苹果公司"还是来自"葡萄公司",你只要敢违章停车,他就毫不留情开罚单。看起来乔布斯也是侯宝林《醉酒》里说的那位"牛人",一个人喝了酒躺在马路上装醉,看见自行车来,就指着自己的肚子说:"你从这里压过去。"但是听到救火车来了,就赶快起来,因为压了就白压了。从这件事情上可以看出,乔布斯还是知道根据环境来调整自己行为的。

乔布斯喜欢开不挂牌照的德国大奔。这在美国是违法的,警察见了会干涉,轻则罚款,重则吊销执照。乔布斯自己说他不挂车牌号的理由是怕别人跟踪。估计他是把车牌号放在车里,警察发现的话,就拿出来晃一下。否则,没车牌照驾车在美国一天都无法生存的。那里的警察很多,开车到处巡逻,这种问题很容易被警察发现。

在思想上,他非同凡想;在停车上,他非同凡停。一句话,他不是一个凡人!

在西方文化里,提倡个性张扬,尊重个性,所以乔布斯在美国才能为社会大众所容忍。正是在这种社会氛围中,乔布斯的天生智慧得到了充分的发挥,从而创造了科技发明的奇迹。这一点很值得我们中国人反思借鉴,因为我们有一种天生排斥个性张扬的人。

2.3 冒险精神

缺乏冒险精神的民族是产生不了乔布斯这种创新大师的。科学文化的几乎所有领域都是欧美人在领风骚,这跟他们文化里崇尚冒险精神不无关系。冒险精神体现在方方面面,包括体能上、智慧上和商业上。不同领域的成功道理是一样的,要取得伟大成就,没有冒险精神是无法做到的。

不知道是文化的影响,还是基因所致,华人的冒险精神普遍比较弱。在硅谷工作的华裔特别多,然而绝大多数人都是傍大公司、找稳定饭碗的心理,所以都云集在一些大公司里边,鲜有自己创业者。

当然,即使在美国也不是人人都敢于冒险,然而有没有这种精神往往决定一个人的命运。先来看看苹果公司初期的三个创始人——乔布斯、沃兹和韦恩,他们的冒险精神高低差别悬殊,从而导致了他们各自的前途和命运不同,可以说是天壤之别。

乔布斯和沃兹都是名副其实的白手起家,自己没有资金,银行又贷不到款,怎么办?乔布斯卖掉了自己心爱的二手汽车——菲亚特,出手时得到了1500美元,但是一星期后买主找上门来说发动机坏了要退货。乔布斯提议去修理,修理费用各承担一半,所以他最后实际拿到的只有1050元。车是美国成年人的必备,没有车就等于没有腿,无法正常生活。由此可见乔布斯创业的决心之大!他就是破釜沉舟办公司。

沃兹也有车,但是舍不得卖,他的决心也不小,把自己唯一值钱的心爱的电子打字机卖了,要价500美元,最后卖了250美元。这种售卖自己资产的方式,说明沃兹对他们开办公司的信心没有乔布斯大,心里也没有底,总是要给自己留一条后路,实在不行起码还有辆旧车,还可以开车到惠普上班。

在此之前,乔布斯在雅达利电子玩具公司工作,为了创办自己的公司,就辞职专门经营自己的公司。可是沃兹在惠普公司工作,不愿意丢掉这个稳定的饭碗,所以只答应乔布斯业余时间合作办企业。乔布斯明白沃兹这种脚踏两只船的态度是无法办好企业的,就想方设法劝说沃兹辞去惠普的工作,最后沃兹总算答应了。这件事说明,沃兹就像是"革命队伍中的小资产阶级",思想不坚决,做事犹犹豫豫。显然,苹果公司单靠沃兹是办不起来的,办起来了也不能持久。毫不夸张地说,如果没有乔布斯破釜沉舟的决心,苹果公司就无法建立。

在最早的三个合伙人中,韦恩是唯一一个有个人资产的。韦恩平时总是担心世界经济有朝一日会崩溃,所以他把现金换成金币藏在自己的床垫里。他即使入伙了,也只拿出了两千多元。在公司开始阶段,不仅看不到赚钱的希望,还很可能破产而负债,所以才过了11天,韦恩就反悔了,回购他10%的公司股份,得到了2300美元现金。韦恩这一举措改变了他的人生。如果韦恩一直不拿出这笔钱,到了2010年,将是26亿美元。韦恩现在的生活境况如何呢?他住在内华达州帕朗市的一座小房子里,靠社会保险金度日,偶尔到赌场玩玩老虎机。也有人问韦恩后悔不后悔,他也只能回答说"不后悔",因为"后悔"又怎么办?除了折磨自己外还有什么用呢!

后来韦恩回忆道:"他们两个都是疯狂的家伙,我知道自己的承受能力,我不准备冒那个险。"这句话一语道破真谛,要做成一件大事,必须疯狂,必须要有冒险精神！缺乏这种心理素质，也只能过韦恩那样的小日子，这种人的日子往往是越过越小。

俗话说"穿鞋的怕光脚的"，说的是人在一穷二白时容易下决心去冒险，因为他们不用担心失去什么。所以，人们也不难理解乔布斯当初那种冒险精神，那时他手头只有一辆二手车，此外一无所有。然而当他成了亿万富翁之后，仍然不怕沦落为穷光蛋而继续创业，这就很能说明乔布斯身上有种超凡脱俗的冒险气质。

冒险并不是莽撞，它需要智慧和勇气。乔布斯虽然敢于冒险，然而他并不蛮干，非常精明谨慎，有时甚至为了自己利益不惜违背诺言。让我们看两件乔布斯因谨慎而食言的事情。

1985年，当乔布斯被驱逐出自己的苹果公司时，他拥有650万股股票，占公司的11%，价值1亿美元。乔布斯曾答应公司不会立即出售手中的股票，然而他转身就把这些股票出手，仅仅五个月之内就将所有的股票都卖掉了，只剩下1股，目的是为了有资格参加公司的股东会议。为什么乔布斯要抛售手中的股票？就是基于他对公司前景的预测。乔布斯认为在斯卡利这个不懂行又对产品漠不关心的CEO管理下，苹果公司肯定每况愈下，股票市值将迅速缩水。乔布斯这个判断后来都应验了，到了1997年，公司已经到了破产的边缘，股票大幅贬值。

1997年，乔布斯刚回苹果公司时，作为奖励，公司给了他一笔股票，但是约定不能马上出手。乔布斯虽然当面答应了，可是他一转身就卖掉了。乔布斯这次食言在公司内外造成很坏的影响。为什么他不惜损害自己的形象而迅速卖掉手中的股票呢？因为他看到了时任公司CEO阿梅里奥的无能，公司百废待兴，自己在公司还没有名正言顺的位置，估计公司可能撑不了太久，所以他才做出这种违背诚信的举措。

支撑乔布斯冒险人生的背后是他的这个信念：制造出伟大的产品来改变世界。当他被驱逐出苹果公司时，依然是亿万富翁。对于很多人来说，既然已经拥有了一辈子都花不完的钱,何必再去冒险折腾!

然而乔布斯壮志未酬,决定继续创业。乔布斯回美国后的投资几乎彻底失败,也几乎回到了以前穷光蛋的时代。他研发的 NeXT 电脑,费时近5年,他投进去了几乎所有的积蓄,一出来就没有什么市场,可以说是血本无归。他投资的动漫电脑也失败了,研发很快夭折。

在乔布斯离开苹果的10多年中,唯一的成功也是与他的冒险精神有关。皮克斯研制的电脑破产之后,剩下的就是拉塞特制作的动漫《玩具总动员》。在此之前,他们也根本没有制作动漫的成功经验。在影片制作的最后阶段,还有30万美元的资金缺口。此时乔布斯剩下的家当也就是几十万美元了。放弃了这个动漫,乔布斯还可以保住这几十万的生活费;再投入30万进去,如果不成功,乔布斯则倾家荡产。拉塞特忐忑不安地向乔布斯提出这个问题,乔布斯稍微犹豫了一下,毅然开出了一张30万美元的支票,拍了拍拉塞特的肩膀说:"做好它!"结果,《玩具总动员》大获成功,在全世界的票房收入达到了3.7亿多美元,而后又制作出续集和其他动漫,一次又一次地轰动了世界,既为人们带来了快乐,也为乔布斯自己带来了巨大的经济回报。

光有乔布斯一个人的冒险也建立不了大企业,苹果公司的发展历程上,还有一帮疯狂的冒险家。这中间最值得一提的是马库拉和佩罗这两位乔布斯的大贵人。

马库拉原是英特尔的营销高管,30岁出头就赚了几百万美元,他决定退休享受生活。乔布斯不仅成功劝说马库拉重新出山,而且还作为合伙人,说服马库拉拿出了25万美元投资,购得苹果公司26%的股份。乔布斯回忆当时在马库拉家签订协议时的一个念头:"我当时想,马库拉也许再也见不到自己这25万美元了,我很佩服他敢于承受这种风险。"这笔钱在苹果公司创办初期起到了至为关键的作用。

乔布斯被驱逐出苹果公司后,自己创办了 NeXT 公司,开始时是自己掏腰包,然而很快陷入资金短缺的危机,需要招股。此时,他除了漂亮的办公设备外,没有产品,更没有盈利的迹象。他到处贷款,可是所有的风险投资家都拒绝投资。碰巧,德克萨斯的牛仔式风险投资家佩罗恰好看到一部介绍乔布斯和他公司的纪录片,非常赏识乔布斯这个人,就主动打电话给乔布斯:"需要钱的话,跟我说一声。"最后佩罗冒险性地投资了 2000 万美元,救了危难之中的乔布斯一命。

冒险精神也贯穿在乔布斯的经营管理中。他的管理理念之一就是"孤注一掷",常常把公司的命运压在一个新点子或者一项技术上,这样做对苹果公司的成功至关重要。既然是冒险,就成败难料。在 NeXT 电脑发布时,他极力推崇一种功能:采用高容量但速度缓慢的读写光盘,而放弃用软盘来备份数据。后来事实证明这是一场不明智的赌博。乔布斯是这样说的:"两年前,我们做出了一个决定,我们见识到一些新技术,决定赌一把。"这一次虽然失败了,然而后来苹果的多款产品都是在对新技术赌一把的心态中大获全胜的。

现在风靡世界的 iPad 系列产品就是乔布斯"赌技术"的成功范例。多点触控板技术是美国特拉华大学的两位教授发明的,他们的名字分别是埃利亚斯和维斯特曼。乔布斯的灵敏嗅觉让他闻到了其中的商机,2005 年苹果公司悄悄地收购了这项专利,同时把两位发明者也聘用过来。开发触摸屏,风险很高,但是如果成功了,回报也很大。乔布斯决定整个公司为此一搏,他说:"如果我们能用软件把键盘放在屏幕上,可以想象,我们能在这个基础上做多少创新!赌一把吧,我们会找到成功的道路的。""赌一把"是乔布斯历来的心态。现在大家都看到了,苹果公司垄断了平板电脑这个巨大的产业,就是他"赌一把"的回报。

乔布斯崇拜的偶像都具有这些特点:富有创意,敢于冒险,不惧失败,赌上自己的职业生涯去做与众不同的事情。

"孤注一掷"是乔布斯最喜欢的一个词,他把这种精神用在各种奇思妙想上。在互联网泡沫破裂时,各个科技公司都大幅削减对新产品研发的投资,然而此时乔布斯则做出相反的决定,加大科技研发的投资力度。这样他们在这期间研发出了一系列新产品,在经济低潮过去后,就遥遥领先竞争对手了。这种投资策略造就了苹果公司持续十多年的辉煌。

乔布斯身上的冒险精神,与注重天性和个性培养的美国教育有关,也与宽容、开放、自由的社会氛围密不可分。他高中时候开始吸食致幻剂,这也是一种冒险,除了对自己精神世界的探险外,还要考虑到父母的干涉,警察的盘查,大众的白眼。吸毒对身体有害,我个人不赞成年轻人这样的行为;然而在美国这个特殊的社会中,敢于尝试也是冒险精神的"另类"表现。

乔布斯科技发明和创办企业充满着各种各样的冒险,这是成大事者必备的一种品质!这一点很值得全世界的华人借鉴反思。

2.4 性情中人

在不少人的印象中,乔布斯是个冷酷、绝情、尖刻之人,因为他这方面的言行被很多媒体或者出版物过度渲染夸大了。其实,真正的乔布斯还有很温情的一面,他也是个多情、善感之人。也就是说,乔布斯是个"冷酷"和"温情"的矛盾结合体,这一点突出反映在对待女儿丽萨的态度上。

前文提到过,乔布斯的生身父母都是23岁的时候,未婚先育,在他刚出生时就送人抱养。乔布斯与女友克里斯安也是23岁的时候,未婚先育,生下了女儿丽萨,乔布斯也是选择弃养。同样的事情发生在两代身上,不可不说是巧合。

乔布斯对待女友克里斯安的态度很冷酷。在丽萨出生的最初几年里,乔布斯不承认父女关系,克里斯安和丽萨一直靠政府救济过活。后来克里斯安把乔布斯告上法庭,法院要求乔布斯做DNA亲子鉴定。鉴定结果证实乔布斯就是丽萨的父亲,勒令他退还政府给予丽萨的5000多美元的救济金,并担当起抚养女儿的责任。

乔布斯不得不承认父女关系后,在生活上做了几个重要的变化。他戒掉了多年吸食致幻剂的习惯,以丽萨的名义在富人居住区帕洛奥图为她们母女俩买了一栋房子。乔布斯偶尔也去探望丽萨。丽萨读高中的时候,因为与母亲合不来,就搬过来跟乔布斯和劳伦一起住。后来丽萨考上了哈佛大学,乔布斯支付了女儿的所有费用。这一切都说明,乔布斯后来的表现算是一个合格的父亲。

到后来,乔布斯对丽萨感情很不一般,他甚至把自己开发的电脑以"丽萨"命名。乔布斯以"丽萨"命名新款电脑时,把大家都吓了一跳,人们纳闷怎么会用一个普通女孩子的名字来命名呢?到了后来大家才弄清真相。当时就有同事认为,乔布斯这样做也许是出于当初对女儿的内疚吧。

乔布斯的批评与自我批评能力不算很高,工作中总是指责别人有错,而很少反省自己的问题。但是他到了50多岁的时候,对当初弃养丽萨这件事,深深感到内疚,觉得自己做得很不合适。他说,如果事情再来一遍的话,会采用完全不同的方式。实际上,而立之年后的乔布斯是一个很有爱心很有责任感的父亲,主要表现在后来他对与劳伦所生的三个儿女上。

乔布斯很小就知道自己是被抱养的,这一直是他心中的一个痛。虽然平时在与人交往中,乔布斯有时显得没心没肺,从来不体谅别人的感受,然而在对待养父母上他的心则非常细。母亲在时,他怕伤了父母的心,从来不打听自己生身父母的事情;然而母亲过世以后,他就征询爸爸保罗意见,是否在意他寻找自己的生身父母。保罗很开明,说不介意,这样乔布斯才开始寻找自己的生身父母。他先在洛杉矶找到了生母,惊喜地获知自己还有一个同父母的胞妹。

血缘关系的力量真大,乔布斯跟自己的养妹一直没有建立起什么感情,但是见到自己胞妹莫娜,他的表现确实可以称得上是一个好哥哥。乔布斯得知胞妹在纽约工作,他立刻飞到那里去见妹妹。他们相约在宾馆相见,先跟妹妹在宾馆大堂里聊了一会,然后一起散步。散步是乔布斯的一个强烈信号,说明散步的同伴非同寻常,而且往往意味着要讨论重大的事情。乔布斯和莫娜兴奋地发现他们兄妹之间有许多共同点，热烈地谈论着各自的经历。乔布斯回到公司，逢人就说："我有一个亲妹妹，她是个作家。"

乔布斯让自己最信任的日本服装师三宅一生给妹妹设计制作衣服，没过多久就给妹妹寄去了一箱子衣服。乔布斯的审美观与妹妹天生一致，莫娜很喜欢哥哥的品味，她说："哥哥选择的衣服非常棒，尺码、颜色都适合我"。乔布斯在色彩美学上很有研究，根据妹妹的棕色头发，非常细心地选择了淡灰绿色的亚麻裤和上装。这份兄妹情远胜于他与之前的一位女朋友的关系。乔布斯曾经找了一位流行歌手作女朋友，这位女士四十来岁，已经有一个小孩。一次他告诉这位女友，斯坦福大学的购物中心有一款衣服很适合她。他的女友到那里一看，确实不错，可是嘴巴里说"价钱太贵了，自己买不起"，那意思是想让乔布斯给她掏腰包。可是她失望地发现乔布斯根本没有为她买的意思，结果也没有买成。多年以后，这位女友回忆起这件事还耿耿于怀，认为乔布斯太小气，也不够善解人意。

莫娜要出一本书《失散的父亲》，乔布斯主动请来为自己 NeXT 公司设计商标的著名设计师设计封面。然而设计电脑公司商标的专家也许不大擅长小说封面，莫娜觉得不满意，最后没有用。不管怎么说，从这件事情上也可以看出乔布斯这位大哥哥真的不错，处处关心妹妹，想方设法来让妹妹高兴。

乔布斯年轻时交过好几位女朋友，从中也可以看出他是一个多情种。其中让他最难以忘怀的一位是莱德斯，乔布斯对她一往情深，二三十年之后仍然深深地爱着她。在乔布斯生命的最后阶段，一天下午，艾萨克森来到乔布斯的卧室跟他交谈，当回忆起莱德斯时，乔布斯突然痛哭起来，泪水从他的脸颊滚落，说道："她是我见过的最纯洁的女人，她身上有种灵魂的力量，我们的心灵息息相通。"乔布斯说他一直很遗憾他们没能走下去，他也知道莱德斯也同样遗憾，无奈这是命中注定没有那个缘分。

最催人泪下的一幕是乔布斯临终前谈起劳伦和孩子。

艾萨克森来到乔布斯家时,几天之后就是他和劳伦结婚20年纪念日。乔布斯说道,他给予劳伦的太少太少,从劳伦那里得到的太多太多。他是这样评价劳伦的:

> 我非常幸运,因为当一个人结婚的时候对未来怎样并没有把握,一般都是凭直觉的。劳伦不仅聪明漂亮,而且品行很好,有了她的支持,我才有今天的成就。

说到这里,乔布斯的眼睛湿润了。接着,乔布斯拿出一张自己写的东西念道:

> 20年前,我们还相互不太了解。我们凭着感觉走到了一起,那时的我兴高采烈。我们在优圣美地的宾馆举行婚礼时,天正下着雪。很多年过去了,我们有了孩子,生活中的酸甜苦辣都经历了,但是我们过来了。我们相互爱慕,相互尊敬,这份感情经历了时间的洗礼而变得更加深厚。我们一起度过了风风雨雨,跟20年前相比,虽然脸上有了皱纹,但也从生活中学到了智慧。现在我们更加能够明白生活的真谛,更能理解什么是快乐,什么是痛苦,什么是秘密,什么是奇迹。命运把我们紧紧地绑在一起。

读完这一段,乔布斯已经泣不成声了。冷静下来后,乔布斯说要把自己一生的照片整理一下,给孩子们每人留一套。他想让孩子们了解,他有一个完整的一生,也有着跟他们一样美好的童年。

在生命的最后一段时间里,乔布斯变得特别多愁善感。他知道自己不久于人世,一想起再也不能为孩子们庆祝生日了,就会泣不成声。

现在来看看乔布斯对于工作中有关的人的情感。

如果一个外人说乔布斯对人冷酷无情,那是因为他对乔布斯不够理解;如果公司里的人说乔布斯无情无义,那是因为他没有足够的智慧和突出的能力感动乔布斯!

要说在工作上与乔布斯感情最深的就是沃兹。没有沃兹，很可能就没有乔布斯的创业。乔布斯还在读高中的时候，就跟沃兹成了好朋友，一起淘气，一起梦想未来。沃兹也可以说是苹果公司最大功臣之一。苹果公司上市后，乔布斯和沃兹都成了亿万富翁。沃兹就买了一个单引擎的小飞机玩。一次他驾机起飞时，遇到事故，所幸机毁而人没有亡，虽然保住了命，但是脑子受伤，失去部分记忆。沃兹住院期间，乔布斯陪伴了他一段时间。

乔布斯被迫离开苹果后，因为对斯卡利管理的不满，沃兹也愤而离开了苹果公司。在很长一段时间里，乔布斯与沃兹没有什么联系。一直到1998年5月的iMac发布会上，乔布斯把当初公司的两位功臣元老请回来，他们是沃兹和马库拉。乔布斯首先介绍沃兹："我和沃兹曾经在我父母的车库里成立了苹果公司，现在他就站在这里。"他边说边用手指着沃兹，全场响起了雷鸣般的掌声。

乔布斯接着说："如果没有他们，也就没有今天这个苹果公司。"又是一阵热烈的掌声。乔布斯的眼眶湿润了。

有爱就有恨。乔布斯是一个爱憎分明的人。乔布斯一生最恨的人里面，斯卡利大概可以算作其中一位。

1985年，乔布斯被斯卡利逼走，离开了自己心爱的苹果公司。乔布斯搬出苹果公司以后，后勤上的一个人来打扫卫生，发现地上有一个摔破的相框。里面是一张乔布斯和斯卡利的合照，俩人在亲切交谈。下面还有题词："致伟大的想法、伟大的经历、伟大的友谊——约翰·斯卡利。"可见乔布斯离开时的情绪是怎么样。这次离开苹果公司以后，乔布斯再没有跟斯卡利说过一句话。

为何而哭

中国有句俗话叫"男儿有泪不轻弹",同时还有一句话"有情并非不丈夫"。很多时候,哭并不是软弱无能的表现,而是容易动情者的生理反应。感情丰富的人做起事来往往有热情,所以也就容易成就大功业。

很多人只知道乔布斯是IT行业叱咤风云的人物,其实他也是个标标准准的性情中人,很容易激动,经常会为一些小事而哭泣。那么,乔布斯常常为何而哭?弄清这一点,可以更全面了解乔布斯这个人。

乔布斯一生中哭过很多次,但是没有一次是为钱而哭泣,即使损失千百万美元,他也没有伤心掉眼泪。乔布斯1997年重返苹果公司的时候,公司给了他价值8亿美元的期权,因为公司不景气,这些最后全部化为乌有,可是他连提都没有提这一经济损失。还是后来那些记者们把这件事炒了出来,说乔布斯是有史以来最贪婪的CEO。乔布斯觉得这些记者很好笑,反问他们道:"我可以用半价把所有这些期权卖给你们,怎么样?"这么大的损失,搁一般人谁承受得了?乔布斯真是一条金钱面前不动摇的铁汉子!为金钱而哭的男人,肯定不会有出息。

最感动乔布斯的是广告人克劳,他每次想起克劳就会失声痛哭。一次在艾萨克森面前,乔布斯又谈起克劳为苹果制作广告的过程,开始时泣不成声,后来控制不住自己的情绪,痛哭流涕,无法言语。克劳到底为何让乔布斯如此动情?简单地说,就是克劳为苹果公司设计出"非同凡想(Think different)"的口号,同时克劳还撰写了下面的广告台词:

致狂人
——作者李·克劳

他们独立特行,

他们桀骜不驯,

他们惹是生非,

他们格格不入。

他们用与众不同的眼光看待事物,

他们不喜欢墨守成规,

他们也不愿安于现状。

你可以认同他们,

反对他们,

颂扬或者诋毁他们,

但是唯独不能漠视他们。

因为他们改变了寻常事务,

他们推动人类进步。

或许他们是别人眼里的疯子,

但他却是我们眼中的天才。

因为只有那些疯狂到

以为自己能够改变世界的人,

才能真正改变世界!

对常人来说,一个广告台词,顶多是"相当精彩"而已。然而乔布斯的感

受则大为不同,他每次回忆当年见克劳那一幕情景的时候,就会潸然泪下。他是这样描述自己的心情的:

> 每次想到这件事,我都会哽咽,会掉泪。显然,克劳还是那么爱着苹果。他不愧是最棒的广告人。他真的很爱苹果,是把心掏出来为我们制作广告。他和他的团队的这个"非同凡想"无与伦比,精妙绝伦。我当时激动得连话都说不出来了,就是现在一想起来还忍不住流泪。这是一种纯粹的精神、纯粹的爱,每当感到它的召唤的时候,我都会忍不住掉泪。它震撼着我的内心世界,抓住了我的灵魂。这种纯粹是永远难以忘怀的。当时他就坐在我的办公室里,给我看这个创意,我忍不住哭了。每一次想起这个,我还是忍不住哭。

之所以乔布斯这么感动,是因为克劳的话解开了乔布斯的"生命密码"。乔布斯把克劳奉为人生的第一知己,高山流水遇知音,人生有一知己足矣。乔布斯人生的意义就是要"改变世界"。乔布斯觉得,克劳读懂了他的心,深深地爱着苹果,所以乔布斯认为在这个世界上找到了一个心灵相通的人。他曾经参禅打坐,曾经远道印度寻找精神导师,但是发现克劳就是他苦苦追寻的那个人!

现实世界里这种事情很罕见:一个人会被一句话感动到这种程度,每想起一次,都会忍不住掉泪。这一幕是洞察乔布斯内心世界的一个关键。我觉得,乔布斯如此动情于这句话,有以下三层原因:

第一,乔布斯感动于克劳对苹果的深深的爱,特别是克劳对乔布斯的知音之谊。很多人都觉得乔布斯行为怪异,甚至说他傻说他疯,只有克劳才知道:乔布斯只是跟常人想的不一样而已。

第二,克劳的广告台词准确把握住了乔布斯的精神追求,精彩地概括了他的使命。乔布斯要通过科技改变世界,那么只有"想得不一样,才能让世界变得不一样"。

第三,克劳的话道出了苹果公司不断生产出让世界惊艳的产品的智慧秘诀,只有想凡人之未想,才能设计出有创意的产品。

只有拥有坚定的信念、改变世界的使命和执着追求的人,才能有乔布斯的感受,也才能理解乔布斯的感受。高山流水遇知音。克劳就是乔布斯心灵的高山流水。

有大志者往往会为人才而动情而哭泣,因为一个人要实现自己的大志,他必须有其他"好汉"来帮,所以他求贤若渴,人才是他生命中最宝贵的财富。刘备求贤没少哭过,最动情的莫过于三顾茅庐请诸葛亮出山那次。在隆中对中,诸葛亮大展宏图,未出茅庐而三分天下,但是还是不肯出山相助。此时刘备放声大哭,跪倒在地,恳求道:"先生不出,奈苍生何!"诸葛亮被这句话感动,决定出来辅佐刘备。

乔布斯在创业初期,也有类似刘备求贤而泣的情境。他要以科技改变世界,特别是要以创新实现自己的梦想,这是非个人之力就能完成的大业,必须有高人相助。在创业初期,沃兹这个电子天才是最为关键的人才,他设计的电路板使得他们捞到了第一桶金,他的 Apple II 让他们真正拥有了自己的公司。然而沃兹自己设计电子产品纯粹出于爱好,从来没有想过建立自己的公司,而只是想过一个安稳的小日子。所以,即使在苹果公司已经从乔布斯家的车库搬出来,建立了自己的公司,沃兹还是脚踏两只船,不愿意放弃惠普公司的职位。他白天为惠普工作,业余时间才来跟乔布斯合伙办企业。乔布斯清晰地认识到,沃兹这种三心二意的态度是创不了大业的。确实,没有破釜沉舟的冒险精神,肯定做不成大事。乔布斯劝说沃兹放弃惠普的工作,一起把苹果公司办好,可是沃兹不为所动。乔布斯又发动沃兹的父亲、同学和朋友一起来劝说,还是不见效。乔布斯没办法,最后情不自禁地放声大哭。这一哭果然奏效,沃兹这才决定上乔布斯这条"贼船",一心一意来苹果公司。

自己的产品就像自己的孩子,当你把生命都投入进去的时候,你会对它产生感情的。乔布斯带领麦金塔团队,呕心沥血,历时多年,最后研发成功。在产品发布会上,他演示 Mac 电脑的说话功能,按下一个按键,只听到电脑里发出声音:"乔布斯就像父亲一样爱着我。"此时的乔布斯激动得泣不成声,低头不语良久。

乔布斯很在乎自己的名誉,经常会为自己名誉上的事情而哭泣。上个世纪八十年代初,乔布斯事先得到消息,《时代》周刊要把他选为年度人物,将在封面刊出他的大幅照片。当时的乔布斯只有27岁,非常渴望能够得到这个荣誉。此前杂志社派莫里茨来采访乔布斯,然而结果很令乔布斯意外,不仅他没有被选为年度人物,那篇文章还曝光了不少关于他个人生活的负面消息。乔布斯回忆道:"他们用联邦快递把杂志寄给了我,我记得拆开包装的时候,满怀希望在封面上看到自己的脸,结果却是个电脑的雕像。我十分意外。然后看了那篇文章,写得太糟糕了,我当时控制不住自己,放声大哭起来。"

乔布斯表面上很凶,其实内心是一个很脆弱的人,遇到委屈、特别是被抛弃的时候就很容易哭泣。让我们看看他在与斯卡利争斗过程中的三次哭泣。

乔布斯把斯卡利请到苹果公司,不久由朋友变成了仇敌。一天他们撕破脸皮,当面互相指责。斯卡利斥责乔布斯在背后说他的坏话,称他为笨蛋,并说乔布斯没有能力管理好麦金塔部门。乔布斯一下子惊呆了,激烈反击,指出斯卡利对电脑一无所知,把公司弄得一塌糊涂,自进入苹果公司以来表现得非常令人失望。可以说,口头骂战上,他们两个半斤八两,谁也没占便宜,谁也没有吃亏,然而乔布斯控制不住自己的情绪哭了起来,这是乔布斯的第一哭。

俩人的事情越闹越大,以至于董事会不得不召开特别会议来裁决。斯卡利说明情况后,董事会成员罗克首先发言批评斯卡利,指出他没有胆量负责管理,把乔布斯惯得像一个任性的小孩子。接着乔布斯陈情,罗克则当面训斥了乔布斯,说他这一年的所作所为很愚蠢,没有能力管理一个部门。最后,董事会的成员达成了一个决议:全体董事会成员一致支持斯卡利,并授权斯卡利在合适的时候革去乔布斯的一切职务。此时,在会议室外等着的乔布斯意识到大势已去,看到自己的老同事经过面前,当场忍不住哭了起来。这是乔布斯的第二哭。

听到了董事会的决议,乔布斯都快要崩溃了。他走进会议室说道:"我知道大家的立场了。"他说完冲出了房间,急速地回到自己的办公室,马上招来他的心腹成员,然而一句话也说不出来,就是低头哭泣。这是乔布斯的第三哭。

乔布斯为何会如此激动?因为这意味着他失去了自己创办的心爱的公司,他不仅在公司里失去了任何话语权,而且最后还不得不离开。更重要的原因是,失去了苹果这个平台,他自己的梦想、人生的意义就无法实现。所以说,乔布斯的"三哭"主要是因为自己人生理想无法实现而动情。

乔布斯有时也会为很小的事情流泪。一次他想让苹果产品有一年的保修期。这个想法让斯科特目瞪口呆,因为当时保修期一般只有 90 天。他们为此问题而争论,乔布斯竟然潸然泪下,泣不成声。当时弄得斯科特不知所措,就邀请乔布斯围绕着停车场散步以平复心情。

乔布斯是把生命放进了自己的事业,他的哭泣是他对事业激情的一种表现。

2.6 率真任性

在现实生活中,乔布斯人缘不好,人气不旺,这与他情商上的软肋不无关系。乔布斯在情商方面有不少盲点,没有眼色,不懂人情世故,所以常令人不悦甚至反感。在很多普通人眼里,乔布斯就是个典型的"怪人"。

乔布斯在里德学院遇到一位酷毙了的哥们儿,他就是前面多次提到的弗里德兰。弗里德兰原来在东部的一所学校,因为贩毒被判刑2年。出狱后来到里德学院。弗里德兰有一位漂亮的女友,第一次见面乔布斯就问她:"给你多少钱就可以跟一个男人上床做爱?"弄得弗里德兰的女友既尴尬又生气。任何一个正常的男士都会觉得乔布斯这样做不妥。

乔布斯对别人的私生活总是没有眼色,不管对方的感受。有一段时间,他每天晚上都到日本禅师乙川弘文家里静坐打禅,一坐就是深夜十二点。乙川弘文的妻子在斯坦福大学的医院做护士,每天午夜时分到家。即使这么晚了,乙川妻子回来的时候,人家不提醒乔布斯,乔布斯都不知道此时应该回避走人。像乔布斯这样没有眼色的人,在现实生活中还真难碰到。

乔布斯刚把斯卡利请到苹果的那段时间,他们两个就像蜜月期的小夫妻，白天工作期间如胶似漆，乔布斯还把他们的合影挂在自己的办公室里。此时乔布斯还没有结婚，而斯卡利可是有家室的。乔布斯不管人家私生活，有时半夜两点突发奇想，就直接打电话给斯卡利，一聊就是大半天。乔布斯没有意识到，他对斯卡利如此之迷恋，可能会招致斯卡利太太的不悦。后来斯卡利和乔布斯闹崩了，斯卡利回到家里，垂头丧气地跟太太讲了与乔布斯的争执。斯卡利太太不问就里，二话没说，开车来到公司找到乔布斯，劈头盖脸就是一顿臭骂："当我看大多数人的眼睛时，看到的是他们的灵魂。可我看到你的眼睛时，只看到一个无底洞，一个空洞，一个死区。"这是斯卡利太太长期淤积在心中的不满的一次总爆发。要说乔布斯这一天真是走霉运，先是被斯卡利剥夺了权位，后又遭斯卡利太太一通臭骂。

乔布斯二十多岁的时候，来到印度寻访精神导师。他一下火车，搭上一辆出租车前往自己预定的宾馆，可是到那里一看客满了。这位出租车司机就把他载到另一家宾馆。乔布斯劈头就问服务员："你们的自来水是否净化过？"人家回答他："是的。"乔布斯就放心住下了。他也不想一想，这样问人家，还能得到第二种答案吗？果不其然，乔布斯在这家宾馆出了大事，因为喝了不洁的自来水而染上了急性痢疾，高烧几天不退，一星期就瘦了40磅，差一点儿丧命。乔布斯后来才意识到，那个出租车司机肯定拿了宾馆的好处而为他们拉客人。这件事上也透露出，乔布斯不太懂得人情世故，不知道如何提防别人。

乔布斯始终意识不到自己的个人卫生问题，即使成了大老板还是如此。尽管公司里的同事直接告诉或者间接暗示他不应该省水，应该勤洗澡，可是他就是听不进。坚信素食习惯不产生体味，因而不用常洗澡，哪怕他的体味已经让别人无法忍受了，他也认识不到。马库拉有时实在忍受不了，就把乔布斯请出去让他洗澡，但是开会的时候不得不看他的脏脚，因为他常常不穿鞋走路，脚总是弄得脏兮兮的。乔布斯还有一个令人作呕的习惯，为了缓解压力，他有时会在厕所的马桶里泡脚。

如何劝乔布斯洗澡,已经成为苹果公司高管们头疼的一个问题。这些高管与乔布斯散步谈的都是大事,劝乔布斯洗澡也是个"大事"。时任苹果总裁的斯卡利在第一次跟乔布斯散步的路上,其中一个重要议题就是告诉乔布斯要多洗澡。乔布斯自己也不想想,如果一个人身上的味道不是达到令人无法容忍的程度,别人是难以启齿说这些令人难为情的话的。可是乔布斯自己并没有觉得有什么不好意思,相反,他跟斯卡利讲起了条件:"你叫我洗澡可以,但是你必须跟我一样吃素,开始减肥。"乔布斯对斯卡利做了让步,澡可以洗,但是每个星期只洗一次,由此可见他原来是三五个星期都不洗澡的。乔布斯坚信,只要自己还坚持果蔬饮食,一周洗一次澡就足够了。

洗澡这种事情,对很多人来说就是每日的例行小事,可是对乔布斯则是难以逾越的心理障碍。乔布斯怕洗澡就像两三岁小孩一样,让他周围的人觉得又可气又无奈。

乔布斯这个人爱争强好胜,很计较一些琐事,这一点也很像一个任性小孩。公司要制定工资单序号,斯科特把"1号"给了沃兹,乔布斯是"2号"。乔布斯得知这个排序后,反应十分激烈,让人大跌眼镜。他气哼哼找到斯科特,先是大发脾气,接着痛哭流涕。斯科特见状灵机一动,提出一个妥协方案,答应给乔布斯"0号",这样就可以排在"1号"沃兹的前边。这才让乔布斯的情绪平静下来。这一段故事简直都可以上春晚小品了,相信所有的观众都很难相信这就是当今世界科技发明大师的德行,原来他是这么一个鸡肠小肚之人!

然而话又说回来,乔布斯的情商并不总是那么低,有些方面甚至超越了常人。这突出地表现在他常常以高超的技巧说服对方,接受自己的条件。乔布斯情商上的盲点,主要表现在男女情感和个人生活习惯上,他不在乎对别人的影响。然而在与商业经营有关的情商上,他的表现则很优异。

狡诈有度

诚实是一种美德,这搁哪儿都一样。然而绝对的诚实只能做道德标兵,做不了大企业家。沃兹是个绝对诚实的模范,乔布斯是个适度欺诈的代表。人们可以从他们两个身上获得很多启发。

乔布斯在雅达利工作期间,承包了一项设计任务,他又转包给了沃兹,条件是平分报酬。乔布斯是个善假于物者,知道沃兹在电子设计上比自己强。乔布斯告诉沃兹要4天内完成,其实这个期限是乔布斯自己定的。他还提醒沃兹尽可能少用芯片,然而乔布斯没有提公司有个奖励:减少芯片会得到额外奖金。沃兹非常兴奋,既发挥了自己的特长,又可赚些外快。他昼夜赶工,终于在4天内完成了设计,而且少用了芯片。沃兹在帮乔布斯做事期间,乔布斯则去了俄勒冈州的大同农场收苹果。乔布斯回来后,就把这个项目的酬金给了沃兹一半,然而乔布斯则独吞了减少芯片所得的额外奖金。

俗话说,要想人不知,除非己莫为。10年之后,乔布斯成了企业界的大明星,新闻记者兴趣盎然地挖他成功道路上的种种趣闻轶事。当年雅达利的老板布什内尔和奥尔康把这件事告诉了媒体,其实他们两个并不知道当年乔布斯跟沃兹是如何分配酬金的,可是媒体兴奋无比,马上嗅出其中有戏,大肆炒作乔布斯如何欺骗朋友。乔布斯后来是在报纸上看到这件事的,看到后他就赶紧打电话给沃兹予以否认。乔布斯对此事确实感到很难为情,以至于说一些不着边际的话:"沃兹1978年之后就不再工作了,但他在苹果的股份跟我一样多。"乔布斯这里说的"不工作",准确地说是沃兹再没有设计出新产品,而事实上沃兹一直在苹果公司工作到1985年才离开。何况沃兹拿多少股份合理合法,而且也无关乔布斯在隐瞒额外报酬一事上的诚实问题。

为此事,沃兹也很认真,专门找了乔布斯当年在雅达利的老板布什内尔和高管奥尔康进行核实。所以沃兹是了解真相的,但是善良宽容的沃兹也没有上纲上线,只是淡淡地说:"可能乔布斯当时确实需要这笔钱,所以他才会这样做。假如乔布斯当时能够坦诚告诉我他需要这笔钱,我也会把减少芯片的奖金让给他的。"

在处理这件事情上,乔布斯的不明智是一直想遮盖真相,于是就陷入了"一个谎言需要一万个谎言来圆"的怪圈。其实,很多时候,事情的真相是无法掩盖的,这时坦承是上策,遮盖只能是掩耳盗铃,反而会损害自己的形象。假如乔布斯采用另一种方式处理此事,对他的形象的损害就会少得多。当事情在10年后被曝光的时候,如果乔布斯坦诚因为那时急需钱用,做了一些不该做的事,现在想起来很有歉意。这样媒体就没了什么炒作的空间,沃兹也没有再追究的必要,大众也可以原谅乔布斯当时的作法,而且也会欣赏他的坦诚。

在为人上,沃兹对自己与乔布斯之间的差别作了精辟的概括:"乔布斯是一个善于要手段的人,这是帮助他成功的'阴暗面'。"沃兹坦承,他永远是诚实的,所以他创建不了苹果公司。

雅达利的大老板布什内尔,慧眼识英雄,很早就发现乔布斯是个企业人才。他从乔布斯身上看到了一种企业家的气质,发现乔布斯不仅对工程感兴趣,而且也具备商业方面的素质。就拿乔布斯这次事情来说,他作为一个中间介绍人,自己不用干活就轻轻松松拿走一半以上的报酬。而且这件事也说明,乔布斯深谙用尽可能少的钱办成事,只要沃兹答应来做就行,不必要那么实在把所有的事情都和盘托出。布什内尔还教导乔布斯,该装蒜的时候就得装蒜,如果表现得好像你能做某些事情,那就能对周围人发挥作用。即使在有麻烦的时候,你也得装得好像一切都在掌控之中,别人就会认为你真的掌控了一切。在这种情况下,过于诚实,只会使情况越来越糟,甚至最后弄得一发不可收拾。所以说,过于老实的人是办不好企业的。

乔布斯深谙这一套商业运作手段,在刚起家的时候,得会制造假象,吸引别人来跟他做生意。乔布斯还在车库组装电脑的时候,就有客户来联系业务,那时他还请不起专职的接话员。如果客户打电话进来询问,要么没人接,要么是家里随便某个人接到了,都会让对方明白你仅仅是个家庭作坊,对方就会怀疑你是否真有生产电脑的能力,这样就会导致客户流失,结果没有什么人愿意跟你做生意。为了让别人觉得自己是个正式的公司,乔布斯就租用了电话公司的接电话服务,所有的留言随后都会转给他母亲处理。

乔布斯和家人朋友还在家中组装电脑时,就对外宣传他已经是"市场总监"和雅达利"私人顾问"了。这样不仅让人觉得他的"家庭作坊"像一个公司,而且还听起来来头不小。有了这些虚假的名分,乔布斯就可以与其他电脑公司或者俱乐部进行"平等"交流,从而掌握这一新兴产业的脉搏。一旦获得市场需求,乔布斯这个家庭电脑作坊就可以及时调整生产方向,组装出大众需要的产品。

1976 年 9 月,乔布斯和沃兹在车库里捣鼓出了一台样机。他们请来了康茂达电脑公司的佩德尔来到乔布斯家中观看他们演示。沃兹打开乔布斯家的车库门,让阳光射进来,佩德尔穿着西装,带着牛仔帽,健步走进来。结果,佩德尔非常着迷这款 Apple II,数周之后邀请乔布斯他们来公司的总部为他们的高层人员演示。乔布斯看此情景,说道:"你也许有兴趣花几十万美元买下我们的公司。"沃兹被吓得目瞪口呆,他们哪里有什么公司,既无雇员又无设备,就是两个人捣鼓出了这唯一的一台样机。别人不敢做的事,乔布斯就敢做,该说大话说大话,该放大炮就放大炮。乔布斯这个家庭电脑作坊就是靠他的气魄和胆识,很快从佩德尔那里获得了充分资金,成立了正式公司。

试想一下,如果乔布斯也是像沃兹那样老实巴交的,如实说出自己的实情,人家还会给他投资吗?没有资金,他们能实现自己的企业梦吗?

乔布斯深谙经营之道,资金再紧,都舍得在宣传上花大手笔,因为他知道大众的第一印象对一个产品的营销至关重要。1977年9月,旧金山举办了一次电脑展会,组织者为当地家庭计算机俱乐部的会员。乔布斯立刻预订了一个位置,花了5000美元的定金来确保大厅最前端的位置,他要以最盛大的方式发布他们的产品。

其他参展商都不是很重视这次活动,用的都是普通的桌子和硬纸板做的牌子。然而乔布斯的摊位则最豪华气魄,柜台上盖着黑色天鹅绒,一大块背光式的有机玻璃上面印着雅诺夫新设计的公司标识。光这一点就特别引人瞩目。乔布斯把当时组装成的所有Apple II都搬来了,一共3台。但是为了不让人看出他的家底只有这些,乔布斯又事先制作了很多空箱子,整整齐齐摞在他们展台后边,给人造成这样的印象:他们是生产能力很强的大公司,拥有充足的货源。

这次参展的效果特别好,给很多观众留下深刻的印象,认为一个明星公司正在冉冉升起。

虽然乔布斯有时不那么诚实,但是他能把握住一点,就是不在产品质量上弄虚作假,因为他清楚这是企业的生命线。但是在一次公司危机之中,乔布斯病急乱投医,差点儿犯了大错,酿成大的灾难。1984年,苹果公司出现了危机,新研发出来的两款决定公司命运的电脑都不成功:丽萨电脑的销售几乎为零,麦金塔的销量也大不如预期。乔布斯在绝望之下做出了一个"造假"的决定。他命令把库存的丽萨电脑安装麦金塔仿真程序,并作为新产品出售,命名为"麦金塔 XL"。由于丽萨电脑已经停产,也不会再投入生产,加上乔布斯一直不看好丽萨电脑,因此他的这个决定确实有些异乎寻常。营销主管霍夫曼强烈反对这样做,因担心骗局被揭穿,她毅然辞职了。这款冒牌产品还真的卖得不错,还好因为数量不大,加上霍夫曼的坚决反对,乔布斯及时收手,没有给公司带来无法收拾的灾难。

乔布斯在有些事情上也要小心眼儿,不够大气,因而制造了不必要的人际矛盾。1984 年,麦金塔电脑上市,研发团队的骨干赫兹菲尔德外出休假。乔布斯给麦金塔团队的每个成员发了 5 万美元奖金。赫兹菲尔德听说此事,找到乔布斯要自己那一份,乔布斯回复说:"是贝尔维尔决定的,休假的人暂时不发奖金。"赫兹菲尔德很快搞清楚这其实是乔布斯自己的决定,就来找乔布斯对质。最开始,乔布斯含糊其辞,后来无奈地说:"好吧,就算你说的是真的,又对事情有什么改变呢?"赫兹菲尔德就回敬道:"如果你扣着我的奖金不发是为了让我回到公司,那么我根本就不会回来!"最后乔布斯的态度软化了,还是把奖金补给了赫兹菲尔德,然而这件事则给赫茨菲尔德留下了极坏的印象,从此以后俩人就再没有很好地合作过,不久赫兹菲尔德就辞职了。

为了拒发员工奖金,乔布斯先是说谎,后又想搪塞,结果失去了一员大将和一个好朋友,真是不智之举!

1985 年,乔布斯被屈辱地赶出了苹果公司,那时他有一种强烈的复仇心理,决定另起炉灶,再建一家公司,研发一种可以打败苹果电脑的产品。为此,他从原来自己领导的麦金塔研发团队里选了五个精兵强将带走。这一下可在苹果公司炸开了锅,因为乔布斯原来向公司保证不带走重要员工。苹果公司的管理者都认为乔布斯欺骗了他们,所以都很气愤。罗克觉得自己遭到了背叛,说:"乔布斯来到董事会向我们撒谎。"马库拉也觉得愤怒,认为乔布斯是个阴谋家:"他在走之前就偷偷笼络了一批高层管理人员,然后把他们带走。做人不能这样,这很下流。"《华尔街日报》发表评论,其中引用了一名董事会成员的话:"在与我们进行过商业合作的企业中,从没见过人们如此愤怒。我们所有的人都认为乔布斯在欺骗我们。"

为此事,苹果公司还正式向法院起诉了乔布斯。乔布斯却坦然一笑,蔑视斯卡利这帮人,苹果公司怎么沦落到这步田地了?这么没有自信,这么没有度量!不就是带走几个员工吗?乔布斯由此也看到了他不久的将来重回苹果公司的希望,因为那里缺少他这样的管理人才。其实,苹果公司的反应是过度了,对乔布斯的谴责也欠公平,因为美国是个人才自由流动的地方,留住人才主要靠公司的政策,而不是让别人保证不来你这里挖人。你不善待这些人才,他们不跟乔布斯走,最终也会到别的公司去的。

乔布斯有时候耍滑头也会弄巧成拙,因为不诚实而陷入窘境。每款苹果新产品发布时,乔布斯都会约一些知名刊物的记者搞"独家采访"。既然是"独家",那么就只能授权一家刊物来报道。然而在一次新产品发布会前,乔布斯同时联系了《财富》和《新闻周刊》两家分别来做"独家"报道,碰巧这两个杂志的高级编辑是夫妻关系。这两个人都很兴奋告诉对方拿到了乔布斯"独家采访"的机会,一听对方的介绍,俩人都傻了,发现都被乔布斯愚弄了。结果《财富》没有报道这个"独家采访"。

他们对乔布斯这种不诚实的行为的评价是:"这种行为显示出乔布斯自私自利和无情的一面,也正是这一点让他在苹果公司里不受欢迎。"说实在的,乔布斯这样做实在没有必要,像《新闻周刊》这样的大刊物,文章一出来,该知道的人都会知道的,宣传效果不比同时在两个刊物上发表差。相反,两个刊物同时刊登出内容相同的"独家采访",真相迟早会暴露出来,势必造成十分难堪的局面。

信守诺言,并不是乔布斯始终坚持的道德原则。咱们中国人提倡"言必信,行必果",一般人都认为这是一种优良的品质。其实,在孔子看来这种人也只是拘泥于细节的"小人",即在"士"里也只能算是第三等的士,远称不上君子。拘泥言辞,不知变通,确实成不了大事。从这个角度看问题,就知道乔布斯何以能够做出常人办不到的大事,因为他很灵活,知道变通,会适度欺诈。

1997年,乔布斯重回苹果公司之际,时任公司总裁的阿梅里奥给了乔布斯150万股,条件是要乔布斯保证6个月内不出售。乔布斯当面答应了,但是他转身就把这些股票给卖掉了。阿梅里奥开始听说此事,还不相信乔布斯会这样做。为什么乔布斯要欺骗阿梅里奥呢?阿特金森的解释是,乔布斯有时候会回避事实,他生性喜欢误导人,或者有时故作神秘,只要他觉得有理由就去做,根本不管他曾经许诺过什么。

客观上讲,乔布斯这次卖掉股票的行为,是他务实精神的体现。在他重回公司当初,苹果公司已经岌岌可危,每年亏损10亿美元,濒临破产的边缘。乔布斯清楚,如果不采取其他有效措施,公司顶多再支撑几个月就完蛋了。到那时候,乔布斯手中的股票就是一堆废纸。此时的乔布斯已经成家,还有了小孩,急需要钱,必须自己先能生存,才能谈得上事业。这大概就是他要迅速把股票换成现金的原因。

商场如战场,信息就是生机,技术就是金钱。乔布斯的过人之处就是总能敏锐预测下一代技术潮流是什么。乔布斯最先预见平板电脑具有广阔市场,一方面让苹果公司加紧研发,另一方面又向业界放烟幕弹,误导同行,避免或者延后竞争对手抢先占据商机。2003年5月,乔布斯在接受著名媒体人莫斯伯格采访时说:"我们没有制作平板电脑的计划。事实证明,人们需要键盘。只有那些已经有了许多电脑和计算机设备的有钱人才会对平板电脑感兴趣。"

然而,真实情况可以用苹果公司的工程师席勒的话来说明:"我们在多次集思会上,都会花大量的时间讨论平板电脑的计划,因为乔布斯一直渴望制作这样一款产品。"这一招果然奏效,苹果公司的 iPad 一出来就占据了市场,把其他公司远远甩在后面。

盖茨再一次感叹,微软又落后了一步。

因为乔布斯在苹果公司中的重要性,他的健康状况就会影响公司股票的走向。2008年由于乔布斯的健康状况迅速恶化,社会上对此事传得沸沸扬扬,6月份苹果的股票还是188美元,7月份就跌到156美元,到了10月则只剩下97美元。2009年1月,乔布斯发表了一封误导大众的公开信,宣称他不能出席新产品发布会是因为想有更多的时间跟家人在一起,他现在的健康只是个简单的营养问题。不幸的是,这遇到了法律问题,因为按照法律,乔布斯经营着一家上市公司,有责任把真实情况告诉股民,掩盖真相是违法的。后来还专门有律师来苹果公司调查此事,看乔布斯是否触犯了法律,掩盖自己的健康真相以误导股民。

乔布斯并不总是掩盖真相,该坦诚面对的时候,他还是会坦诚面对的。当初iPhone的设计,天线是有缺陷的,有时会丢失信息。就在"天线门"吵得沸沸扬扬之时,乔布斯和家人正在夏威夷度假。最开始,他的现实扭曲力场条件反射,尝试回避事实,为苹果公司辩护。他坚持认为,这是谷歌和摩托罗拉在使坏,他们想打倒苹果。后来意识到这是无法遮盖的严重技术问题,就决定坦诚面对,立刻飞回公司召开紧急会议,作出果断的措施:一方面提供修补技术,另一方面允许不满意的顾客退货。最后的社会反响很好,退货率不到2%,远比其他正常的手机退货率低。

纵观乔布斯的言行,他确实有不诚实、耍花招、搞欺诈的行为,但是正如沃兹所说,这是他能够成为大企业家所必需的"阴暗技能"。完全诚实做不了大企业,完全虚假更做不了大企业。只有明白哪些地方可以灵活,哪些地方必须讲诚信,才是做大企业家的智慧。

2.8 铁面无私

乔布斯对老同学科特基的"刻薄绝情",令人费解,叫人难以接受。科特基是乔布斯的大学挚友,他们那时一起参禅、吸毒,一起到苹果农场狂欢。乔布斯去印度期间,科特基还专程只身一人到那里与他汇合。乔布斯在自家车库组装电脑时,科特基和女友都来帮忙。乔布斯建立苹果公司之初,科特基就加入了公司。一句话,科特基是乔布斯患难与共的铁哥们,打江山的元老!

然而当苹果公司上市时,乔布斯一下子拥有2.6亿美元的财富,公司里300多员工一夜之间变成了百万富翁。可是科特基因临时工身份则分文全无,没有拿到任何好处,还是公司里一个打零工的穷职员。当时公司里就有人看不下去,愿意自己掏腰包给科特基分些钱。然而乔布斯还是无动于衷,仍然对科特基冷酷无情,不仅自己一毛不拔,也不许公司"特殊照顾"一下科特基。

如果全面地看乔布斯和科特基的关系,情况并不像表面上看起来那样简单。这是认识乔布斯的一个重要窗口,从中可以解开他成就大事业的道理。

　　1977年,苹果公司刚创办的时候,总资产也就是5000多美元。可是三年之后,到了1980年,公司发展迅速,上市的时机已经成熟。苹果公司一上市,就创造了商业奇迹,成了自1956年福特汽车公司之后超额认购最为火爆的首次公开募股。到这一年的年底,苹果的估值已高达17.9亿美元。这样几个月的时间,公司有很多人成了富翁。

　　科特基是临时工。按照公司规定,股票期权只奖励给那些正式职工,他无法享受正式职工的福利。但是政策是人定的,总有灵活的空间,比如科特基可以获赠一些"公司发起人股"。在这上面没有人比科特基更有资格了,在苹果公司还没有影子的时候,科特基就跟沃兹等在乔布斯家里组装电路板了。

　　科特基心里极度不平衡。他认为自己不仅与乔布斯的关系很铁,而且还有恩于乔布斯。以前科特基还为乔布斯做过很义气的事情,安排乔布斯的女友布伦南到大同农场生下丽萨,还在乔布斯与布伦南的官司中,给乔布斯作伪证。有这么多"不寻常"的关系,科特基想当然地认为乔布斯还会像以前那样照顾他。所以刚开始的时候,科特基也没有太着急,等着乔布斯哪天会把他叫到办公室说这样的话:"嘿,老同学,这100万的支票是你的,以后需要钱只用跟我说一声。"

　　科特基等了一段时间,乔布斯也没有召见他,似乎忘掉了他这位患难朋友。科特基坐不住了,他就守候在乔布斯的办公室外,想当面跟他说清这个问题,然而乔布斯始终采取回避的态度,不见科特基。科特基有一次碰见了乔布斯,乔布斯冷漠得让人心寒,还是搪塞敷衍,让科特基找他的部门经理谈。半年过去了,事情还没有得到任何进展。一天科特基鼓足了勇气,冲进了乔布斯的办公室说理。乔布斯还是那么冷酷无情,科特基气疯了,大哭起来。科特基真不敢相信他们这么久的友谊在那一刻彻底破裂,伤心欲绝。

　　科特基之事连公司的其他人都看不下去了。设计电源的工程师霍克特,这次也成了百万富翁,他向乔布斯提议:"这样吧,你给科特基多少,我就给他多少。"乔布斯则回答道:"好吧,我给他0元。"此时,乔布斯的绝情已经到了不顾同事的反应、不管自己形象的地步!

与乔布斯不同,沃兹则是个大慈善家。在苹果的股票公开上市之前,他就把自己期权中的4000份以极低的价格卖给了40名员工。自然,乔布斯如此对待科特基,沃兹也看不下去,就把自己的股份分给了科特基一部分,还救助了其他几个没有给予公平待遇的员工。乔布斯对沃兹这种乐善好施的行为颇不以为然,认为沃兹"极其天真幼稚"。

公司里的其他人也看不惯乔布斯这种无情无义的行为。最有代表性的是赫兹菲尔德的评价:"乔布斯就是忠诚的反义词,他完全处在忠诚的对立面,他会抛弃那些跟自己亲近的人。"赫兹菲尔德是苹果公司早期的杰出工程师,一直与乔布斯保持着很深的友谊。

现在让我们来分析一下乔布斯对待科特基这件事的缘由,弄清楚乔布斯这样做是无情无义,还是有更深层的原因。

首先,应该肯定乔布斯并没有刁难或者克扣科特基应有的股份,他只是公事公办,严格遵守公司的章程,没有照顾到朋友情感这一点。乔布斯的管理虽然无情,然而是公司的生存之道。乔布斯就是要让大家明白,连他最好的朋友科特基他都不会不照顾。把人情友谊放到一边,那就是对全公司一个最好的宣传:"来我这里只能凭本事吃饭,其他一概免谈!"

苹果公司的职员都应该庆幸,幸好是由这个"无情无义"的乔布斯来经营,所以它才能在IT行业里独领风骚。如果让那个活菩萨沃兹来管,估计不出几年可能就得把公司的厂房地皮变卖了分给大家散伙。这也是中国企业特别值得借鉴的一点,中国的企业很多是靠亲情运作的,就不像苹果公司这样的公私泾渭分明,间接也导致在国际上缺乏竞争力,生存能力也很弱。

其次,科特基的工作能力也是个因素。说乔布斯不考虑友谊,恐怕是冤枉了他。科特基大概是整个苹果公司里唯一靠友谊进来的一个职工。要建立公司,乔布斯和沃兹谁也离不开谁,乔布斯的商业经营头脑和沃兹的电子设计是公司的两大支柱。当时在乔布斯家车库组装电脑的那帮亲戚朋友,包括乔布斯的父母、妹妹、科特基的女朋友,在苹果公司成立以后,谁都没有跟进来。乔布斯一直主张建立一个由最优秀的人才组成的公司,每个职位都应该由一流人才担任,目的是要打造一个可以传世的公司,而不是赚一笔钱就关门大吉。科特基既没有显示出经营管理方面的才华,又没有电子学的专业训练,所以他一直在公司里做临时工,这是与他的能力相符的。乔布斯让科特基跟进来,恐怕也是出于这种考虑:给老朋友一碗饭吃。所以说,乔布斯还是对科特基讲了情义的。

最后,可能还有一层原因是乔布斯觉得科特基对他也很无情,这可能是他为何这次坚持公事公办的深层心理因素。就是说,乔布斯这样做有些以牙还牙的报复心理。苹果公司成立后,科特基负责制定员工的工资单。他把沃兹列为"1号",乔布斯列为"2号"。科特基有他的理由,苹果公司赖以成立的产品是沃兹设计的,沃兹的贡献最大,自然是工资单上的"老大"。可是争强好胜的乔布斯却非常在意这件事,以至于在科特基面前大吵大闹,最后痛哭流涕。科特基急中生智,劝乔布斯别哭了,"我把你列为'0'号,这样不就可以排在沃兹前面了吗?"科特基这不是糊弄三岁的小孩子是什么!哪里有排号从"0"开始的?到了银行,还是沃兹第一,乔布斯第二。

乔布斯对此事也感到委屈。他心里想,科特基呀,科特基,咱俩是老同学,又一同到过印度,去过农场,感情要比沃兹深多了吧?工资单排序这样的小事,沃兹那哥们又不在乎,你就给我这个老同学一点儿面子不行吗?何必那样死心眼呢?

所以说,科特基"铁面无私"在前,乔布斯"秉公办事"在后。在我们看来,他们俩都很不近人情,半斤八两,谁也不比谁强。

科特基的心眼儿也很小,这件事之后,为此事也狠狠报复了一下乔布斯。1982年《时代》的记者来苹果公司采访,据说那一年是要把乔布斯选为年度人物,然而乔布斯不仅没有选上,反而刊登了一篇有损乔布斯形象的报道，其中提到他与克里斯安有个私生女丽萨这件事。乔布斯很快了解到是科特基把丽萨的事情告诉杂志的，他在众人面前狠狠斥责了科特基一番。科特基后来辩解道："《时代》杂志的记者问我乔布斯是不是有个叫丽萨的女儿，我当然说是。我不能让朋友否认自己是一个孩子的父亲，因为我不允许我的朋友这么混蛋！他真的很生气，觉得受到了冒犯，甚至当着所有人的面说我背叛了他。"科特基这里说得义正词严，大义灭亲，可是当初法院调查乔布斯与克里斯安的关系时，他却一直站在乔布斯一边为他辩护，甚至不惜做假证来支持乔布斯。可见，科特基的人品也没有他说的那么高尚！

现实生活中的乔布斯是不计较钱财的，对亲人对朋友都是如此。了解乔布斯的另一面有助于理解他的企业管理理念。

先看看早先他们到印度时乔布斯是如何帮助科特基的。乔布斯先到了印度寻找心目中的精神导师，没有多久科特基追随着乔布斯的足迹也来到印度。由此可见，这俩人的情感确实不一般。科特基在印度靠近中国的一个小镇里住了一宿，睡袋连带钱包被偷走了。乔布斯就承担了科特基的饮食开销，帮他买了回新德里的车票，还给了他100美元。此时乔布斯口袋里的钱已经所剩无几。可见，乔布斯真够朋友，也真够大方！因为这是俩人的友谊，所以乔布斯可以尽情地讲情义，想怎么大方就怎么大方。然而管理公司又是一回事，因为那涉及到整个公司的命运，所以只能讲才能看贡献。

吃饭给小费也很能看出一个人是否大方。在美国，到餐馆吃饭都要给服务员小费，一般是15%，没有上限，顾客可以酌情多给。当乔布斯的胞妹莫娜找到他的生身父亲钱德里时，钱德里讲自己曾经在硅谷开了一家地中海餐厅，谈到："所有科技界的人士都会去那里，甚至包括乔布斯。是的，乔布斯来过，他很友善，小费给得很多。"此时钱德里尚不知道乔布斯就是他多年之前遗弃的儿子。从钱德里的话中可以看出，乔布斯对餐馆服务员也是很大方的。

乔布斯还是一个大孝子。在苹果公司上市后，他给了养父母75万美元的股票,让父母还了所有的房屋按揭和抵押贷款。乔布斯的父母第一次感觉到没有债务的轻松。而且乔布斯每年还让父母乘坐豪华游轮到国外旅游。

很多人可能觉得,乔布斯不如盖茨大方。因为人们经常听说,盖茨到处捐款,今天捐助这个基金,明天捐助那个国家,可是几乎没有听说过乔布斯有过这样的大笔捐款。然而实际情况是,虽然现在苹果公司的市值已经超过了微软,乔布斯个人的财富却远没有盖茨的多。另外,乔布斯的人生目标与盖茨有所不同,他是要生产伟大的产品,改变这个世界,所以他一直战斗到生命的最后一刻;盖茨则很知道如何享受生活,不仅给自己盖了一座庞大的宫殿,而且还早早退休享清福,做些公益事业,乐于在大众面前抛头露面。所以说,乔布斯和盖茨孰优孰劣,绝不能以捐款的多少来评判。

其实,乔布斯一直很关照科特基。在那次股票事件后,乔布斯不计前嫌,在他的麦金塔研究项目中,又安排科特基负责设计电源开关这一任务,让科特基不仅人尽其用,而且也有碗饭吃。乔布斯也态度明确,根据你的能力,也只能照顾到这种程度了。时隔多年以后,苹果产品发行的首日,科特基还在帕洛奥图的苹果专卖店里,等待着乔布斯一家的到来,一起庆贺。可见在他们之间,磕磕碰碰是插曲,友谊才是主旋律。

乔布斯不讲情义绝情的一面,也是苹果公司成功的秘笈。他用实际行动明确告诉来苹果公司干活的人只能凭能力和贡献,别无他路。因此,苹果公司里就没有拍马溜须拉关系的现象,大家都靠自己的勤奋和智慧吃饭,从而保障了企业的效率和活力。

第三编 发明、管理与成就

苹果公司青睐那些具有叛逆精神的冒险家，让世界最优秀的人占据每一个岗位，使得每一个人的聪明才智发挥到极致。乔布斯明白一个道理，科技是工具，人文是目的，只有为大众服务的科技发明才有生命力，只有能够体现美、创造美、欣赏美的科技产品才能真正改变世界。

3.1 与苹果的离合

乔布斯的生命历程与苹果的命运在1985—1997年这段时间错开了,前后共12年。很多人都会想,如果乔布斯不离开苹果公司的话,会是怎么样?根据乔布斯离开苹果公司当时的情况推断,最大的可能是,苹果会在他手上土崩瓦解,乔布斯自己也会身败名裂。那么,没有乔布斯的苹果公司会怎么样?他离开的这段历史已经证明,苹果会迅速枯萎,摇摇欲坠,最后不得不关门大吉。

我们在前文已经分析,表面上看乔布斯被迫离开苹果公司的原因,似乎是他与斯卡利斗争失败的结果,而真实的情况是乔布斯自己把路走绝了,不得不离开。

苹果公司创办初期的乔布斯,少年得志,年轻气盛,做事幼稚粗暴,致使公司士气低落,人事矛盾激化。1984年,乔布斯领导研发的Mac电脑上市,性能存在明显缺陷,市场表现远远不如预期。乔布斯因研发的产品大失所望,脾气失控,迁怒于人,闹得公司上上下下鸡犬不宁,人心涣散,致使赫兹菲尔德、史密斯、霍恩等这些大将一个个辞职离开。一个又一个骨干工程师的离开,说明大家已经对乔布斯领导的苹果公司失去了信心和希望。

不管是一个国家,还是一个公司,行将败落之际,民众的言行往往荒诞怪异。1985年初,史密斯也决定离开苹果,走之前他跟别人说:"我会走进乔布斯的办公室,脱掉裤子,在他的办公桌上撒尿。"当史密斯走进乔布斯的办公室递交辞呈时,他惊奇地发现乔布斯笑得很开心,乔布斯问道:"你真的要那么做吗?"最后,乔布斯给了史密斯很好的辞职条件,当然史密斯也没有按照事先说的那样做。这件小事也说明,乔布斯已经在大家心目中失去了敬重感。

此时此刻,乔布斯自己也产生了离开苹果公司之意,不过他要离开的动机和理由不同,是来自他自己深刻反省的结果。乔布斯是这样表白自己当时心情的:

> 你的思维会在自己的头脑中形成定式,就像脚手架一样僵硬不变。大脑中的化学反应蚀刻出思维模式,你难以逾越。在大多数情况下,人们会陷入这些模式,就像唱片上的针槽,并且再也走不出来了。
>
> 我会永远保持与苹果的关系。我希望这一生,能让自己的生命历程和苹果的命运彼此交错,就像编制一幅挂毯那样。可能我会离开苹果几年,但我终究会回来的。而这就是我可能要做的事情。关于我,应该谨记的关键一点就是,我仍然是个学生,我仍然在新兵训练营。
>
> 如果你想有创造性地过自己的生活,像艺术家一样,就不能常常回顾过去。不管你做什么,以前是怎么样,你都必须心甘情愿地接受眼前这一切,并将过去的一切抛诸脑后。
>
> 外界越是试图强化你的形象,你就越难做一名艺术家,这也许是为什么很多艺术家有这样感觉的原因:"再见,我得走了,我要疯了,我要离开这里。"然后他就离开了,在某处休隐。也许之后他们又重新出现,变得有些不同。

乔布斯这段话是他对自己30岁之前人生的深刻反思,对未来的担忧,预感到自己生活正面临着重大变化,这种预感也是来自苹果公司当时的状况。这种反思精神正是乔布斯的过人之处。他清醒地认识到自己已经有了"思维定式",这样下去很难再有任何创意。他需要新的思维模式,因此必须暂时离开苹果,经历风雨的洗礼,开阔自己的胸襟,待磨砺成熟之后再回来重振河山。

乔布斯离开苹果公司后的最初几年,由于苹果电脑暂时在桌面排版系统上领先,获取很高的利润,日子还不错。时任 CEO 的斯卡利就有些飘飘然,觉得还是自己能耐大。1987 年,他发表了一通自认为高明的言论,暗讽乔布斯:"乔布斯希望苹果成为一家出色的消费品公司,这种想法很愚蠢。苹果永远不会是一家消费品公司。我们不能因为我们改变世界的梦想而扭曲现实。高科技不能作为消费品去设计和销售。"现在连一般人都可以看出来斯卡利的看法是多么可笑,因为苹果到今天的成功就是沿着乔布斯的设想造就出来的。

然而,斯卡利的好景不长,乔布斯走之前留给苹果的财富慢慢消耗殆尽。到了 90 年代初,苹果的市场份额越来越小,收入持续下滑。乔布斯此时正在苦心经营自己新创办的公司,对苹果的迅速衰落既心疼又无奈,他气愤斯卡利乱来,蔑视斯卡利无能。乔布斯一针见血地指出,斯卡利引进了下三滥的人和下三滥的价值观,把苹果公司给毁了。斯卡利就是个卖糖水的商人,即使到了苹果也改不了旧习,还是只知道赚钱,而不知道如何制造出色的电子产品。这期间,苹果产品输给了微软,主要原因是斯卡利坚持榨取每一分利润,而不努力改进产品质量。

对于乔布斯来说,斯卡利就像一面镜子,可以照见自己的长处;斯卡利又是一个反面教材,让他知道哪些地方应该引以为戒。因为此时乔布斯与苹果拉开了"距离",所以他看问题看得更加清楚,旁观者清嘛!

乔布斯离开后,苹果逐渐被微软赶超。1990 年微软推出了 Windows 3.0 系统,在台式电脑行业逐渐取得优势。1995 年又发布了新版 Windows,成了有史以来最成功的操作系统,导致Mac电脑的销量开始暴跌。乔布斯这样分析微软走向霸主地位的原因:"微软剽窃他人的成果,然后坚持下去,利用它对IBM兼容机的控制,逐渐把苹果挤出局。"乔布斯也认为,是固步自封导致苹果的困境,在他离开之后,苹果公司再没有创造性的工程师,也没有发明出任何新东西,而且Mac电脑也没有及时改进升级。面对蒸蒸日上的微软,缺乏创意的苹果只能坐以待毙。

在微软的无情打击下,苹果的日子一天不如一天,状况惨不忍睹。到了1996年,苹果的市场份额从上个世纪80年代末的16%下降到4%。在公司摇摇欲坠之际,斯卡利弃船逃生,他于1993年离开了苹果。斯卡利不愧是个精明的卖糖水的商人,很灵活很精明,也深谙三十六计走为上计之道。

苹果公司紧接着又请来了一个CEO,叫斯平德勒,他对苹果没有丝毫的感情,一来就张罗把苹果卖给IBM、惠普或者太阳微系统公司。然而已经破败不堪的苹果,再便宜也没有人要,所有这些大公司都拒绝收购。因为售卖苹果的计划告吹,斯平德勒在1995年2月又离开了,他的位置被阿梅里奥取代。这期间苹果的CEO就像走马灯一样,短短的三年间,连换三人。从频繁换人上就可以看出,苹果的根基已经完全动摇,行将坠落。此时的苹果,病急乱投医,可是又无药可救。

阿梅里奥原来是一位工程师,曾任国家半导体公司的CEO。然而,显然他也不是什么救星,苹果继续滑向灾难的深渊。在阿梅里奥接任的第一年,苹果公司亏损了10亿美元,股票价格从1991年的70美元跌倒了14美元。然而当时的美国经济环境十分不错,高科技泡沫正把股票推向史无前例的高点。因而此时的苹果几乎被赶出了高科技的大家庭。

当一个家族败落的时候,总会有人来趁火打劫。前面我们曾经提到加西这个人,当初就是他向斯卡利告的密,才使得乔布斯的"宫廷政变"流产。在乔布斯离开苹果以后,加西接任了乔布斯原来的位置。乔布斯这个人爱憎分明,从来没有原谅过加西,认为加西是个十足的小人。可是后来加西又与斯卡利闹翻,出去开办了一家Be电脑公司。

1996年8月,加西向阿梅里奥表示想回到苹果,帮助他重振大业。加西开出的条件是,带领50人的团队加入苹果,要公司15%的股权,价值大约5亿美元。阿梅里奥听罢目瞪口呆,因为苹果对Be的估值只有5000万美元。阿梅里奥犹豫不决,尝试压低价格,而加西放出话来说,他无法接受低于2.75亿美元的报价。加西为何敢这样勒索苹果?因为他看出苹果没有别的选择了。他说:"我拿住了他们的要害,一定捏到他们疼为止。"这话传到了阿梅里奥那里,他觉得很不是滋味,但是确实有被加西捏住要害处的感觉,疼痛而又无奈。

每况愈下的苹果失去了昔日的荣光,开始被媒体揶揄嘲笑。1994年,《MacWorld》杂志的专栏作家川崎曾经虚拟了这样一则新闻:苹果即将收购NeXT,然后让乔布斯担任CEO。文章虚拟马库拉问乔布斯:"你想下辈子用来卖裹着层糖衣的Unix,还是用来改变世界?"乔布斯同意了这项收购,并说道:"我现在是一个父亲了,需要一个稳定的收入来源。"文章还评论道,由于乔布斯在NeXT的特殊经历,他会变得成熟起来,因此人们期待乔布斯会以一种从来没有的谦卑感来管理苹果。盖茨得知此事也很兴奋,说道:"现在会有更多的乔布斯的创意供微软模仿了。"

实际上,川崎的文章并不是科幻小说,而是对现实的准确预测。川崎原来曾在苹果任职,是软件宣传人员,很了解苹果公司的情况和乔布斯本人。这篇文章也反映了当时苹果公司里部分人的愿望:乔布斯才是他们的救世主,期待着有朝一日他能回归苹果。

不光是别人这样认为,乔布斯自己也认为只有他才能拯救苹果。1994年,他来到阿梅里奥的办公室,说出他的来意,想让阿梅里奥帮助他回到苹果担任CEO。乔布斯说道,"只有一个人可以重整苹果大军,也只有一个人可以带领苹果走出困境。"这"一个人"自然是乔布斯自己。乔布斯还指出,麦金塔的时代已经过去了,应该研发一些具有创新性的产品。

然而,这个时候乔布斯回归的时机显然不成熟。阿梅里奥刚刚接任

CEO,自己还跃跃欲试,要大展宏图,怎么肯把施展自己才华的良机拱手让人?自然,阿梅里奥很不客气地把乔布斯请出了他的办公室。

乔布斯眼看着自己心爱的"苹果"一天天枯萎,心急如焚,但是他拒绝趁火打劫,不愿做任何不道德的事情。1995年圣诞节的时候,乔布斯与甲骨文董事长埃利森在海滩上散步。埃利森提出,他先收购苹果,然后让乔布斯回去重掌大局。埃利森打算拿出30亿美元来融资,他说:"我会买下苹果,你作为CEO会立即获得25%股份,我们可以重现苹果过去的辉煌。"但是乔布斯坚决反对:"我不是那种能恶意收购的人。如果苹果请我回去,那就不一样了。"这就是乔布斯的过人之处!虽然他很想回归苹果,但是绝不能在道德上先输了,因为乔布斯清楚,一个缺乏道德合理性的新CEO,必然不能服众,也就无法重振大业。

在离开苹果的10余年中,乔布斯的主要心血和资金都投资在NeXT电脑的研发上,虽然这款电脑没有给他带来任何直接的经济效益,然而却成了他回苹果的关键资本。1996年12月2日,乔布斯与加西对决,竞争苹果职位,俩人各自演示自己研发的电脑。对加西的Be大家反应一般,而乔布斯的NeXT则征服了所有的董事会成员。最后他们决定收购NeXT,请乔布斯回归。

乔布斯临危受命,被苹果董事会任命为CEO。时任董事会主席伍拉德是这样考量的:如果我们继续让阿梅里奥担任CEO,公司只有10%的机会避免破产;如果我们解雇他,而让乔布斯接任,我们有60%的机会生存下去。事后的发展显示,这是一个正确的判断。

听到乔布斯回来的消息,兴奋坏了一个人,他就是沃兹。此时沃兹还是苹果公司的非正式顾问,他说:"这正是我们所需要的,不管你如何看待乔布斯,只有他有重振公司的魅力。""阿梅里奥遇到了乔布斯,比赛也就结束了。"沃兹话虽不多,但是言必有中。

1997年,乔布斯以iCEO的身份回到了公司。虽然此后他领导研发的产品前也都有"i"这个字母,如iPod、iPhone、iPad等,然而却是意思完全不同的。"iCEO"的完整形式为 interim CEO，意为"临时 CEO"，而后面的则是 internet 的第一个字母，意为"联网"的意思。

开始的时候，乔布斯不签合同，一年只领 1 元的薪水。但是做起事来，乔布斯却毫不踌躇，干脆果断，掌管一切，跟正式的 CEO 没有两样。

在乔布斯担任临时 CEO 期间，苹果公司还发出招聘广告，寻找公司的 CEO 人选。乔布斯和公司董事会主席埃利森主动找了柯达公司的费希尔、IBM 的帕尔米萨诺、Sun 公司的赞德，请他们来做苹果的 CEO。结果是明摆着的，人家在自己公司做得好好的，谁愿意来收拾你这个烂摊子？这些人都拒绝了。

实际上，向外招聘 CEO，完全是乔布斯和他的好友——乔布斯任命的董事会主席埃利森自编自导的闹剧，就是演戏给别人看的。他们装模做样找了 4 个月，最后宣布："苹果的状况太糟糕了，无法吸引任何人来管理。"

经过 10 年历练的乔布斯并没有马上去掉自己 CEO 之前的"临时"二字，找不到合适的人选，只能说明他正式担任 CEO 合法，而不能证明他合理。乔布斯清楚他必须向大家展示，他有能力让苹果起死回生，重振雄风。

乔布斯一回到苹果，就大刀阔斧整顿改革，砍掉了很多枝节项目，集中搞好几个拳头产品。与此同时，裁掉了 3000 多员工。乔布斯回归的那年，即 1997 年，苹果又亏损了 10.4 亿美元，离破产不到 90 天。然而到了第二个财政年，苹果公司在乔布斯的领导下，扭亏为盈，实现了 3.09 亿美元的盈利。乔布斯把

乔布斯回归苹果公司后，领导研发的第一款电脑就是图中这款乔布斯抱着的 iMac。这是一款标志性的新产品，真正体现了乔布斯的"非同凡想"的追求。

苹果从死亡的边缘拉回来了。

回归公司后,乔布斯领导研发的第一款电脑就是iMac。它是一款标志性的新产品,真正体现了"非同凡想"的追求。单1998年一年,就售出了80万台,成为苹果历史上销售速度最快的计算机。这也是乔布斯领导下研发出的最成功的一款电脑,用他的话来说,"这是一台结合了科幻之光和奇思妙想的电脑"。

一位历经磨难的国王归来了,苹果帝国的复兴势不可当!

3.2 摒弃山寨文化

虽然"山寨"一词没有出现多久,然而山寨文化却由来已久。这种文化反映的是创造力低的社会现实和自甘二流的没出息心态。最近连续出版了几本探讨山寨文化现象的书籍[①],让我非常吃惊的是,它们都在肯定、赞扬、甚至鼓励山寨这种做法,认为这是弱者的生存之道,是走向强者的必由之路。不客气地说,如果山寨文化大行其道,弱者只能变得更弱,永远不会看到自己强大的那一天。

山寨文化不仅是创新精神的对立物,会压制扼杀创造性,而且是一种不道德行为,属于对知识产品的盗窃,对知识产权法的违犯。乔布斯对此有一段精辟的论述:

> 从苹果公司创立之初,我就意识到,我们的成功来自知识产权保护。如果人们可以任意复制或者偷取我们的软件,我们早就破产了。如果知识产权得不到保护,我们也没有动力再去制作新软件或设计新

---

① 如钟殿舟的《有一种模式叫山寨——弱者强势生存的法则》(武汉大学出版社,2009),司春林的《商业模式创新》(21世纪经济管理精品教材系列之一,清华大学出版社,2013年)等。

产品了。如果没有对知识产权的保护,那么很多创意公司就会消失,或者根本就不会出现。其实说到底,道理很简单:偷窃是不道德的。这样做会伤害他人,也有损自己的名誉。

乔布斯的上述观点有几点特别值得人们反思。第一,苹果公司之所以能够出现,是因为有一个保护知识产权的法律体系,否则他们早就破产了。试想一下,他们投资大量资金,花费大量时间,最后研制出一种新技术,别人可以随便拿来生产同类产品,那么苹果公司就无法从这些新研发的产品中得到应有的经济回报。第二,既然大家都可以合理合法去仿制别人的技术,谁还愿意花大价钱、费大力气去研发新产品?大家都在等着"分享"别人的劳动成果,那么就不会有创意公司。第三,模仿、仿造是不道德的,本质上为知识界的偷窃行为,不仅对创意公司不公平,而且最终也会伤害到自己,结果导致整个社会失去创造力。

所以,一个国家如果没有很好的知识产权保护体系,从业者没有良好的尊重知识产权的道德风尚,让山寨文化流行泛滥,就不会出现真正的创意公司,自然也就不会有苹果这样的企业。

乔布斯十分痛恨山寨文化。2010年1月,宏达电子推出了一款使用谷歌的安卓系统操作的手机,并大张旗鼓地宣传其多点触控功能,还特别声称HTC与iPhone之间外观设计的相似性。乔布斯对此大为光火,于是苹果起诉了宏达电子和安卓设计者,指出他们侵犯了苹果的20项专利。苹果公司还一一列出这些被侵犯的专利,包括多点触控、滑动解锁、双触点滑动进行缩放、以及判断手持姿态的传感器,等等。

在起诉的那一周,艾萨克森正好到乔布斯家中谈为他写传记的事,看到乔布斯义愤填膺,怒火中烧,连爆粗口。乔布斯让艾萨克森看了诉讼中的一段话:

我们的诉讼是这样说的,"谷歌,你他妈的抄袭了iPhone,明火执仗地盗窃我们的财富。"这是强盗行为!我就算用尽最后一口气,花光苹果公司的 400 亿美元存款，也要阻止你们的不道德行为。我要摧毁安卓，因为它是偷来的产品。我愿意为此不惜发动核战争！他们怕得要死，因为他们知道自己有罪。除了搜索引擎，谷歌的产品，包括安卓和 Google Docs，都是狗屎。

谷歌的施密特想跟乔布斯和解，遭到断然拒绝。乔布斯回敬道："我对和解没有兴趣。我不想要你们的钱。就算你们拿出 50 亿美元求和解，我也不感兴趣。我有的是钱，我要你们停止在安卓上使用我们的创意！"乔布斯为何如此生气，一般的人很难理解，只有那些发明创造者们才能体会到，因为他们深知发明创造的艰辛，所以渴望他们的智慧成果能够得到别人的尊重。

后来，苹果还起诉了三星公司。这中间的是是非非，曲曲直直，外行人很难理解，但是我们不得不承认一个事实：第一个发明这些技术的叫"创造"，后来的只能叫"模仿"，可是"创造"所需要的智慧远高于"模仿"。2012年，旧金山硅谷的法庭判三星败诉，赔偿苹果 10 亿美元侵权费。

希望得到别人尊重，就得首先尊重别人。乔布斯高度尊重别人的知识产权，即使自己牺牲经济利益也在所不惜。

美国音乐界的盗版现象原来十分普遍，如果放任这种现象，让人们可以自由地从网上下载音乐，就意味着可以卖掉更多的 iPod，从而增加苹果公司的收入。但是，乔布斯从自己的职业道德出发，也是因为他真的热爱音乐，爱护创造音乐的艺术家，所以他反对免费下载音乐这种"盗窃创意产品"的行为。

音乐界的人比谁都更担心盗版问题。因为盗版泛滥，没有人愿意买正牌的音乐产品。乔布斯提出建立一个 iTunes 网上商店，让人们有偿从这个网上商店下载音乐。音乐界的人对此十分赞赏，他们把乔布斯奉为自己的救世主。

乔布斯清醒地认识到，要让网上音乐商店顺利运营，首先得增强大众尊重知识产权的意识,他向大众宣传道:"免费下载是一种剽窃行为,会遭到报应。用 iTunes 下载歌曲,不再偷窃,你将种下善因。"大众是很容易被积极向上的思想所感召的,iTunes 商店开张的前 6 天就卖掉了 100 万首歌。乔布斯激动地宣告:"这将作为音乐业的一个转折点而被载入史册。"

道德的力量往往会带来巨大的回报。微软得知苹果 iTunes 运营成功,其负责人阿尔钦感慨道:"我们被干掉了!他们是怎样把音乐带进来的?"盖茨也感到十分沮丧,非常惊讶那么多唱片公司怎么会愿意加入乔布斯的音乐商店,纳闷他们怎么会把这么好的一个机会让给了苹果!盖茨不得不佩服乔布斯的独具慧眼,无奈乔布斯总能捷足先登:"乔布斯有种惊人的能力,能够抓住真正有价值的东西,采取革命性的营销手段。""我认为我们需要一些计划来证明自己,即使乔布斯又一次让我们措手不及,但我们可以迅速行动起来,做出更好的东西。"盖茨不得不承认,微软再一次被苹果赶超,而且被苹果打了个措手不及。盖茨决定再次复制苹果的模式,奋起直追。但是跟索尼一样,微软从来没有完成这个任务,即使乔布斯已经给他们指出了方向,微软也无法学得很像。后来微软也确实研发出一种 Zune 的播放器,但是不成功,它的市场份额一直不到 5%。

在好多事情上,微软总是跟着苹果屁股后面走,选择模仿的道路,然而缺乏足够的创意。像这次微软模仿苹果制作音乐播放器的做法,只能说是模仿,不能算偷窃知识产权。然而正是因为微软缺乏创意,它原来实力比苹果强得多,逐渐被苹果赶超,现在苹果的市值比微软多 70%。苹果和微软的消长史说明,创造是硬道理,模仿是没有出息的。

乔布斯又上演了一幕用艺术来救助科技的大戏。

就像动漫艺术救了乔布斯的 NeXT 公司一样,音乐产品激活了苹果公司。随着苹果的不断创新,音乐产品日益成为了苹果公司的主要业务。到 2007 年 1 月,iPod 的销售收入占到了苹果总利润的一半以上。

然而更大的成功则来自 iTunes 商店,在第一年共卖出 7000 万首歌曲。

2006年2月,iTunes商店卖出了第10亿首歌曲。随着iTunes商店开始销售视频、应用程序和订阅服务,截止到2011年6月,该数据库中已有2.25亿活跃用户,苹果把世界引入了数字商业的新时代。

很多时候创意就是一个点子。乔布斯领导下的"皮克斯"动漫公司最近十几年来领导动漫世界的新潮流,他们赋予无生命的玩具以情感,拟人化昆虫,拍出了《玩具总动员》《虫虫危机》《海底总动员》等风靡世界的影片。这些点子多是拉赛特的首创,好莱坞那边的卡曾伯格听说后,也开始自编自演这方面的动漫。乔布斯得知后非常恼火,斥责他为偷盗。后来卡曾伯格拍出《怪物史莱克》,获得了巨大成功,他来找乔布斯说:"我变了,我有自己的创意了。"可是乔布斯并不买账,说这些都是胡扯。乔布斯认为卡曾伯格工作很努力,但是不认同他的道德观。乔布斯认为:"好莱坞的人经常撒谎,这是个奇怪现象。他们撒谎,是因为在这一行不用对自己的行为负责任,完全没有责任感,他们总是侥幸过关。电影业和计算机行业是不同的。"

因为苹果产品成了潮流、时尚,中国山寨苹果的现象最为严重,从产品到苹果专卖店都有山寨版的。苹果对此也早有察觉,所以对中国采取特殊的防范措施。前几年iPhone刚问世的时候,新加坡的商店采取特殊措施,限制中国顾客购买。他们要等到该款产品上市一段时间以后,才向中国市场开放。他们的意图很明确:你即使山寨也只能山寨上一代产品,不至于对他们造成太大的冲击。结果就形成很有讽刺意义的现象,虽然中国是苹果产品的产地,但是中国顾客却最晚买到苹果的新产品。

"山寨产品"就是质次价廉的代名词。外观上可以模仿得以假乱真,然而性能上不可能真正地像,山寨产品往往是性能差,寿命短。实质上,它们就是造假文化的一种表现。

杜绝山寨文化是走向创意产业的开始,也是科技强国的必由之路。

3.3 海盗精神

乔布斯及其所领导的公司就是 IT 行业的一帮海盗,他们不当海军,更瞧不起山寨王。中国的企业界很需要这种"海盗精神",而要摒弃"山寨文化"。下面就来看看什么是乔布斯的"海盗精神"。

乔布斯领导研发团队和公司的策略与众不同,不仅要他们干活,还要他们干好活,更要干出与众不同的活,另外他特别注重培养团队精神。为此,他精心布置办公室的摆设,提出各种激励大家的口号。

在苹果公司发展前期,乔布斯主要负责麦金塔电脑研发团队。原来他们是在公司外临时租的房子里办公,1983 年麦金塔团队搬回了公司的主办公区,在 3 号楼安顿下来。

在 1983 年 1 月份的集思会上,乔布斯提出了一个著名的口号:"当海盗,不当海军。"什么是"海盗精神"?乔布斯的意思是什么?弄清这一点对了解乔布斯打造的苹果公司的企业文化很重要。麦金塔团队的苏珊是这样解释的:"史蒂夫的意思是,我们的团队要有一种叛逆精神,要能够快速行动,做成事情。"苏珊的这一理解抓住了要害,但是不够全面。根据我对乔布斯的

系统研究,他所提倡的"海盗精神"应该包括如下五点:

第一,叛逆精神。海盗就是一帮无政府主义者。计算机在上个世纪六七十年代的发展,与当时流行的反主流文化密切相关。这批人发现电脑有助于个性解放、自由表达意志、不受时空限制地与他人交流,所以他们如醉如痴地投身其中,做出了一个又一个重大发明。更重要的是,电子科技不同于以往的任何学科,它发展迅速,日新月异,时刻需要创新,任何墨守成规很快就会被淘汰掉,所以很需要叛逆精神来激发创新。

第二,嗅觉灵敏。作为海盗,一定要信息灵通,知道哪里有宝,否则只能喝西北风,坐以待毙。乔布斯的麦金塔团队就很有这一特征,当他们获知施乐的 PARC 研究所研发出图形界面,马上嗅出它的巨大价值,迅速采取行动,几乎可以说是用"打家劫舍"的方式弄到手中,不失时机地用到 Mac 电脑上。

第三,冒险精神。前面的路如何走,采取什么样的策略,往往决定公司的成败兴衰,也影响着每个员工的前途命运。IT 行业的"海盗"与索马里海盗有一个重要的区别:索马里海盗只需要不怕死就行,什么是宝他们想都不用想,一个简单想法就是扣船扣人换美元,历史再往前推的海盗就是寻找金银珠宝钻石。然而 IT 行业的海盗虽然不用冒生命危险,然而在鉴别"什么是宝"上,要求有很高技术含量的判断力。一次判断失误,就会给公司带来不可估量的损失,甚至全军覆没。

第四,机动灵活。为什么乔布斯说"要当海盗,不当海军"?海盗都是小股部队,行动迅捷,机动灵活,一有情况,马上就可以采取行动,迅速做成一件事情。在 IT 行业生存,这种小规模的"海盗"生命力顽强,然而大规模的"海军舰队"反而笨拙不便行动,结果错失良机。

第五,隐蔽性好。乔布斯做电脑的理念与盖茨明显不同,他从硬件到软件都是封闭的,不与他人共享,不想让他人看到其内部的东西。他们的研发更像海盗的团伙,不仅对外保密,而且公司内部也互相防备,各自为政。在苹果公司内部,与乔布斯的麦金塔团队平行的还有一个丽萨团队,乔布斯原来在丽萨团队,后来被迫离开,他就发誓研发出可以打败丽萨的电脑,自然就不会与丽萨团队分享任何信息资源。最初苹果公司的组织确实有点像一个海盗集团,组织松散,他们内部又分出具有各自利益的"小团伙"。

表面上看来,企业的"海盗精神"与"山寨文化"似乎有某种共同点,但是它们却存在着本质的区别。

首先,山寨文化是一种模仿,如果一味模仿,没有创意,缺乏技术含量,则永远跟着别人的屁股后面走,永远都会没有出息,也就没有出头之日。然而乔布斯的海盗精神本质上是一种创新,它是捕捉新技术,然后据此研发出新产品,所以他的研发团队要具有很高的创造性,更要努力工作。

其次,"山寨文化"本质上是一种知识产权的偷窃行为,不通知对方,也不为对方付一分钱。然而乔布斯这帮海盗则"盗亦有道",他们是要给这些知识产权者付酬金的,他们用施乐的"图形界面",给施乐公司的高管100多万美元的股票;他们的 iPod 使用了东芝工程师的两项核心技术,他们是用1000万美元买下来的;他们的 iPad 用的多点触控技术是美国两位大学教授首先发明的,乔布斯不仅给他们付了一大笔的专利费,还把他们聘为苹果公司的员工。

最后,"山寨文化"本质上是一种小农经济的保守文化,缺乏冒险精神,更没有开拓精神。看哪种东西赚钱就仿制哪种东西,往往是跟着别人的屁股后面走,产品也是质次价低。山寨产品既坑害了消费者,又伤及有关厂家的利益。生产山寨产品的基地,既不能持久,也不能扩大规模,更没有后续的发展能力。

乔布斯28岁生日的时候,得到了一张别具一格的贺卡,他的麦金塔团队在通往苹果公司总部的马路边买下了一块广告牌,上面写着:

  史蒂夫,28岁生日快乐。过程就是奖励。——海盗们贺

这帮高科技的研发团队还保持着童真,做起事来很有童趣。卡普斯是麦金塔团队最酷的程序员,他别出心裁,提出:"需要为我们的团队精神升起一面海盗旗。"他找到了一块黑布,让卡雷在上面画了骷髅头和交叉的腿骨,骷髅还戴着画有苹果公司标志的眼罩。一个周日的深夜,风高月黑,卡普斯爬上他们

的办公楼的房顶,把那面海盗旗挂在一个脚手架支柱上,迎风招展,第二天每一个来上班的人都要向它行注目礼,成为公司的头条新闻,大家议论纷纷。

这面海盗大旗高高飘扬了几个星期。丽萨团队的成员受不了这个刺激,他们决定深夜偷袭,偷走了这面旗帜,并通知麦金塔团队拿赎金来取旗。丽萨团队也不含糊,也像一帮"海盗"。麦金塔团队岂能乖乖就范?为了把海盗旗抢回来,卡普斯率领一支突击队,深夜偷袭,成功把旗帜抢了回来。

那一段时间,因为海盗旗的事情闹得公司上上下下沸沸扬扬。一些人担心,乔布斯的海盗精神会导致公司分裂。罗克认为:"升海盗旗这件事非常愚蠢,因为它是在告诉公司里的其他人:你们的工作不够出色。"但是,乔布斯不理会这些议论,那面海盗旗一直在楼顶飘扬直到麦金塔团队完成 Mac 研发。

乔布斯自己提倡海盗精神,他希望他的队员也具有海盗精神,就是叛逆、不服从权威。如果一个人看见乔布斯这位大老板就害怕起来,处处想讨好他,时时巴结逢迎他,这样马上就会被乔布斯看扁,严重者就可能被乔布斯炒鱿鱼。乔布斯真正欣赏的是有自己的思想、敢于发表自己意见的人。

其实,我很赞赏苹果公司这种寓研于乐的形式。科学研究是枯燥紧张的,过程之中失败远远多于成功,那么这种恶作剧式的娱乐,可以让人们放松身心,活跃气氛,从而激发灵感,提高创造能力。我在美国遇到不少国际知名学者,他们在现实生活中则显得非常单纯可爱,拿出时间专门写如何娱乐大众的书籍。中国的学者往往把研究看得太严肃,投身于这个严肃的职业,一辈子做苦行僧,自己没有得到什么乐趣不说,更可悲的是所做的研究也没有什么实用价值。

3.4 去除家族化

探讨苹果的成功经验,解读美国的企业文化,要立足于中国的现实才有意义。不管是办教育还是搞企业,中国人一般把人情放到第一位,用家族化的方式来管理,由此而带来了很多严重的问题,其中一点就是限制了杰出人才和引领世界的产品出现。

中国的企业或者事业单位,不论是国营的还是私营的,都程度不同地存在着"亲情网络"。特别是私营企业,大都是家族化的经营,公司主管把自己最信任的亲朋好友安排到公司来,安插在各个重要的岗位。这种现象司空见惯,公司的要害部门安排的都是七大姑八大姨,很多干脆就是夫妻店。结果就造成了这种现象,遇到事情只讲亲情,不管效率。更重要的是,公司不能聘用优秀的人才,有能力的进不来,没有能力的走不了,要不了多久整个单位成了死水一潭,最后的结局只有一个:关门大吉。

根据有关统计,中国企业的平均寿命为 4 年,而日本的为 30 年。乔布斯的苹果公司已经快 40 年了,仍然是世界上最有价值的企业之一,充满着活力、创造力,不断推出新产品。更值得注意的是,苹果公司也没有因为乔布斯的过世而式微。他们能做到这一点,其中一个奥秘就是,去除家族化管理,公司的每一个职位都让最合适、最优秀的人才来担当。打造一家永葆生命力的公司,这是乔布斯生前努力的目标,事实证明他做到了这一点。

企业寿命的长短与家族化之间有着密切的联系。如果苹果公司一开始就走家庭化的道路,恐怕它早已经成为历史了,人们可能根本不记得 IT 行业史上曾经有过一家叫"苹果"的企业。

当今叱咤风云的苹果公司,是从私家车库的临时小作坊发展起来。对于乔布斯来说,那真是"想当初,老子的队伍才开张,总共有五六个人,七八张桌子,供货商追的我慌慌张张。"这五六个人就是乔布斯自己的老爸、老妈、妹妹、同学和沃兹。乔布斯最初这支队伍个个都是不二人选,因为那时他一没有资金,二没有场所,无法聘请到专业技术人才,只能靠亲戚朋友来帮忙。

乔布斯"家庭作坊"开张的原因是这样的,沃兹设计出一种电路板,拿到自发组织的家庭电脑俱乐部展示。其中一位经营电子商品店的老板,对这一设计很有兴趣,答应订购 50 套主板。这两位刚刚 20 出头的年轻人甭提有多兴奋了,他们的梦想终于实现了,可以拥有自己的企业!

可是,他们面临的第一个问题就是如何弄到第一笔钱,用来购买芯片和其他原材料。他们跑了几家银行,都扫兴而归,没有贷到一分钱。你想,谁会放心给他们贷款呀?两个没有任何创业经验的毛手毛脚的小伙子,连买件衣服倒饬倒饬的钱都没有,穿得邋里邋遢的就来贷款,银行职员一看就不放心。乔布斯的父母也帮不上忙,都是工人阶级,每月微薄的收入仅够养家糊口,没有任何积蓄。幸好,高中时期那个一起搞恶作剧的哥们艾伦跟他老爸一起凑够了 5000 美元,但是资金还有很大的缺口。

穷则思变,乔布斯也被逼出了一种特殊本领,那就是空手套白狼。他最后成功说服克拉默电子公司的经理,将零件预支给他们,账期为一个月。这就如同给自己下了一道军令状,乔布斯一开始就面临生死存亡的考验,家里男女老少齐上阵,周围能拉的朋友都拉来了。生产车间就是家里的车库,妹妹帕蒂的卧室也腾出来做仓库,厨房的桌子成了工作台。

科特基也来做帮手。他是乔布斯在里德学院的铁哥们,一起参禅,一起吸毒,一起到印度寻访精神导师。科特基还把他的女友伊丽莎白也叫上,伊丽莎白学过珠宝制作工艺,就负责焊接芯片。沃兹负责组装主板,测试效果。乔布斯前后张罗,哪里紧急就到哪里救火。

保罗最有大将风度,做起事来有章有法。他把修理汽车的副业先放到一边,全身心投入儿子的"创业"之中。他在车库里安放了一张长长的工作台,把一张组装电脑示意图挂在旁边的一块石膏板上,并把各种零件分门别类放在不同的抽屉里,上面贴好标签,以免弄错。他还用好几台高温灯自制了一个高温箱,用来测试主板在高温下连夜工作的状态。同时,保罗还有一个额外的任务,那就是控制乔布斯的急脾气。乔布斯一烦躁,保罗就会镇定地说"怎么啦?火烧屁股啦?"这会让乔布斯冷静一些。

乔布斯的母亲倒是觉得新鲜,从来没有见过这么多莫名其妙的零件,也不知道他们捣鼓出来的东西有啥用。老妈是自然的"膳食科主任",负责准备大家的饭菜,而且因为儿子是个素食主义者,得专门给他准备素食。

天道酬勤,乔布斯首战告捷。他通过施展高超的讨价还价技能,把零件的价钱压到最低,这次家庭作坊弄出来的电子产品盈利2万多美元。这在上个世纪70年代可是一笔大收入,那时候附近的一栋别墅也就是2万多美元的价格。它是乔布斯企业生涯捞的第一桶金。

如果按照中国人"打天下坐天下"的逻辑,那么当乔布斯的公司发展壮大、从车库搬出来建立正式公司时,苹果公司应该是自然采用"家庭化"的运作方式,因为它就是来自家庭作坊。从国人的角度来推测,公司的人事安排最有可能是:

  保罗——公司的顾问,质量总监。

  母亲——餐饮部的总经理。乔布斯的母亲克拉拉曾一度在别的公司当会计,会算账,所以还有一种可能就是做苹果公司的会计师,掌管账务,保证肥水不外流。

乔布斯——苹果公司的CEO。

沃兹——技术开发部主任。

帕蒂——环境卫生总负责。

科特基——后勤集团总管。

伊丽莎白——生产车间主任。

然而出乎人们意料的是,上述这些人大部分都没有跟进苹果公司。父亲在硅谷一家光学仪器厂找到一份工作,负责调试精密的激光仪器。母亲仍在其他公司做会计。乔布斯有自知之明,清楚自己那三脚猫的急脾气还无法运营一个公司,就先请来了马库拉兼任CEO,后来又找来了斯卡利。沃兹开始还舍不得丢下惠普公司的铁饭碗,只答应在苹果公司业余兼职,后来在乔布斯发动群众极力劝说之下,沃兹这才很不情愿地放弃惠普的位置,而且要乔布斯必须答应他一个条件,以后只管技术研发,不要让他涉入与人打交道的管理事务。沃兹专职于苹果公司后,一直只是一个中层的技术人员。科特基也未被重用,只是苹果公司的一个临时工,按小时给报酬,所以后来苹果上市的时候,周围的人一下子都成了百万富翁,就只有科特基一个人不是,他还是一个拿时薪的基层工人。乔布斯的妹妹帕蒂和科特基的女友伊丽莎白可能都去过自己的家庭生活去了,没有跟着乔布斯到苹果公司工作。

去家庭化是美国的企业文化。虽然在我们看来少了点人情味,但是这是保持企业竞争力所必需的。只有这样,才能招揽到最优秀的人才,保证企业的创新能力,不断开发出新产品,从而提高自己的竞争力,不仅在残酷的商业竞争中存活下来,而且能够发展壮大。最难能可贵的一点是,连创业者乔布斯都觉得自己尚不成熟,需要从外边请优秀的人才来担任CEO,更不要说别的职位的人选了,那些位置都得选择最优秀的人来担当。

苹果公司摒弃家庭化运作。要了解这一点,先看一看乔布斯的妻子劳伦如何行事。劳伦是斯坦福大学商学院的毕业生。斯坦福大学地处硅谷,是美国商业最发达的地方,所以它的商学院办得特别出色,在美国的大学排名一直数一数二,与哈佛商学院始终在伯仲之间。劳伦毕业以后,走向企业管理,那是再自然不过的事情了。按照中国人的逻辑,她在读书期间认识了乔布斯,毕业以后协助丈夫把苹果公司管理好,就是顺理成章的事情,再名正言顺不过了。因为苹果公司是私营企业,乔布斯有人事安排权的。但是乔布斯没有这样做,劳伦一直都没有参与苹果公司的任何管理。

乔布斯和妻子劳伦合影。劳伦是斯坦福大学商学院毕业生,然而她从没有涉足苹果公司的任何管理事务。劳伦一方面管理好家庭,另一方面也与人合伙成立了一个健康食品公司。

劳伦是一个很独立的人,她要有自己的事业。在斯坦福大学读商学院的时候,她曾在一家公司兼职,帮助他们做了第一个营销方案。即使跟乔布斯结婚以后,劳伦也不是想着享受富婆的生活,而是建立了自己的公司,制作有机素食食品,配送给北加州的很多商店。后来劳伦还参加了一个慈善组织,帮助那些家境贫寒的人读大学。

劳伦可以说是中国那些傍大款女性应该学习的典范。中国的年轻女性应该从她身上学习点儿什么?人是一种特殊动物,如果一个人穷得只有钱了,每天都在发愁如何把钱花出去,那日子一定不好过!一个人必需要有事做,否则就会无事生非。每个人都需要一种属于自己的成就感。

劳伦并不是一个只专注自己事业的妻子,她在生活上给予了乔布斯强有力的支持。劳伦和乔布斯的合作方式,很值得中国人借鉴。

总的来说,苹果公司建立的前期,乔布斯的业绩并不怎么出色。苹果公司的技术开发主要靠沃兹,乔布斯的管理最后弄得一塌糊涂,以至于最后不得不离开苹果公司。然而,乔布斯人生最华丽的乐章是他1997年回归苹果公司后上演的,这背后的因素很多,其中一点就是他的背后有了一个"温柔的高人"——妻子劳伦。

在每一款苹果产品推出之前,乔布斯都要举办一个新闻发布会。他的演讲与苹果新产品一样,令人期待,一般是在新产品上市之前四、五个月举行,令大众翘首以盼。与其他的企业家相比,乔布斯有一个独特的优势,就是他令人拍案叫绝的演讲,他每次演讲都很轰动,广告效果极佳,以致每次新产品上市的前一天,苹果专卖店前都有彻夜排队等候的现象,这是一种特有的品牌文化现象。

任何精彩的背后都是艰辛的劳动。演讲的每一页幻灯片乔布斯都要改上六七次。劳伦就担当第一观众的角色,在每一次演讲前,都要陪丈夫准备几个晚上。乔布斯把每页内容都做成三种不同的幻灯片,然后让劳伦选择出最好的一个。

公司里的人事变动,劳伦从来不参言,然而对于乔布斯个人的升迁劳伦则会给出意见。乔布斯第二次入主苹果时,起初是以"临时总裁"的名义。到了2000年,在乔布斯的得力领导下,苹果已经东山再起。去掉乔布斯这个CEO前的"临时"二字,是众望所归。乔布斯征询劳伦的意见,劳伦也认为如果变成了正式的CEO,更有利于实现丈夫的所有设想,特别是苹果可以进军计算机以外的市场。乔布斯最终做出了决定,接受正式任命。俗话说,当局者迷,如果有个贤内助,一个人在关键时刻做出正确选择的可能性就会大很多。

乔布斯的社交活动很多,事情一多就照顾不过来,劳伦也为丈夫想得很周到。2010年,乔布斯的好友——歌星波诺因背部受伤取消了演唱会,劳伦寄给他一个礼品篮,里边有止痛膏、自家花园里采集的蜂蜜等,还让乔布斯附上了一个纸条,上面写着:"止痛膏,我喜欢这玩意儿。"劳伦的细心周到,使得乔布斯这位大老板在外人看来很有人情味。

乔布斯是个工作狂,不仅经常忘记别人,也时常顾不上自己。2005年,乔布斯50岁生日。美国人跟咱们差不多,重视生日,逢10周岁一大庆。这次劳伦自作主张,张罗安排。以前生日时邀请的主要是企业界的名流,这次则主要是亲密的朋友和同事,贵宾中有苹果公司和皮克斯动漫公司的顶梁柱拉赛特、库克、克劳、鲁宾斯坦等。生日派对安排在旧金山的朋友家中举办,请来了著名大厨爱丽丝·沃特斯,精心烹制了苏格兰的鲑鱼、北非名菜,还有各种时蔬。乔布斯的50大寿生日晚会温馨而隆重,充分展示了劳伦这个贤内助的能力和智慧。

平时,劳伦不会到乔布斯的公司里去,因为身份敏感,怕影响其他员工。然而,当苹果新产品上市的第一天,乔布斯和劳伦就会一起一大早来到帕洛奥图的苹果专卖店,庆祝丈夫的新成功,营造大众的兴奋气氛。劳伦对于分内分外的事分得清楚:公司内部的管理运作是她分外的,所以从来不去掺和;然而公司的成功则是"分内"的,她可以一起与丈夫分享喜悦。

劳伦的管理才能在乔布斯病重期间充分显示出来了。2009年初,乔布斯病情恶化,需要肝脏移植。情况危急,如果两个月内乔布斯得不到肝源,那么就会危及性命。劳伦先是在加州排队,按照正常的情况就会来不及。她又从朋友那里得知,可以同时到田纳西州排队。在乔布斯生命危在旦夕之时,终于得到了好消息,可以到田纳西去做肝脏移植。那段时间劳伦在家随时待命,一接到消息,就跟丈夫乘飞机来到当地医院。乔布斯的手术还算顺利,然而术后的各种不良反应接踵而至。劳伦不仅要协调手术师、营养师、麻醉师,而且还要自己负责监控整个治疗过程,她整天待在病房里,警惕地盯着每一台监视器。劳伦每天早上七点醒来,收集相关数据,录入到电脑内,上班时与大夫一起研究治疗方案。这期间乔布斯不慎把麻醉剂吸到肺里,几乎丧命。劳伦安排乔布斯的亲人一一来见,包括他与前女友生的女儿丽萨、乔布斯的胞妹莫娜,还有劳伦自己这边的兄弟姐妹。这些亲人的探视从精神上鼓励乔布斯战胜病魔。

可以说,乔布斯从2009年3月接受肝脏移植到2011年10月病逝,他这两年多的生命多亏了劳伦。在这期间,乔布斯领导苹果公司又做出了很多产品,包括iPad和iPhone 4。世界上所有享用到这些产品的人应该感谢劳伦。

劳伦虽然自己想做一个一般人,但是因为跟她结婚的人不一般,所以她自己也变得不一般。2010年秋,劳伦在华盛顿见到了一些白宫的朋友,得知奥巴马要到硅谷访问,就建议总统去见一下自己的丈夫。奥巴马答应了,他这次硅谷之行特意留出半个小时,安排在旧金山机场的威斯汀宾馆与乔布斯会面。劳伦应该也是为了国家利益而考虑的,平时在与丈夫的交谈中,肯定聊到美国企业的创造力问题,意识到丈夫在这上面的真知灼见,因而想借助总统的影响力把丈夫这些好建议付诸实施,推广到全国。

在崇拜权威的华人世界里,不论是谁,能被国家最高领导人接见,那还不脸上放光、蓬荜生辉?当事人一般还会把合影照片放得大大的,镶在镜框里,恭恭敬敬地挂在家里最显著的位置上,来炫耀自己,让别人觉得自己不一般。

然而,乔布斯就是乔布斯,他反而来了牛脾气,对劳伦背着他做出这种安排很不高兴,说他不想去见奥巴马。乔布斯的理由是,这种安排显得太随意了,只是好让总统说他见到了一个CEO。乔布斯那意思就是,总统不够重视见自己这件事。劳伦强调说,"奥巴马真的很想见你。"乔布斯反问道:"如果真的是那样,奥巴马应该亲自打电话提出邀请才对。"不管劳伦如何解释,乔布斯始终拒绝见奥巴马。如果中国历史上有这么一位拒见皇帝的人,肯定要载入史册了。

这下劳伦可真遇到难题了,怎么跟白宫那边交代呢?说自己的丈夫嫌规格不够正式、不太受重视就不见总统了,然而总统的行程岂是随便更改的!这个僵局持续了五天,劳伦怎么也说服不了丈夫。劳伦后来想出一个办法,把在斯坦福大学上学的里德叫回家,让他来劝说爸爸。这一招果然奏效,乔布斯最后态度软下来,还是见了奥巴马。

2011年5月的一天,也即乔布斯去世前5个月,盖茨听说乔布斯身体已经很虚弱,自己驾车从西雅图来看望这位"亦敌亦友"的乔布斯。盖茨回忆到:"我们都谈到自己的妻子,我大笑着说,他能遇到劳伦是多么幸运,是劳伦让他保持了一半的心智健全。而我能遇到梅琳达,也让我保持了一半的心智健全,也很幸运。"

人们常说,家庭是精神的港湾,在外边工作累了,遇到挫折了,回到家里可以抛锚停泊。其实对于干事业者来说,最理想的妻子是给你智慧、理智,减少你的疯狂、偏执,让你在关键时候做出正确的选择。

3.5 灵感的源泉

不论是哪个行业，能取得杰出成就者都拥有非凡的洞察力，能够看出不同事物之间的联系，从不相关的现象中获取解决问题的灵感。牛顿看到苹果落地想到万有引力定律，爱因斯坦从电梯升降想到相对论，都是这方面的经典案例。乔布斯这一能力也十分突出，他的创造力也来自其非凡的洞察力。

乔布斯从植物中寻找设计电脑的灵感。乔布斯重新掌管苹果后，要为iMac电脑设计一款新颖独特的造型，可是苦苦找不到满意的方案。这天，乔布斯早早回到家里，心中还是惦记着这个问题。他把设计师乔尼叫过来，一起漫步于自家花园，边走边商议。妻子劳伦种了很多向日葵，这时正值开放

乔布斯从向日葵中寻找到设计电脑的灵感。

的季节。俩人都沉浸在思考之中,突然看到灿烂的向日葵,乔尼灵机一动,说道:"把屏幕和底座分离开,结构就像向日葵那样,怎么样?"俩人都非常兴奋,开始画起了草图。他们都喜欢用自己的设计来表达一种理念,他们意识到,向日葵造型能传达出平面显示器的流畅性,并显示它的出色人性化特点,就像向日葵随着太阳转动那样。

在乔尼的设计中,iMac屏幕连着一个铬合金活动支颈。这样整个显示器不仅看上去像向日葵,也能让人联想到动漫《顽皮跳跳灯》中小台灯的俏皮个性,"跳跳灯"就是拉塞特为皮克斯设计的第一个动漫主角。此时,乔布斯在皮克斯的动漫艺术制作经验也派上了用场,把动漫台灯的灵感应用到了电脑设计上。乔布斯还为这一项设计申请了专利。因为受向日葵的启发,乔尼和乔布斯设计出了最有创意的台式电脑造型,比其他公司的同类产品显得更优雅、更艺术。

乔布斯看到厨房用具,也会悟出电脑设计的灵感。斯坦福大学购物中心有一家很大的百货商店,叫"梅西(Macy)",是美国的一家全国著名的连锁店,我在斯坦福大学读书和访学期间常去逛这家商店。这也是乔布斯经常光顾的地方,但是乔布斯去的目的不是买东西,而是来观赏厨房用具的造型,寻找电脑设计的灵感。有一次,乔布斯在梅西的家用电器部闲逛时,那些厨艺公司生产的精致的加工机械触发了他的灵感,他决定用一个光滑的箱子装电脑,并用轻便的模制塑料制作箱子。

一个星期天,乔布斯又来到梅西百货商店,开始琢磨各种日用品,特别着迷于厨艺公司的产品。第二天上班时,他冲进办公室,让设计团队买了一台厨艺公司的电器,然后根据它的轮廓、曲线、斜角作出一系列的设计。比照着一个厨房用具来设计电脑,恐怕这也是世界上的首创。普通人可能万万想不到,精美的苹果电子产品有厨房用具的

这是一把普通的水壶,但精美的苹果电子产品也有这些厨房用具的"基因"。

"基因"。

除了厨房用的炊具外,乔布斯还对各种各样的工业设计感兴趣,以寻找灵感,并培养自己的审美趣味。乔布斯着迷于理查德设计的台灯,伊姆斯夫妇设计的家具,还有拉姆斯设计的博朗产品。这些产品有一个共同的设计理念,既造型优美,又不浮华,而且还充满着乐趣。苹果公司的电子产品设计一次又一次地打破了本行业的沉闷局面,这与乔布斯博采众长的追求和独具慧眼的能力密切相关。

电子产品专卖店自然也是乔布斯常去的地方。索尼的电子产品设计风格世界闻名,独特而令人难忘。虽然后来乔布斯逐渐摒弃了索尼灰色调的工业设计风格,然而在上个世纪八十年代初期,乔布斯也非常欣赏索尼的设计风格。他经常到苹果公司附近的一家索尼办事处闲逛,拿一些免费的宣传资料,琢磨人家产品的设计特点。后来,干脆把那里的一位工作人员聘用到苹果公司来,便于咨询索尼的设计特色。

热爱汽车是很多美国人的特点,然而乔布斯琢磨汽车造型仍然是为了设计好自己的电子产品。乔布斯深受他父亲的影响,对经典汽车的造型十分熟悉。一次他与费里斯讨论电脑的设计时说:"我们应该设计一款经典的外形,永远不会过时,就像大众的甲壳虫那样。"费里斯不同意:"不,外形应该性感诱人,就像法拉利那样。"乔布斯改变了注意:"应该更像保时捷。"不知道的人一听,还以为他们两个是在谈论汽车制造呢。

的确,汽车和电脑都是工业设计,有相通之处。一个周末,阿特金森来了,乔布斯就把他带到外边去欣赏他那辆保时捷。他认为,伟大的艺术品不必追随潮流,它们应该引领潮流。乔布斯还十分赞赏奔驰车的设计,车身的线条柔和,细节之处都很用心。

乔布斯身上流淌着德国人的血液,成长于德国人的家庭。可能是从小受德国文化的潜移默化,他对德国的审美情有独钟。他在麦金塔研发团队的办公楼大厅里放了一辆宝马摩托车,目的就是想让摩托车的优雅设计风格感染那帮工程师们,希望能把这种审美意识融化到他们的电脑设计之中。

他也对奔驰汽车大加赞赏,他长期开的一辆车就是奔驰。如果不是因为体积太大,估计乔布斯也会在办公室放一辆大奔,供大家观赏学习。他最欣赏的博朗电器也是德国制造。最重要的是,前期苹果产品的设计都是艾斯林格做的,他是工业设计大师,乔布斯把他的公司从德国搬到加州来,专门为苹果做产品设计。

乔布斯在大厅里放的两件东西,一架贝森朵夫钢琴,一辆宝马摩托车,因为他觉得,如果员工们迷上了这些高雅的工艺风格,就会不自觉地体现在自己的电子产品设计中。

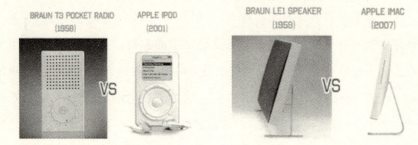

苹果产品具有德国的血统。上图是上个世纪50年代德国博朗半导体产品与苹果电子产品的造型对比。

乔布斯对周边的事物观察也十分敏感。阿特金森是视窗技术的先驱,开始他设计的视窗的角都是直角,乔布斯坚持应该改成柔和的圆弧状。阿特金森说这样很奇怪,乔布斯告诉他现实生活中到处都是,先指给他看房间里白板、桌子面都是圆角矩形的,然后带阿特金森到外边走了一圈,发现车窗、广告牌、街道指示牌都是如此,才走了3个街道就发现了17种这样的例子。阿特金森心服口服,很吃惊自己平时没有注意到这些,最后决定屏幕上的对话视窗都改为圆角矩形。

既要学习别人成功的经验,又要吸取别人失败的教训。乔布斯和乔尼在巴黎的一家厨具店闲逛时,悟出了产品的设计、功用和制造这三者之间的内在联系。那次,乔尼看中了一把刀,把它拿起来,但是看了一下就失望地放回去了。乔布斯也顺手拿起来一看,直摇头。为什么他们如此反应?因为他们都发现了刀把和刀片之间有一丝粘胶的痕迹,认为好的设计被制造厂给毁了,这种制作工艺给人一种一用就断的

阿特金森是视窗技术的先驱,开始他设计的视窗的角都是直角,乔布斯坚持应该改成柔和的圆弧状。乔布斯告诉他现实生活中到处都是,先指给他看房间里白板、桌子面都是圆角矩形的,然后带阿特金森到外边走了一圈,发现车窗、广告牌、街道指示牌都是如此。阿特金森心服口服,很吃惊自己平时没有注意到这些,最后决定屏幕上的对话视窗都改为圆角矩形。

不安全感。谁愿意看到自家的刀是被粘接起来的?他们都认为这个问题很严重,这种设计制造会破坏刀具的"纯粹"本质。用过苹果产品的人都知道,苹果产品最讲究的是纯粹和浑然天成。

处处留心皆学问。乔布斯领导下的苹果公司之所以能设计出美轮美奂的电子产品,很大程度上因为他能够洞察不同事物的审美联系。

3.6 散步谈业务

乔布斯有一个习惯，非常值得国人学习，那就是从不在饭桌上谈业务，重大的事情都在散步中讨论解决。

乔布斯是世界上最富有的人之一，跟他打交道的人非富即贵。他与这些达官贵人在一起的时候都吃些什么，如何款待客人，招待客人的规格是什么，这些都很值得关注。现在的中国人已经形成了一种集体无意识，没有饭局不办事。所以，乔布斯招待人的方式可以让那些只知道以吃喝解决问题的人"非同凡想"一下。

先看看 IT 行业的两个风云人物见面时吃什么。

过去很多年里，盖茨都是《福布斯》"世界富豪榜"上的第一名。盖茨是什么分量的人，由此可见一斑。他来中国，不是国宴，就是地方最豪华的宾馆招待。可是他见了乔布斯，整个沦落成了一个受冷落的叫花子。

1987 年夏天，乔布斯邀请盖茨来谈业务合作，希望微软给他的 NeXT 电脑编程序。盖茨从西雅图驾车来到乔布斯位于帕洛奥图的公司总部，他一看表，正好 11 点，不早不晚正准点，他们约好就在这个时候见面。可是乔布斯左等不来,右等不来,盖茨只好独自一人无聊地在乔布斯的办公室里走来走去。盖茨猛一抬头,从办公室的玻璃墙看到不远处车间里的乔布斯跟这个聊聊,跟那个拍拍肩膀,有说有笑,好像没有与什么人相约一样。整整把盖茨一个人晾在办公室半个小时后,乔布斯这才慢慢悠悠地出来见他。乔布斯也没有一句道歉的话,给盖茨的就是一罐胡萝卜汁,中午也没有留盖茨吃饭。他们开始谈话已经上午11点半了,谈完话后早过了午饭时间,盖茨是饥饿难忍,立马外边买些快餐填填肚子。

不知道乔布斯是有意怠慢还是无心招待,总之他为这种方式对待盖茨付出了惨重代价:盖茨拒绝为乔布斯的新电脑编写软件,致使这款电脑与很多市面软件不兼容,一出来销路就很糟糕,没有打开市场就夭折了。

乔布斯从来不用豪华的宴席去吸引人,去感动别人,即使很重要的场合也是如此。1988年10月,NeXT电脑新闻发布会将要召开。乔布斯一方面精心准备演讲稿,另一方面核查邀请人名单,亲自制定午餐的菜单。乔布斯选择的菜单包括:矿泉水、牛角面包、奶油乳酪、豆芽。这在咱们中国人看来,就显得很小气,甚至让人觉得有些怠慢客人。我在美国也经历过不少宴请,即使最简单的也比乔布斯这个丰盛得多。

美国人招待客人是很简单,以实惠不浪费为原则,然而乔布斯的招待是简单中的简单。这种风格可能受他饮食习惯的影响,乔布斯是素食主义者,有时候几天只吃一样青菜,他可能觉得世界上的人的食欲都跟他一样简单。

乔布斯有时候招待人的抠门程度,甚至都叫人觉得他的品德有问题,是在卖假人情,占别人的便宜。1997年,乔布斯想重回苹果,因此得先跟时任苹果公司CEO的阿梅里奥套近乎。尔后他们在当年2月份签订了一个协议,公司请乔布斯重新回来工作。签好协议后,乔布斯兴高采烈地宣布:"你跟我出去喝瓶好酒庆祝一下!"结果,阿梅里奥从家里带了一瓶1964年的白马庄和一瓶蒙哈榭,每瓶价值为300美元左右。而乔布斯则选择了附近的一家素食餐厅,餐费外加服务小费共72美元。最后,阿梅里奥的妻子还评价道:"乔布斯真有魅力,劳伦也是。"乔布斯就有这个本事,用小花费买大人情。

现在让我们来欣赏一下乔布斯重新掌管苹果公司的第一顿大餐是什么。那一天,他把全公司的人都召集到礼堂开会,庆祝他的回归,乔布斯叫公司给大家提供的食品是啤酒和素餐。大家用餐的时候,乔布斯自己则穿着短裤,光着脚在公司园区溜跶,根本没有把吃当回事儿。

乔布斯即使有意拉拢别人时也不在吃上花费太大。iPod 发行后,他要建立一个网上音乐商店。此时,他渴望说服索尼公司的音乐总裁拉克同意把索尼的音乐纳入进来。有一次,乔布斯到纽约出差,住在四季酒店顶楼的套房里,隆重地邀请拉克来做客,这次肯定不能再是招待盖茨的那种胡萝卜汁了。乔布斯特意为拉克和自己订了一份早餐,显得十分热情,服务员端上早餐一看,就两样东西:燕麦片粥和草莓。拉克事后不仅没有抱怨,还承认抵挡不住乔布斯魅力的诱惑,最后还是答应合作。

不论大小场合,乔布斯在吃上没有花样,不能根据场合变化来调整自己的饮食风格。2010 年 2 月,乔布斯受邀来到纽约,同《纽约时报》等出版界的大鳄餐叙,晚餐在一家亚洲餐厅里举行,共有 50 名报业集团的高管参加。乔布斯不管这是亚洲餐厅,也不管菜单上有没有,点了一杯芒果汁和纯素意大利面,也不怕难为餐馆。不过从这件事我们也可以看出,乔布斯招待人的规格虽然不高,但是并不是小气,自己招待别人如此,被别人招待也是如此。乔布斯不是那种吃别人尽量吃贵的,花自己的钱时就尽量买便宜的人。

乔布斯一生中经历过的规格最高的招待可能是 2011 年 2 月的一次。说它规格最高,看看参加的人就知道了:贵宾是总统奥巴马,邀请陪同的人员有谷歌的施密特,雅虎的巴茨,脸书的扎克伯格,思科的钱伯斯,甲骨文的艾莉森,基因泰克的莱文森,奈飞的哈斯廷斯等。在全世界 IT 界能否选出比这更强大的晚宴阵容,不敢说;然而在美国则是不可能比这更强大了。自然,乔布斯高度关注这次晚宴的食品。白宫那边的负责人多尔拟定好了一个菜单发给乔布斯,包括这么几道菜:虾、鳕鱼和扁豆沙拉。虾和鳕鱼在美国相当普遍,我在那里读书期间,是个穷学生都能买得起,不算稀罕。即使这样,乔布斯还向多尔抱怨,这太过花哨。菜单中有一道甜点,是用松露巧克力装饰的奶油派,乔布斯反对,就擅自把它从菜单上划掉。但是白宫的先遣人员又把它加上了,因为这是总统的最爱。这也可以看出乔布斯的固执,甚至说是不谙世故,他就不想一想,白宫那边建议的菜单会不会是有为总统饮食习惯的考虑?再说,多花这点钱对他来说又算得了什么?

乔布斯的饮食习惯是不讲究名贵,但要讲究货真。2011年3月 iPad 2 发布会后,乔布斯精神焕发,跟劳伦、里德和他的同学、艾萨克森一起到四季酒店来吃午餐。乔布斯那时候的病情很严重,胃口很差,但是也许是兴奋吧,真的想吃点儿东西了,他点了现榨果汁,结果把果汁退回去了三次,每次都说是瓶装的,不是鲜榨的。我在美国的时候也很爱喝果汁,即使名牌的果汁,也是又好又便宜,可以当水喝。现榨果汁的味道明显有别于瓶装的,像四季酒店这样的大餐厅,很讲信誉,一般不会在这上面做手脚的,更何况他们知道眼下服务的是一位赫赫有名的大人物,怎敢轻待?我的推断是,乔布斯的味觉不好,加上性格易烦躁,有意无意在挑剔。但是不管乔布斯怎么样挑剔,酒店服务人员百依百顺,第四次端上来的这一杯终于让乔布斯勉强满意。

乔布斯不讲究吃饭的规格,跟他极少在饭桌上谈论业务的习惯密切相关。工作上的重大事情,乔布斯最喜欢在散步中商议解决。每到关键的时刻,乔布斯都喜欢与当事人散步,边走边讨论。所以乔布斯邀请跟谁散步,那他一定是在那一时刻被乔布斯认为最重要的人。

1983年3月,乔布斯来到纽约,劝说百事可乐总裁——斯卡利来担任苹果公司的CEO。他们就在世界著名的纽约中心公园里散步,边走边聊,不知不觉走到了大都汇博物馆,俩人一路上谈艺术谈得非常投机。虽然这次会面没有完全达成协议,但是乔布斯给斯卡利留下了良好的印象,为最后决定担任苹果公司的总裁做好了铺垫。

1985年,乔布斯又邀请斯卡利散步,不过地点换到了斯坦福大学的后山,角色也发生了转变:这时斯卡利是苹果公司的总裁,乔布斯则是被公司抛弃的人。因为与乔布斯合不来,斯卡利在全体董事会成员的支持下,剥夺了乔布斯的一切职务,使得乔布斯不得不离开自己创办的公司。乔布斯想通过这次散步,说服斯卡利让他留下,甚至提出大胆的设想,让斯卡利把公司总裁的位置让给他。结果,乔布斯无功而返。在那里读书和访学期间,我也非常喜欢在斯坦福大学后山那条路上散步,环境都是原生态,山路崎岖蜿蜒,朝海湾的方向可以远眺斯坦福镇、旧金山海湾,还有开阔的养马场、背面远处重山叠嶂的红杉树大森林。

1997年,乔布斯想回归苹果公司,又邀请当时的公司总裁阿梅里奥一起散步。在帕洛奥图镇上,俩人走了一个又一个街区,乔布斯提出想加入苹果董事会。在街区转了几圈之后,他们回到了乔布斯的家。正赶上劳伦和孩子们回来,他们热情拥上来,让阿梅里奥觉得自己就是乔布斯一家的老朋友。阿梅里奥跟其他很多人一样,在散步过程中,完全陷入乔布斯的个人魅力"磁场",深深地被他的旺盛精力和热情吸引住了。乔布斯也利用阿梅里奥之势顺利返回苹果,并且很快取而代之,成为苹果的掌门人。

乔布斯重掌苹果公司大权后,做的第一个重大决策就是使苹果与微软之间由对抗走向合作。先是盖茨和他的首席财务官马菲一起到乔布斯家里来讨论合作方式,等到接下来的一个周日马菲一个人来时,刚一到乔布斯家里,乔布斯就从冰箱里拿出两瓶冰镇矿泉水,一人一瓶,带着马菲到附近的街区散步。他们都穿着短裤,乔布斯光着脚丫子,一起在街区散步。他们在一个教堂前坐下来,乔布斯就直奔主题:"我们现在心里想的就是,希望微软为Mac开发软件,再给我们一笔投资。"这次的散步非常成功,苹果撤去了之前对微软的诉讼,使得微软免去了法律纠纷的烦恼;而微软不仅答应为苹果电脑开发软件,而且还作为投资人为苹果注入资金,使得微软这位竞争对手彻底变成合作伙伴。这就是乔布斯离开苹果十几年历练出来的大胸怀、大视野!

乔布斯一生做的最有意义的事情之一,就是促成迪斯尼与皮克斯的合作。

乔布斯一生做的最有意义的事情之一,就是促成迪斯尼与皮克斯的合作。皮克斯是乔布斯投资、策划的高科技动漫公司,精彩迭出,活力四射,然而全球知名度不够,影响了它作品的发行。迪斯尼是动漫世界的老大哥,但是不思进取,坐吃山空,过去十年乏善可陈,致使公司岌岌可危,濒临破产。所以,两家合作就是双赢。迪斯尼这边的代表艾格来到库伯提诺的苹果公司总部找乔布斯谈论合作的事,乔布斯就邀两人在苹果园区走了很久,后来又来到大街上,一直步行到阳光谷的艾伦公司的度假中心,一路上商议合作的事,终于敲定迪斯尼买下皮克斯公司。这是全世界娱乐界的一大利好消息,为无数的少年儿童带来了更多快乐!

提高产品质量是提高竞争力的最有效途径。乔布斯第二次入主苹果,大刀阔斧改变产品结构,改善产品的质量。所做的重要事情之一是把性能比较差的摩托罗拉的芯片换成英特尔的。可是英特尔公司的要价太高,开始两家谈不拢。乔布斯就邀请英特尔的CEO欧德宁来到斯坦福,他们沿着校园的小径,一路漫步到后面的山丘,边欣赏校园的美景,边谈业务。散步的开始就是故事的开头,到散步结束时,双方都可以接受的价格就出来了。苹果产品口碑好,就跟这次谈判有关。

乔布斯喜欢散步中说事,国人则喜欢饭桌上海聊。欣赏苹果产品的人,首先要学会"非同凡想",可以考虑今后的一些业务谈判不妨学习一下乔布斯的"散步说事"。

散步说事,有八大优点:

第一,锻炼身体。不仅可以防止"三高",而且也可以把已经有"三高"的人治好。

第二,成本最低。你看乔布斯,很多时候一瓶矿泉水就可以解决大问题了。

第三,避免单调。边走边欣赏风景,还可以碰上一些趣闻轶事,令人赏心悦目,心旷神怡。

第四,不会冷场。一时想不到合适的话题时,可以观赏一下风景,说一些眼前看到的事情。

第五,消除尴尬。面对面难以启齿的问题,可以在走路中以不经意的方式说出来,而没有面对面那种难为情。

第六,目标集中。散步最理想的是两个人,那么你就会找最关键的人来说事,不会让闲杂人员打扰。

第七,头脑清醒。重大的决策需要考虑周全,头脑清醒可以做出最明智的选择。在室外散步,空气清新,氧气充足,思维能力也会提高,有利于做出正确的决断。

第八,拉近关系。不管你走到任何地方,遇到什么人,两人散步显得这个世界上只有你们两个的关系最近。这就使很多跟乔布斯散步的人觉得他很有亲和力,因而难以拒绝他的要求。

相应的,饭桌海聊有七大缺点,大家不可不谨慎。

第一,有害健康。很多人的"三高"都是这样吃出来的。

第二,影响美观。现在不少男士,因美食太多,运动太少,年纪轻轻就大腹便便,像怀了几个月的孕似的。

第三,成本很高。坐下来吃饭,少则几百,动辄上千,甚至过万。今天别人求你,办事请你,明天你求别人,办事得请别人,造成了"人间不了情",增加了各自的负担。

第四,人多嘴杂。吃饭的时候,都要拉些不相关的人陪坐,正经事情往往不方便谈。

第五,时常尴尬。大家都面对面,你表情的任何变化都被别人关注,所以常有拉不下面子说话的感觉。

第六,判断失准。吃饭少不了喝酒,更少不了劝酒,吵吵嚷嚷,即使很简单的事情也难以想清楚。

第八,掺合人情。很多正事大事,一旦有人情搅进来,就会走斜。你请别人,对对方就会有更高的期待;别人请你,你就欠了别人的人情。这样就不能在平等的基础上谈正事。

"吃请"和"请吃"已经成为很多人生活不可分割的一部分,就像抽烟抽上瘾一样,改起来不容易。然而既然很多人能够把烟戒掉,非同凡想一下,换一种生活方式也不是不可能的。苹果已经成了高科技的时尚,那么学一学它的设计大师——乔布斯的工作方式绝对是一件有品位的事。

此外,美国普通人的饮食风尚也有值得我们借鉴的地方。我在美国也经历了不少饭局,有丰富的,有简单的。但是不论主人准备什么让客人吃,美国人都有个习惯,从不抱怨吃的好坏,更不以吃的好坏来评价主人。

质量不打折扣

3.7

苹果产品走俏的秘诀是质优价高,让消费者觉得物有所值。而中国传统经商观念,则是强调价廉物美,薄利多销。要做到"价廉",往往只能保证商品的外观美,而以牺牲质量为代价。在美国,凡是"Made in China"的东西,给人的第一反应就是"便宜",质量就只能"相当凑合"了,结果它成了"质次价廉"的代名词。那么这些质量差、数量多的中国商品,也就只能"薄利多销"了。中国要真正拥有自己打入国际市场的品牌,就必须彻底改变这种自甘"二流"的传统商业理念。

先讲一个餐饮的话题。我去年在斯坦福大学访学期间,常到住处附近的一个购物中心买东西。那里有紧挨着的两家餐馆,一家是中餐馆,一家是日本餐馆。日本餐馆的价钱要高得多,一餐最少就得十几块美金,而在中餐馆花上三五美金就可以吃饱。然而日本餐馆常常是熙熙攘攘,生意红火;中餐馆则是门可罗雀,常常就是一两个顾客在吃饭。看到中餐馆的惨淡经营,确实令人心酸。在质量上,日本餐走的是中高端路线,食品精致,装潢考究,环境优雅,不仅对中产阶级以上者很有吸引力,而且也是那些约会的年轻人喜爱的地方。然而中餐往往走的是中低端路线，瞄准的是黑人和墨西哥人，当然还有华人自己，食品做工粗糙，油腻味重，桌椅随便，装修俗气，所瞄准的这些人群多为社会的底层，特别是经济不景气的时候，首先影响到的是这个人群，自然就影响了他们的生意。

与日本餐馆相比，意大利、法国风格的餐馆价位更高，他们经营的不仅是风味，更是档次。有一个令人费解的现象是，别看这些餐馆价格昂贵，然而生意却持久稳定，常常是一个城市的特色餐馆。他们讲究的是质量，卖的是品牌。

苹果公司打败别的公司的秘诀就是以质量取胜。在 iPod 出来之前，市场上的音乐播放器有很多种，价格虽然便宜，但是存储量小，下载速度慢，操作笨拙，电池使用时间短，而且外形也不美观。然而，iPod 相较于其他产品，可以存 1000 首歌，下载速度快三倍，一次充电可以连播 10 个小时，用料考究，设计精美。它的价钱虽然比其他产品都贵，但是这些极富有吸引力的特征，让其他同类产品黯然失色。

乔布斯和拉斯金是苹果公司内部同时期两款电脑研发团队的主管，但是他们的设计理念恰好相反。乔布斯主张，在研发产品的过程中，不要太顾及价钱，只要把产品做好就行，集中精力追求"终极完美"。什么叫"终极完美"？就是不受现实条件约束的理想追求，就是乔布斯"扭曲现实力场"指引下超越人们想象的满意。然而，拉斯金则颇不以为然，声称单考虑性能毫无意义，必须先设立一个价格目标，然后计算成本，去掉那些不必要的功能，并且任何产品设计都要首先考虑科技的发展水准，看有没有技术上实现的可能性。

按照拉斯金的做法，先设立一个价格目标，如果想最大限度地盈利，就必须降低材料成本。他的具体做法是，用只有 5 英寸的小屏幕，内装非常便宜的微处理器——摩托罗拉 6809，这样来做，自然产品性能也相对落后。拉斯金的初步设想是将 Mac 控制在 1000 美元以内。乔布斯则强烈要求换上性能强劲的摩托罗拉 6800。最后，拉斯金只能郁闷地妥协了。

拉斯金在电脑设计理念上相当保守,缺乏超前意识和人性化考虑,不欣赏图形界面,也反感用鼠标取代键盘的做法。拉斯金还发表了一通现在看来相当酸腐的设计理念:

我们组的有些人,追求用鼠标完成所有的操作,而且还滥用图表。在所有人类语言中,图标是一种很让人费解的符号。人类发明表音文字是有原因的。

拉斯金倒是很像一个语言学家。但是他忘了一个关键区别:语言是人与人之间的交际,电脑是人与机器之间的交际。语言交际可依赖的条件很多,如语境、语调、表情、手势等;然而电脑则是冰冷的,只能图示才能显示出它的温情,直观形象的图形便于记忆操作。所以,乔布斯认为拉斯金是个"自命不凡的理论空谈家",并没有意识到界面的价值。乔布斯的一个特点是,敢作敢当,说干就干,先挖走了拉斯金的强将阿特金森,自己又招了些精兵强将,随后接管整个Mac项目的管理权。拉斯金一气之下离开了,这倒对麦金塔的研发起了积极作用。

最后乔布斯的设想得到了骨干阿特金森的支持,采用了功能强大的处理器,这样就可以支持绚丽的图形效果和鼠标使用。乔布斯追求卓越的精神永不懈怠,决不制造垃圾电脑。

拉斯金的想法是电脑行业的"价廉物美、薄利多销"经营理念的代表。他想要的是内存小,处理器差,使用磁带存储,没有鼠标,图形效果也很糟糕。这样做是可以把价格压到1000美元左右,很适合中低阶层的人群,帮助公司赢得市场份额。但是在科技领域,任何落后的科技技术,不论多便宜,必将被淘汰出局。试想一下,现在如果哪家公司还出一款电脑,用的内存4GB,还是用老式磁盘,就是价格定在100美元一台,都不一定有几个人买。电脑产业最讲究的是与时俱进,采用最新科技,落后一代的产品,只能砍头处理。

事实证明,拉斯金的理念就像落后一代的电脑一样,免不了被淘汰出局。他后来去了佳能公司,制造了他理想中的电脑,名字也很滑稽,叫"佳能猫"。这是一个彻头彻尾的败笔,没有人想买。然而乔布斯就是凭着自己对"终极完美"的追求,一次又一次地改变了电脑行业的风景线。

苹果公司体现的是乔布斯的精神:他们的目标从来都不是为了打败竞争对手,或者是狠赚一笔,而是做出最好的产品,甚至比最好的还要好一点儿。乔布斯强调的是,质量好,定价合理,而不是靠自己的质量优越趁机勒索顾客一把。他的这一营销理念特别反映在 Mac 的定价上。根据质量和性能,乔布斯定的价钱是 1900 美元一台;然而从卖糖水的公司——百事可乐请来的总裁斯卡利,只有一个商人的头脑,觉得钱赚得越多越好,把每台电脑又加价 600 美元。乔布斯大为恼怒,说这将毁了 Mac。所以许多年以后,乔布斯认为苹果被微软超越,就是因为斯卡利太贪心,把价钱订得不合理地高,致使失去了竞争力。

还有一个跟拉斯金的设计理念差不多的人,就是奥斯本。他主张:"够用就好,多出来的功能都是浪费。"乔布斯嘲笑说,这种想法是可怕的。1981年,拉斯金设计出了一款便携式电脑,屏幕只有 5 英寸,内存不大,运行状况还可以,但是很快就被无情地淘汰。

在产品设计上,乔布斯身上体现的是对完美主义的疯狂追求,这就决定了他不会在产品质量上做出妥协,也决定了他会明确反对两点:一是为了让产品及时面世,在设计存在缺陷的情况下仓促投入生产;二是为了压低价格,就拼命压缩成本,用劣质元件制作产品。

有人说中国人时间观念不强,这话并不准确,因为在有些方面特别强。中国人强调,时间越短完成一件事情越好。新闻媒体经常报道,某个工程提前多少多少天完成。反映国人这一理念登峰造极的案例是 1958 年的"大跃进"。不讲究质量,以牺牲质量而缩短工期,往往会造成巨大的浪费,甚至是灾难性的后果。经常看到国内一个庞大的建筑,哗哗哗几个月就盖成了,可是没过几年不是这里坏,就是那里有毛病,有些甚至成了危房而不能使用。

所以中国的房子经常是扒了盖，盖了扒，一个地方每隔几年就要重新折腾一次。然而，美国的房子则讲究精雕细刻，很讲究质量，盖成就可用上百年。不管是生产商品还是盖房子，讲究质量是最大的节约。

乔布斯领导的Mac研发团队，则把上市的日期一推再推，比预计的时间晚了许多。乔布斯的口号就是：即便错过了上市日期，也不能粗制滥造。直到上市，产品才算是完工。乔布斯能做到这一点，最难能可贵的是，他在非常时期也坚持这个信条。他在领导研发Mac电脑时，曾和丽萨电脑团队打赌谁先成功，赌注为5000美元。因乔布斯注重质量，所以打赌输了，但后来的事实证明，还是质量战胜了速度，丽萨的性能不佳，一出来就命运多舛，因为没有销路，很快就停止了生产；Mac性能好，又采用了界面视窗，一直持续生产了十多年。

Mac研发过程中还有一个细节值得注意。Mac的运行程序是由赫兹菲尔德负责，程序已定于1985年1月16日交付运行，可是距离这个期限只有一周的时候，他们发现程序还存在一个毛病，大家意识到他们无法按时完成。此时的乔布斯已经来到曼哈顿的君悦酒店，正在联系各家媒体的采访事宜。乔布斯与软件小组的电话会议就在13日上午举行。赫兹菲尔德和其他工程师围着电话，屏住呼吸，听小组经理向乔布斯报情况。他们只要求将期限推迟两周。沉默了片刻，乔布斯并没有生气，相反，他用冷静低沉的语调告诉工程师们："你们做得很棒！"接着乔布斯又补充道："这个软件系统你们已经辛苦了好几个月了，再多两个星期也没有什么。你们要出色地完成它，我到时候会在上面刻上你们的名字。"

这就是乔布斯的过人之处，知道什么时候该急，什么时候急不得；什么时候发火，什么时候不能发火。

在质量上追求终极完美，是苹果公司的成功之道。

识人用人

乔布斯解雇人从来都不心慈手软,也不会优柔寡断,很多时候都是就地免职,不给对方留一点情面,也不给对方任何解释的机会。那么,能不能简单地认为乔布斯冷酷无情呢?

一天,乔布斯回到家里,看到欢快的孩子们,心里突然很伤感,因为这一天他解雇了一名员工,想到他家里也有孩子在期待着爸爸回来,他该如何面对孩子呢?然而为了打造一个世界上最有创造力的公司,乔布斯必须保证一个一流人才的团队,所以他对不称职者就不能心慈手软,否则就会逐渐"让笨蛋充斥公司"。

2011年,乔布斯病重期间,克林顿登门拜访。他们讨论了当前政治和经济的糟糕局面,乔布斯认为全世界都缺乏强有力的领导,说他对奥巴马很失望,因为他的领导方式出现了问题,不愿意得罪人,没让那些不称职者滚蛋。乔布斯还对克林顿自豪地说:"我从来没有这个问题。"

要想少"伤感",就得把好招聘关。为了避免个人的偏见和误判,公司进人时,除了要见部门经理外,还安排应聘者去见公司的其他高管,诸如库克、泰瓦尼安、鲁宾斯坦、乔尼等。招聘的职位如果很重要,乔布斯还要亲自面试应聘者。最后,大家再到一起讨论是否录用此人。

关于人才,乔布斯有一通很有启发性的言论:

> 在生活中的大多数情况下,"最佳"和"一般"之间大约相差30%。无论是品质一流的飞机还是最棒的美食,它们也只是比平均水准高30%。但是当我见到沃兹时,我认为他比普通工程师要优秀50倍。很多要开会解决的问题在他脑子里就完成了。Mac团队就致力于成为一个全部是沃兹这样的一流选手的团队。人们总是说这些天才跟别人合不来,他们不喜欢团队合作。但是我发现,一流选手喜欢跟一流选手共事,他们只是不喜欢跟二流选手在一起罢了。在皮克斯公司,整个公司的人都是一流选手。当我回到苹果,我决定也这么试一下。首先就需要一个协作的招聘过程。当我们招聘时,即使那个人要去营销部门,我也会让他与设计部门的人以及工程师们聊聊。我一直把奥本海默视为榜样。我知道他在组建原子弹项目小组时的招聘要求。我没有他那么优秀,但这是我希望达到的目标。

乔布斯有一点做得非常了不起,就是从来不因个人的恩怨解雇任何人。相反,他很赏识那些敢于顶撞他的、有自己见解的员工。长期跟乔布斯工作的人都知道,如果你相信自己是正确的,可以向乔布斯抗辩,假如他觉得你有道理,他反而会很尊重你。多年来,无论是在乔布斯的生活圈子还是工作圈子,其核心的成员都是强者,而不是谄媚者。任何领袖,如果身边都是这种人,必定能成就一番大事业。

一天,乔布斯冲进了一名工程师的小隔间,说他做的东西是"狗屎"。这位工程师反驳道:"不,这是最好的办法。"然后解释自己的理由,当时乔布斯点头同意。然而正因为乔布斯的挑战,那名工程师后来找到了一个更好的解决办法。阿特金森这样评价道:"这意味着你可以反驳乔布斯的意见,但也应该认真听他说的话,因为通常他是正确的。"

外表上，乔布斯给人的印象常常是气势汹汹、飞扬跋扈，然而他绝对不是一个暴君，而是一个充满激情的、可爱的领导。在乔布斯管理 Mac 团队期间，团队的同事们设立了一个"年度最能勇敢顶撞乔布斯的人"奖。这一半是玩笑，一半是认真。

第一年的这项大奖授给了乔安娜，她是一位脾气很大、意志坚强的女性。有一天，她发现乔布斯不顾事实随意改变了她的市场规划，她愤怒地冲向了乔布斯的办公室，在楼梯口正巧碰见乔布斯的助理，嘴巴里还喊着："我要杀了他！"最后乔布斯还是让步了。

第二年的这项大奖被黛比荣获。黛比从来不在乔布斯的面前改变自己的信念，也不牺牲自己的原则，总是据理力争。更难能可贵的是，乔布斯不仅没有对黛比有看法，反而越来越尊重她，不断给她晋升，最后黛比被提拔成公司制造部门的负责人。

现任苹果公司 CEO 的库克长期跟乔布斯共事，他是最能理解乔布斯的。库克说道："我很早就意识到，如果你不说出自己的意见，乔布斯会把你赶走。他会采取对立的立场来激发大家讨论，讨论得越多越深入，就会找到更好的解决办法。如果一个人不敢挑战乔布斯的想法，那么就无法在苹果公司待下去了。"

这就是乔布斯的过人之处，他不因别人提不同的意见而不高兴，也不会由此记恨在心，更不会伺机报复。话又说回来，做不到这一点的领导也就做不大。正应了那句话："有容乃大"！

为了保证公司能够生存下去，乔布斯裁员从来不心慈手软。他做过两次大裁员，第一次是皮克斯动漫公司陷入经济困境的时候，第二次是刚刚回到苹果公司，那时公司已经到了破产的边缘。他这时候变得异常冷酷而毫无同情心，既不考虑解聘者的感受，也不对他们经济上做任何补偿，而且还是在没有任何预警的情况下突然宣布裁员。

如果一个团队研发的产品失败了，乔布斯马上就会解雇有关的负责人。

丽萨电脑一出来就没有市场,很快停止了生产。乔布斯决定撤销丽萨研发团队,1/4员工被裁员,剩下的并入麦金塔团队,而且规定任何人不得担任麦金塔团队的高层领导。这样做已经够不给对方面子了,乔布斯还用语言去羞辱他们:"你们失败了,你们是二流的团队,二流的人才。因此今天我解雇你们中的一部分,让你们有机会到硅谷的其他兄弟公司去体验。"乔布斯这种做法确实太冷酷,太不近人情,他也为此付出了沉重的代价,因为这种粗暴的行为导致众叛亲离,自己成了孤家寡人,最后连乔布斯自己也不得不离开公司。

1997年,乔布斯重新回到苹果,首先解散了董事会。马库拉是原来的董事会成员,被乔布斯要求辞职。乔布斯的这一行为似乎出自个人恩怨,挟私报复,因为当斯卡利把乔布斯驱逐出苹果公司时,马库拉"背叛"了乔布斯,站在了斯卡利一边。

现在乔布斯又回来了,马库拉知道这是他该离开苹果的时候。当被斯卡利驱逐出苹果时,乔布斯对马库拉的背叛感到很痛心,因为马库拉平时对乔布斯关爱有加,乔布斯一直很信任他。但是,乔布斯并不是那种得意便猖狂的小人,借机羞辱报复马库拉。相反,在请马库拉从董事会辞职的那天晚些时候,乔布斯一个人开车到马库拉家里亲自解释安抚。

乔布斯喜欢散步中谈论最重要的事情。如往常一样,他建议同马库拉去散步。马库拉回忆道:"乔布斯告诉我他想要一个新的董事会,因为他想重新开始。他担心我会很难受,而我却没有,这样他才松了一口气。"

正因为乔布斯没有那么绝情,还专门来看望马库拉,马库拉又给乔布斯支了一个高招:"在个人电脑方面,苹果无法与微软争雄。你必须做些其他东西,比如其他消费品或者电子设备,必须像蝴蝶一样华丽转身。"苹果最近十几年的辉煌都是沿着马库拉的策略一步一步走过来的。

实际上,乔布斯辞掉马库拉主要是为了公司的发展,让公司有一个新的董事会,好轻装出发,以崭新的姿态重塑公司。幸好,马库拉也能理解乔布斯的决定。2010年,在苹果产品的发布会上,乔布斯还请回了马库拉、沃兹这些功勋元老回来一起庆贺。只要对公司作出真正贡献的人,乔布斯永远会记着他们,尽管他们中间也有些解不开的小疙瘩。然而对于公司毫无益处,甚至人品不好者,如斯卡利、加西这种人,乔布斯则是非常绝情,一旦认定就从此绝交,终生不见。

乔布斯的识人用人术也充分体现了他的"非同凡想"精神,这可供中国的政府和企业管理人士借鉴。东西方领导在辨识人才上存在着重大差别,而人才又是事业成败的关键因素。现在就让我们看看乔布斯识人用人的独到地方。

标准一、有没有叛逆精神。

面试年轻的应聘者,乔布斯经常会问两个问题:"你吸食过致幻剂吗?你还是童男吗?"大家不要错以为乔布斯是在考察对方的道德问题,他是认为从对这两个问题的回答和反应中可以看出对方是否有叛逆精神。如果应聘者回答"没有吸食过""还是童男",甚至局促不安,面红耳赤,就会给乔布斯一个很坏的印象,乔布斯很有可能拒绝聘用。因为乔布斯认为这种循规蹈矩的孩子是不会有大出息的。

标准二、手中有没有硬货。

这个"硬货"就是指有没有让公司发展的科技创新。乔布斯的用人策略是技术和人一起购买,举两个例子:现在电脑普遍使用的视窗技术原本是施乐公司的一位工程师发明的,乔布斯不仅把技术抢来,还想方设法把那位工程师也挖了过来。现在普遍使用的触摸屏技术,原本是美国东部一个普通大学的两位教授发明的,乔布斯也是连人带技术都弄到了苹果公司。

标准三、有没有激情。

面试者过五关斩六将,通过了所有主考官的审查后,乔布斯会把他们带到一间办公室里,中间是一张大桌子,桌子上是一块用布盖着的新款电脑。乔布斯会突然把布掀开,观察应试者的面部表情和肢体动作。如果应试者眼睛一亮,露出惊讶好奇的神态,甚至情不自禁地把玩鼠标、键盘,依依不舍,那么乔布斯就会立即拍板聘用。相反,应试者如果没有兴趣,漠不关心,那他就很可能在最后一关被乔布斯拒用。

标准四、有没有冒险精神。

敢不敢尝试眼下看起来不可能的事,是乔布斯任用人的一个标准。前文提到的鼠标技术的发明过程就是这方面的一个典型例证。任务下达给第一个工程师,他连试都没试,就说不可能,立刻被乔布斯炒了鱿鱼。接着乔布斯召见第二位工程师,这位则连说"我们能做",最后也确实做到了。

标准五、敢不敢与领导顶嘴。

乔布斯最受不了拍马溜须、唯唯诺诺者,一个人一旦被乔布斯发现是这号人,那就完了,准备着卷铺盖走人吧。相反,乔布斯很欣赏那些敢于发表自己见解,特别是那些敢于顶撞他的人。乔布斯很爱与人吵架,而且每次都是咆哮、暴跳如雷,然而乔布斯的过人之处就在于,他从来没有因为任何人跟他吵架而利用自己的权势给那人穿小鞋,甚至把那人赶走的,一次都没有。

与乔布斯相比,中国的管理者差距立见。中国这些领导往往喜欢听话的,乖巧的。这样过一段时间,围绕干部身边都是些善于拍马溜须、阿谀奉承者。长此以往,如何能够提高单位的活力和创造力?中国人聘用喜欢拉帮,这样各个单位、企业就会形成各种各样的"帮"或者小圈子,诸如老乡帮、同学帮、战友帮,内部一团和气,相互照顾,互利互惠,然而整个企业单位就会丧失创造力,损害竞争力。这是一种根深蒂固的文化,改起来很难,然而要提高创造力,就必须意识到这是个需要改进的问题,这种聘用风气有害创新精神。

用人和解雇是保证一个企业生命力的两个不可分割的方面,就像任何生命体需要新陈代谢那样重要。一个生命体,如果只有进没有出,就会很快撑死;如果只有出没有进,就会很快饿死。处理好招聘和解雇至关重要,乔布斯的做法对中国很有借鉴意义。

3.9 能力重于学历

苹果公司招聘人才,只看能力,不看学历,更不问你手中有什么证书。这是由公司的性质决定的。试想一下,乔布斯管理下的Mac研发团队,招的都是名校毕业生,斯坦福、麻省理工这些名校的博士、硕士一大堆,然而过两年啥也弄不出来,大家只有喝西北风了。苹果更不会花钱,请一些知名大学的教授来做公司的顾问,给公司撑面子。

计算机行业的两个风云人物——乔布斯和盖茨都是大学辍学,还有一些知名度比他们俩略低一些的IT大腕也是放弃大学学位直接工作的。微软现任总裁鲍尔默是盖茨的哈佛大学同学,他倒是读完了本科,但是他在斯坦福大学商学院只继续深造了一年的时间,盖茨就请他去协助经营微软,尽管鲍尔默的父母坚决反对,但他还是决定放弃学业就加盟微软了。

为什么会出现上述这种现象?这跟电子产业的特性有关。它是一个日新月异的行当,产品和技术一年半载就会更新换代,有能力不及时用,有创意而不尽快变成产品,很快就会落伍掉队,甚至永远找不到"大部队"。

一次乔布斯面试一个伯克利加州大学的二年级本科生,发现这个学生很有创造力,公司当时正需要这种人才,决定聘用他,可是这位大学生想读完大学以后再来工作。乔布斯劝道:"拿学位的机会将来还有很多很多,然而你一生中改变世界的机会可能就眼前这一次。"这位大学生最终被乔布斯说服,决定暂停学业,加盟苹果。

沃兹的经历告诉人们,一个人没有学位时反而更富有创造力,而读了大学拿了学位不一定行。沃兹只在美国非常普通的科罗拉多大学读了一年本科,这个大学在美国就是二三流的。后来他转到自己家门口的社区大学——迪安扎学院继续读书,这类学校就相当于中国的职业技术学院,在美国还不是正规大学。我在斯坦福大学读书时,经常路过这个学校,因为它的附近有一个中国食品店,每星期都去那里购物。我当时心想,那些来这里读书的学生该有多差呀,读完以后会有什么前途!想到这里,不禁对在这个学院读书的学生心生怜悯之情。今天才知道改写个人计算机历史的电子天才沃兹就曾是这个学院的学生,这让我十分震撼。

以貌取人,会有眼不识泰山;以校取人,则往往埋没人才。

乔布斯赚取的第一桶金就是靠销售沃兹设计的电路板。虽然沃兹设计的 Apple I 没有太大的反响,然而他后来改良出的 Apple II 不仅让乔布斯他们正式成立了公司,而且把个人电脑技术推向了那个时代的巅峰。在苹果公司刚成立的 10 年中,这款电脑是公司的顶梁柱。正是因为这款电脑的巨大成功,1980 年公司上市时,乔布斯和沃兹的股票价值一下达到 2.6 亿美元,那时他们还只有二三十岁。

沃兹在做出这些重大发明的时候,并没有任何大学学历。有了钱以后,他买了一架小飞机,一次在起飞时飞机失事,沃兹脑部受伤,部分失去记忆。康复以后,沃兹就隐名埋姓到伯克利加州大学读书,这可是所世界名校,1986 年拿到本科学位。可是用乔布斯的话说,沃兹在 1978 年之后再没有做出任何创造发明。

斯坦福大学的计算机学科在美国数一数二,苹果公司又是世界计算机行业的龙头老大,而且这两家还都在一个地方。按照常理,苹果凭借自己强大的经济实力,每年都会把斯坦福计算机学科最优秀的学生聘来,很快就会在公司里形成一个庞大的"斯坦福帮"。然而在苹果的发展史上,压根儿就不存在任何名校帮,没有能力再有名也不行,有能力则不管什么学校都聘用。

此外,不一定专业对口才能有创造发明。视窗技术的重要先驱者之一——阿特金森,原来是搞神经医学的,后来感兴趣计算机编程。乔布斯从施乐公司获得了图形界面设计,就让阿特金森负责设计改善这项技术。阿特金森发明了电脑视窗这项关键技术,就是屏幕上可以开不同的窗口,窗口之间可以覆盖叠加,当最表层的窗口被移动走之后,被直接覆盖的那个窗口的完整形状马上显示出来。这给人一个错觉,似乎窗口的叠加交错就像真实世界里的那样,其实这只是幻觉,它们是靠程序做到这一点的。这一发明是革命性的,让今天每一个电脑使用者都受益。

相比之下,中国单位招聘人才讲究的是专业背景,如果一个人不是科班出身,再有才华也不行,因为大家都会觉得他基础不牢,基本功不行。中国人在遴选人才上受农耕文明的影响很大,始终抱着"种瓜得瓜种豆得豆"的哲学,你学哪一行就只能干哪一行。在这种聘用制度中,就限制了那些跨学科的创新型人才,也就不会让原来搞神经科学的阿特金森来搞电脑软件,那么视窗技术很可能就不会被发明,起码发明会严重滞后。

乔布斯只读了一年的大学,而且所学的课程都是艺术方面的,诸如书法、舞蹈等。包括盖茨在内的很多人都认为,乔布斯不懂专业,只是个企业管理高手。然而,事实上盖茨是故意贬低乔布斯,其他人则是以讹传讹。乔布斯不仅懂电子学,而且是这个领域的发明大师,他有212项发明专利。虽然乔布斯的电子学专业知识和设计能力不是来自大学,但也不是天生的,概括起来,乔布斯主要通过下面这些途径获得必备的知识和技能:

第一,父亲修理汽车,里边有很多复杂的电子设备,乔布斯在观察和帮助父亲修车的过程中,获得了重要的经验知识;

第二,乔布斯从童年开始,一直家住硅谷,街坊邻里很多都是电子

学的工程师,从他们那里接触到新奇的电子产品,耳濡目染,逐渐培养了对电子学的浓厚兴趣;

第三,跟好朋友一起捣鼓电子元件,设计各种产品。对乔布斯影响最大的就是小电子天才沃兹,他们一起研制出可偷电话的蓝盒子。这些恶作剧式的、甚至是非法的"创意"设计,培养了他电子设计的经验;

第四,乔布斯曾参加惠普举办的暑期中学生电子设计夏令营,他设计出了自己的第一个电子作品,而且还受公司总裁休利特的赏识,得到了一份工作;

第五,民间计算机爱好者组织"家庭计算机俱乐部",对乔布斯影响极大,他从这里得到信息,获得灵感,开始自己的设计,并遇到了第一次商机;

第六,乔布斯在中学就学习了电子学课程,授课老师是一位大学教授,他从这门课中获益匪浅,既掌握了理论知识,又培养了动手能力;

第七,乔布斯大学肄业后回到硅谷,在电子玩具公司雅达利公司工作,获得了电子设计的直接经验;

第八,乔布斯到斯坦福大学物理系和计算机系旁听课程,系统学习了一些高级专业的知识;

第九,乔布斯在创业的过程中学习,这一点也许是最重要的。不论学历有多高,任何人的知识能力都不可能一劳永逸。所以走向工作岗位之后,善不善于学习,这能区分出人的卓越与平凡。乔布斯的"卓越"就是来自他创业中的"用心"。

乔布斯的经历对中国人很有启发。一个人获得知识、特别是能力的途径是非常多的,远不限于课堂,更不限于大学。在人的知识能力培养上,社会环境扮演着重要的角色,这与大学教育的重要性一点不差。

上面这些也可以回答一个问题,为什么乔布斯会产生在美国西海岸的硅谷而不是其他地方。

中国要出现具有国际竞争力的企业,必须在人才观上作根本的改变,在招聘制度上进行深刻的改革。

华人世界的单位或者公司,处处看学历,只感兴趣证书而不管能力。你有能力没有学历,对不起,资格不够,不予录用。很多人即使很有才华,为了一份工作,不得不再读几年的书,拿到学位证书才行。现在走得更远,光有毕业证书或者学位证书已经满足不了"时代要求"了,还需要各种各样的资格证书,什么四六级英语成绩,计算机级别考试,五花八门,不一而足。人们经常见到这种情景,一个来应聘的毕业生,除了带着自己的毕业证和学位证外,还要带上一摞各种各样的资格证书,用来证明自己的能力。

中国人的名校情结很重,不少大企业、大公司或者政府部门事先规定好一个下线,什么级别学校的毕业生才要,你不是这个圈子里的大学毕业的就不予考虑。一些自认为很牛的创新科技公司,还只招清华、北大这类国内名校毕业生,再请一些名校的教授来装点门面。可是钱投入了不少,但是多年不见动静,外人也不知道他们在做什么。

名校情结本质上是"死要面子"。虽然公司招聘的都是些名校生,但是他们的能力不一定就高,更保证不了他们可以研发出创意产品。还有一个现象,就是单位在聘用人才上进来容易出去难,大都缺乏新陈代谢的能力,要不了多久就会把一个单位"撑死""胀死"。一个公司或者单位,这种只有学历没有能力的人越来越多,就失去了活力和创造力,自然也就没有了竞争力。

这种讲出身的聘用制度还带来一个副产品,就是当今社会上文凭造假、花钱买学历的现象泛滥。假如观念改变过来,企事业单位只看能力,把业绩表现放在第一位,这种不正之风就会得到遏制。

新加坡在这上面走得更极端。大学一般是三年,到了第三年再根据学习成绩选拔一部分人读荣誉班,获得荣誉学位。到单位里工作,有荣誉学位证书者比一般大学生的工资级别要高一级,而且在获得荣誉学位的学生中,又根据学习成绩分为几个级别,他们工资待遇也有高低之别。这种制度下的学生怎么可能有创造力?这种招聘人才的企业怎么可能与苹果相比?

实事求是有碍创新

"实事求是"和"格物致知"都来自儒家经典，体现的是儒家教育思想。目前中国就有几十所大学的校训使用"实事求是"或者"求实""求是"这些字眼。中国人民大学的校训就是"实事求是"，清华大学核心区的一块石碑上刻着"格物致知"；这两个成语的意思很接近。然而不论是对科学规律的探讨上，还是在科技产品的研发上，"实事求是"的理念都是有碍科学进步和创造发明的。科学发现很多时候需要"脱离实际的想象力"。这种想象力往往来无踪去无影，是研究者凭借自己的直觉获得的。

一般说来，中国学生的想象力比较弱，创造能力比较低。这种状况与过于强调"实事"的教育理念不无关系。本节以乔布斯的"现实扭曲力场"为例，说明一定程度地脱离现实的"主观想象"对科技创新的重要性。

乔布斯的思维与众不同，突出表现之一是他的"现实扭曲力场"，这是一种让很多人说不清道不明的直觉思维。乔布斯凭借这种独特的能力成为了当代最伟大的科技发明大师。是这种"力场"让乔布斯白手起家创建了世界上最具有创意的企业，也是它使乔布斯指引着苹果的工程师们设计出了一件又一件让世界惊艳的产品。

陷入乔布斯的扭曲现实力场中是一件危险的事情，但也正是这种力场让他可以真正改变了世界。

那么，乔布斯的这个"力场"到底是什么东西？先看看乔布斯的同事们是如何感受他的这个"特异功能"的。

特里布尔这样认为："陷入乔布斯的扭曲现实力场中是一件危险的事情，但也正是这种力场让他可以真正改变了世界。"这里强调的是乔布斯的现实扭曲力场在发明创造中的重要性。

赫兹菲尔德则有自己的独到看法，他认为乔布斯的现实扭曲力场是几种因素的混合体，包含极富魅力的措辞风格、不屈的意志和让现实服从自己意图的热切希望。有时候，乔布斯会把别人的观点占为己有，甚至不承认他之前有过不同的想法，这会让别人猝不及防。在乔布斯身边工作的人，没有人可以避开这股力量。赫兹菲尔德强调的则是乔布斯自己的主观意志对别人的掌控能力。

还有一些人则把乔布斯的这种特质看成是一种欺骗行为。阿特金森说："乔布斯可以欺骗自己，这就让乔布斯可以说服别人相信他的观点，因为他自己已经相信并接受了这个观点。"除了欺骗自己，乔布斯还会欺骗别人。也有人认为，在某种程度上，现实扭曲力场只是把乔布斯喜欢说谎的特性换了一种好听的说法而已,事实上,它是一种复杂的掩饰行为。乔布斯可以完全不考虑事实而断言一件事情。这源于他对现实的有意蔑视,不仅对别人如此,对自己也不例外。

天性诚实的沃兹就惊叹乔布斯"现实扭曲力场"这种力量的效果,沃兹这样说:"当乔布斯对未来有不合理的想法时,他的现实扭曲力场就会起作用。你就意识到那是不现实的,但他就有办法让它变成现实。"沃兹说的是乔布斯制定任务是不考虑技术难度的,往往是凭主观想象办事。

还有一种解读是指乔布斯对现实的忽略或者说视而不见。如果现实与乔布斯的意愿不一致的话,他就会选择忽略现实,他的女儿丽萨出生前后就是这么做的。先是忽略女友克里斯安怀孕的现实,女儿出生以后,似乎这个小生命自己不承认就不存在了。多年以后,当乔布斯被诊断出患上癌症时,他也是这么做的,以为隐瞒不予理睬,病就不存在了。他为此付出了最沉重的代价,因为如果胰腺肿瘤被发现时马上切除,是很有可能根治的。如果那样,今天乔布斯很可能仍然在领导苹果公司研发新产品。

乔布斯的现实扭曲力场不仅影响个人,还可以影响整个团队。当 Mac 团队的成员陷入他的这个力场时,所有的人就好像被催眠一样,被乔布斯控制着,大家都是一样的激情,一样的信念,一个星期工作 90 个小时。乔布斯的现实扭曲力场是充满活力的,它能激励团队,创造奇迹,在掌握的资源远不及 IBM 的情况下,改变了计算机产业的历史。

在中国的政治文化生活里,一谈到"实事求是",马上就联系到"一分为二"。乔布斯也坚持"一分为二",但是与中国人的理解正好相反。在乔布斯的逻辑里只有两个值——"优秀"和"笨蛋",没有中间状态,一个人要么是天才,要么是白痴;一件产品要么是神奇,要么是狗屎。乔布斯只接受"天才"和"神奇"这两种东西,除此之外,什么都是垃圾。

在我看来,乔布斯的"现实扭曲力场(reality distortion field)"就是科学创造发明中的"感觉",它是智慧、灵感和经验的浓缩体。虽然它有点儿说不清道不明,有点儿来无踪去无影,然而不论在哪个科学文化领域,有没有这个感觉,能把人区分为平庸和杰出两类。一个人可以凭借这种感觉对一件事做出迅速的判断,能做不能做,该如何去做,做出的成果有多大。这种感觉既不同于胡思乱想,也不同于狂想,它是科学发明的洞察力和预见力。

那么,乔布斯的现实扭曲力场是无意识的行为,还是有意为之?最大的可能性是两者兼而有之。

家里的父母和小学的老师都把乔布斯当做"另类"孩子看待,所以从小他就觉得自己很特别。乔布斯曾经跟他的第一任女友克里斯安说过,他是被上天选中而受过启示的,自己属于很特别的那类少数天才,像爱因斯坦、甘地以及印度的那个精神导师一样。现实扭曲力场的根源在于乔布斯内心深处不可动摇的信念:世界上的规则只适用于凡人,而不适用于他这种特殊的人。用乔布斯自己的话说,他无视现实规则的信念还有更深层的原因,就是深深植根于他性格中的叛逆与固执。

有一个更为深刻的问题:为什么乔布斯的现实扭曲力场能够推动技术进步和创造出一个又一个伟大的产品?脱离实际的狂想,特别是胡思乱想加上专横跋扈,带来的往往是灾难性的后果。准确地说,乔布斯的这个所谓的"力场"跟胡思乱想是两码事,它就是通常所说的"大师的感觉",它是由天生的洞察力、长期经验总结的浓缩混合而成的,凭借直觉瞬间做出的判断。乔布斯从印度回来以后,对东方的直觉思维甚为赞赏,认为西方的理性思维有局限性。他有意识地吸取东西方两种思维的优点,最后形成自己独特的思维风格。

乔布斯的这种直觉思维靠两种东西来指引,一是唯美主义,二是人文关怀。这两种东西都与事物的规律暗合,所以他常常能够做出正确的判断。

乔布斯是个极端的唯美主义者,为美而疯狂。他判断一个产品,首先看它美不美。他要求产品的外观设计在先,工程设计在后,后者要服从前者。一个产品的设计,如果看起来不美,不管性能如何,乔布斯就会要求返工。为了让产品看起来美观,乔布斯去参加世界设计大会,学习意大利的审美思

为什么中国出不了乔布斯

潮,高价请来德国的工业设计大师。这种理念的背后是一条深刻的规律:美的东西常常是有规律的,反之,有规律的现象往往给人以审美观感。爱因斯坦对此深信不疑,他的著名能量公式与勾股定理一道被认为是有史以来最美的两个科学公式之一,而且爱因斯坦也常常以美来判断科学研究的公式定理是否正确。这就是为什么那些伟大的科学家、发明家往往具有超人的艺术品位的原因。乔布斯对视觉艺术、特别是听觉艺术具有极高的鉴赏力,这是他设计出伟大产品的必备素质。不可想象,一个没有艺术细胞的人如何能够设计出苹果这种让世界倾倒的产品!

此外,苹果产品集中体现了人文关怀,让人觉得好上手,可以随心所欲地摆弄。这是乔布斯鉴别技术优劣、提出技术要求的指导纲领。比如 Mac 首先发明图形界面,这更符合人们倾向于形象思维的习惯,可以满足人们对简单和效率的追求。以前的老式电脑都是暗色屏幕,字体都是绿色的,屏幕上看到的与打印出来的差别很大,于是他们就首先研发出"你看到什么,打出来也是什么"的计算机视觉效果。鼠标的发明已经向人性化迈进了一大步,可以用手来指挥电脑做事。然而早期的鼠标只能上下左右做直线运动,很不方便,乔布斯要求设计出可以随心所欲移动的鼠标,今天大家用的鼠标就是乔布斯这种现实扭曲力场所带来的科技创新。

那些缺乏人文修养、没有审美感的科学技术人员,往往在科学上难以有大成就。乔布斯的成功经验应该给我们的教育很大的启示,不能把学生培养得太"实在"了,更不能把理工科的学生弄得太机械、太程式化了,要让他们有一种艺术家的气质和灵感,只有这样才能做出伟大的创造和发明!

3.11 激发群众智慧

乔布斯的管理之道很多，其中之一就是不仅要雇用最聪明的人，而且要创造出最能激发群众智慧的工作环境。如果环境不合适，气氛不对，再聪明的人也没有用武之地。乔布斯深知大家交流观点，碰撞思想，最能激发出灵感的火花。他为此煞费苦心，想出了各种各样的办法。

在办公大楼的设计上，乔布斯首先考虑的是，如何增加员工之间每日碰面的机会。因为《玩具总动员》等一系列动漫的巨大成功，皮克斯获得了充足的资金，有能力建造一栋属于自己公司的独立大楼。拉塞特最初的想法是，建造一栋传统样式的好莱坞办公室，分工不同的部门都有各自独立的办公室，开发团队在一个单层建筑里办公。但是乔布斯不喜欢这样的设计，因为会造成各个团队之间的隔离感。他提出了自己的设计理念：一栋庞大的建筑的中间是一个大厅，每人进出办公室都要经过这个大厅，这样大家就会有更多的碰面机会。

当今信息时代，人们一天到晚坐在电脑面前，人与人之间见面谈话的机会越来越少，致使很多人都活在互联网的虚拟世界里。现在不少人持这样的观点,创意通过电子邮件和网络聊天就可以被激发出来。乔布斯却很不以为然,他认为,获得创意最有效的办法就是通过直接谈话或者日常的随机交流,比如你与某人邂逅相遇,你问他最近在做什么,说不定你就会很快蹦出一个好点子来。

基于这种理念,乔布斯要把皮克斯大楼设计成这样的一个场所:可以提高员工相遇的机会,增加大家交谈的机会,促使意想不到的合作。每天大家常做的两件事就是喝咖啡和取信件,乔布斯就把咖啡厅和信箱都放在中间的大厅里。公司里各级部门还经常开会,会议室也设在中间的位置,墙壁都是玻璃的,便于大家及时了解各自的活动,找到自己想见的人。

为了提高大家见面机会,乔布斯想得更绝,他想上厕所是每人每天必须做的事情,就建议在整栋大楼里只建造一个大的卫生间,一男一女,并与中间大厅连在一起,这样你不想见人也得见。但是有人提议这样太不方便了,最后乔布斯才做了妥协,增加了一个厕所。

我去过不少中国企业、公司和机关,他们的大楼盖得都很气派,老板和各级高管的办公室也十分豪华。国内这些建筑的设计理念正好与乔布斯的相反,每个办公室都是封闭式的、高度隐私的,可以让这些高管呆在自己的办公室一天不用出来。不少办公室还是套间,外边房间是办公的地方,里边房间是独自享用的厕所、浴室、卧室。这种设计对于这些高管来说,很舒适方便,也显示出自己与众不同的地位,但是滋长的是脱离群众的官僚主义作风,因为与人打交道越来越少,久而久之自己的思想也会僵化。

乔布斯留给苹果公司最宝贵的财富,不是那些具有革命性的具体某一款产品,而是一个具有长久生命力的管理方式。今天苹果公司继承了乔布斯的基因,集中了一批富有想象力的设计师和大胆创新的工程师,他们能够将乔布斯的理想发扬光大,再创辉煌。

如果乔布斯特别想雇用某个技术人才,他的做法也与众不同,不会在薪金上不断加码,而是尝试用激情去打动他。因为乔布斯明白一个道理,一个仅仅为了钱而工作的人是不会有真正的创造力的。一次乔布斯想挖施乐的软件工程师霍恩,可是另外一家公司已经给了霍恩一份条件更优厚的工作,外加1.5万美元的签约奖金。按照一般人的思路,乔布斯会给霍恩开出更高的工资和更多的签约奖金来吸引他,可是乔布斯不这样做。一个周五晚上,乔布斯给霍恩打电话说:"你明天早上必须到苹果公司来,我有很好的东西给你看。"第二天,霍恩疑惑地来到苹果公司,到那里才知道,乔布斯让霍恩看的其实就是一台新款电脑。乔布斯用极富激情的语言把它描述成"这是一台可以改变世界的令人惊奇的机器"。霍恩这样回忆道:"他想让我看到,整个项目必定会取得成功,方方面面都已经考虑周到了。我说,哇,这种对产品的狂热可不是每天都可以看到的。于是我签约了。"乔布斯的激情和强大的人格魅力让霍恩改变了决定,选择了苹果公司。

乔布斯有一个管理理念,就是要办好一个公司,公司的管理者必须对自己的产品有激情,纯粹为了赚钱的老板是无法管理好一个电子公司的。在乔布斯离开苹果公司期间,苹果的CEO像走马灯一样换了好几个,公司越办越糟,其中一个原因就是这些总裁缺乏对产品的激情,都是些一心只想赚钱的商人而已。乔布斯对盖茨的评价也是如此,认为盖茨没有伟大的作品,就是因为他仅仅是一个精明的商人,缺乏对产品的激情,缺乏创造力。

乔布斯懂得在轻松娱乐之中,人们的思维最活跃,最容易有创造的灵感。所以除了每星期在单位的例行周会上大家交换意见外,乔布斯还定期把公司骨干带到附近的风景名胜去搞集思会,他们白天讨论正事,晚上狂欢,篝火晚会,唱歌跳舞。

在管理Mac团队时期,每半年乔布斯就会带领团队,到附近的度假胜地举行两天的集思会。1982年的集思会在蒙特雷海湾举行,乔布斯走到黑板旁边,先写了一条:"决不妥协"。这里说的是不向质量"妥协",鼓励大家要设计出"最完美的产品"。此时Mac还需要12个月才能上市,远远落后于预计的日期。乔布斯要大家"即使错过了上市日期,也不能粗制滥造"。如果是别的经理,也许会设定一个日期,然后无论如何都要赶在这个日期上市。

乔布斯写的第二条就是"过程就是奖励"。乔布斯一直向大家强调,Mac团队是一支拥有崇高使命的队伍,大家应该把研发过程这段时光看作人生中最有意义、最有收获的时期。

在集思会上,乔布斯除了激励大家培养工作热情外,还要大家讨论下一步的发展,他的口号就是"永不知足"。在台式电脑 Mac 还没有发布之前,乔布斯就开始讨论笔记本电脑的概念。乔布斯讲话的最后,给大家构想出下一代电脑的蓝图:那是一台可以放在膝盖上的电脑,键盘和屏幕结合在一起,就像一个笔记本一样。现在人们觉得这个想法稀松平常,可是在那个时代却是一个了不起的创意。乔布斯说道:"这是我的梦想,在 80 年代中期造出这种电脑。"乔布斯这种总是想在前面的能耐,使得苹果公司能够永葆青春,引领科技新潮流。

表面上看,乔布斯说话常常气势汹汹,但是他并不霸道,实际上很民主,他经常鼓励别人自由表达自己的观点。斯卡利在来苹果公司之前,乔布斯邀请他参加了一次集思会。斯卡利看到,开始时大家自由交换意见,紧接着有人抱怨,最后发展成一场激烈的争辩,大家吵成了一锅粥。战火是由乔布斯燃起的,他批评丽萨项目组,说他们制造了一个失败的产品;对方回击道:"是啊!你们 Mac 电脑还没有上市呢!你为什么不等到自己的产品出来以后再批评别人?"斯卡利看到此时此景吓了一跳,因为在他的百事可乐公司,没有人敢这样顶撞董事会主席的。

接下来,众人开始责怪起乔布斯来了。这让斯卡利想起以前一位苹果公司广告业务员说的一个笑话:"苹果公司和童子军有什么不同?答案是,童子军有大人管着。"苹果公司就是一群没有"大人"管的"童子军",这里没有权威,所以可以自由思想,不断涌现创意。

苹果的成功说明一个道理,大家可以平等自由地交换意见,才能集思广益,最大程度地激发群众的智慧。那些等级森严的地方,比如美国的东海岸、日本这些地方的企业,是产生不了苹果这样的公司的。

除了民主自由的氛围外，优美轻松的环境也可以激发人的创造力。乔布斯认识到音乐在建立这种环境中的重要性，所以他要让工作场所充满着音乐的旋律，使大家在悠扬的乐声中放松自己的身心，放飞自己的想象力。1983年，乔布斯团队搬回苹果公司主办公区后，就在中间的大厅放了一台电子游戏机，还有一套东芝激光音响系统，购买了各种各样的音乐光碟。员工们工作疲劳了，就可以来这里听会儿音乐，玩一下电子游戏，彻底放松一下自己。脑力劳动确实离不开音乐，伟大的科学家、思想家往往酷爱音乐，音乐也确实能够激发人的想象力、创造力。

工作累了，喝点儿果汁什么的，也是一种很好的放松，为此他们的办公区也有一个厨房，里边的冰箱里有果汁等各种饮料。

人们看到的都是苹果的高科技产品，显得很神秘。其实他们的研发过程则充满了欢乐，有时甚至让人觉得很随意。在1983年的集思会上，台上放了一台Mac样机，乔布斯随手拿起一瓶矿泉水，洒在上面，算是给新成果洗礼。人群里立刻爆发出了巨大的欢呼声。接下来就是派对狂欢，有到游泳池裸泳的，有到沙滩上开篝火晚会的，整晚不停播放音乐，嘈杂了一夜。闹得酒店的老板都受不了，警告他们以后不再接待这种活动。这位老板可能不知道，这帮人的"疯狂"是为了改变世界。

一份辛勤，一份收获，成功的背后就是汗水。乔布斯自夸他的麦金塔团队一周工作90小时，团队成员黛比还制作了许多运动衫，上面写着"我们每周工作90个小时"。盖茨对此则颇有微词："乔布斯用自己超级蛊惑人心的方式，宣称Mac将如何改变世界，疯了似的让人们超负荷工作，气氛异常紧张，人际关系也很复杂。"但是乔布斯就相信天道酬勤，事实也证明这是有道理的。

乔布斯鞭策大家的另一种策略是，有敌人要上，没有敌人创造敌人也要上。孟子曰："国无敌国外患者恒亡。"敌人或者竞争对手是自己的磨刀石，可以砥砺自己的斗志，激发自己的创造力。在外边，乔布斯长期以来把IBM、微软作为商业上的敌人，在苹果公司内部他也很会开展劳动竞赛，人为地分出几个小组开展竞赛。初期就有麦金塔团队、丽萨和 Apple II 这三个团队，互相比谁最先研发成功，谁工作的时间最长，谁的贡献最大。促使公司内部各部门之间的竞争就是让公司显得有活力和创造力。

乔布斯曾经在《华尔街日报》上刊登整版广告，标题是："欢迎你，IBM。"他把 IBM 与苹果之间的竞争看做未来科技界的"大战"，用乔布斯的话说，就是"一个生气勃勃而又叛逆的公司与一家老牌巨头之间的较量"。他宣称："如果 IBM 赢了我们，计算机领域将进入长达 20 年的黑暗时代，一旦 IBM 控制了市场，进步和创新将会停止。"即使过了 30 年后，乔布斯在回顾那场竞争时，仍然把它看做一场神圣的技术大战。乔布斯的评价很尖刻：IBM 本质上是最差状态下的微软公司，他们不是创新的力量，而是邪恶的力量，就像 AT&T、微软和谷歌一样。

乔布斯精心打造出了"苹果文化"，从以下四个方面来保证公司的活力和创造力：

一、优美宽松的环境；

二、自由频繁的思想交流；

三、激情而投入的工作态度；

四、永远警觉的忧患意识。

科技与人文合璧

3.12

"非同凡想",这是克劳为乔布斯的苹果公司设计的广告台词。那么,乔布斯是如何想得跟别人不一样的呢?

纵观乔布斯的"科技人生"和"企业人生",与当今IT行业的其他风云人物,诸如休利特、帕卡德、戴尔、盖茨等这个级别的人比较,乔布斯更加清晰地认识到一个道理:

> 科技是手段,人文是归宿,只有为人文服务的科技才具有商业前景,也只有能够服务大众的科技才真正能够改变世界。

这一道理是他在被驱逐出苹果公司的10年中悟出来的。在这期间,他着力最大、投资最多、持续最久、最期待得到经济回报的是NeXT电脑。然而,即便不能说这项工程颗粒无收,也是一个大败笔,因为投进去的所有成本收回来的不到一个零头。然而让他得到意外惊喜的是他投资的电脑动漫公司皮克斯。虽然生产出来的可制作动漫的电脑并没有找到广阔的市场,然而他们的动漫《玩具总动员》却获得了巨大成功,风靡全世界,全球票房收入接近4亿美元。这使得乔布斯不仅在电子科技领域的投资损失全部得到了补偿,而且还有可观的盈利。

再看一看 1985 年乔布斯离开苹果公司之前的思路,就知道那时他还没有认识到科技与人文结合的重要性。那时乔布斯一门心思在研发性能更好、质量更优的电脑上,先是 Apple 系列,后是"丽萨",最后又转到 Mac。然而在激烈的行业竞争中,乔布斯呕心沥血研制的 Mac 被市场无情地冷落,使得他陷入十分被动的局面,导致他脾气失控,闹得公司上上下下怨声载道,最后被迫离开苹果公司。

乔布斯有了从磨砺中悟出的道理,在他重返苹果之后才能创造出一次又一次令世界惊艳的奇迹。特别是本世纪初期,当个人电脑陷入低谷,互联网泡沫破灭之时,乔布斯能让苹果脱颖而出,一枝独秀,靠的就是科技为人文服务这一思路。他首先设计出可以处理照片、影视、音乐为一体的 iMac,然后又推出照相、摄影、录音、播放音乐为一体的 iPhone,后来又发明了专门的音乐播放器 iPod,最近又开发出了简便易行、可阅读上网的 iPad。

当今世界正处于数字经济时代,跟以往的工业革命不同,今天对创造性的要求更加迫切。由于乔布斯的非同凡想,他成了这个时代创造力、想象力和持续创新力的终极标志。乔布斯深知 21 世纪创造价值的最佳途径就是创造性地将人文与科技结合起来。他创立的苹果公司就是驰骋想象力和促进科学技术的完美舞台。

乔布斯不是谁都可以仿效的企业楷模,也不是谁都可以学习的科技发明家。他为实现自己使命的激情,让人觉得就像被恶魔驱使一样,时常叫身边的人不解甚至绝望。他的个性、激情和产品是相互关联的,就好像苹果产品的硬件和软件一样,构成一个有机的整体。乔布斯的经历非常具有启发性,其中充满着创新、品质、领导力和价值观方面的因素。

要具有与众不同的思维,不是一个简单的口号和决心的问题,而是需要从小培养的思维能力。乔布斯的非同凡想与他的叛逆精神联系着,他的叛逆精神又体现在他的不畏权威上。这一点与儒家文化截然对立,孔子强调的是尊重秩序、服从权威,这一思想影响着海内外的华夏儿女,这是华人世界难出乔布斯这样人才的深层文化因素。

科技是工具,人文是目的。只有为人文服务的科技才能真正改变世界。这是一条被乔布斯的科技人生所证实的真理。

那种很早就偏科,自小只对理工感兴趣,不涉猎文科,甚至瞧不起文科的工科生是不会有大出息的。中国大学培养出来的理工科学生的创造力普遍较低,与他们人文素养比较差密切相关。

乔布斯小的时候,一直觉得自己是一个适合人文学科的人,同时他也很喜欢电子学知识。宝丽来的创始人兰德是乔布斯青少年时期的偶像,兰德强调一个人既要擅长人文学科,又要能驾驭理工科,只有这种人才能做出重大成就。打那时起,乔布斯就想成为这种文理双料人才。

乔布斯认为他的企业人生的最大特点之一就是文理合璧。历史上的伟大发明家、科学家都有这个特点,比如富兰克林、爱因斯坦这些人都是结合了人文和科学的天赋而产生了巨大的创造力。这种模式的创造力是21世纪创新型经济的关键因素。

今天人们都在谈创新,也都在尝试创新,然而创新并不仅仅是有了决心就行了。乔布斯的成功经验很值得人们学习借鉴,他是这样感想的:

> 苹果之所以能与人们产生共鸣,是因为我们的创新中深藏着一种人文精神。我们认为伟大的艺术和伟大的工程师是相似的,他们都有自我表达的欲望。事实上最早做 Mac 的最优秀的人里,有些人同时也是诗人和音乐家。

一次乔布斯与斯卡利在纽约的中心公园散步,斯卡利说如果他不从事商业将是一名画家,乔布斯则称自己如果改行将去当诗人。乔布斯身上的确很有诗人的气质,他把自己看做艺术家,这就不难理解他在产品设计中能够天马行空地驰骋自己的艺术家的想象力。

高中的最后两年,乔布斯既沉醉于电子世界中,又酷爱文学和创造性的娱乐活动。那个时候,除了阅读科技书刊外,乔布斯还喜欢听音乐,阅读莎士比亚、柏拉图的书籍,看《李尔王》《白鲸》以及各种诗作。到了大学,他一边到实验室管理电子设备,一边又去旁听书法课。不论是读书还是做科技发明,乔布斯总是有意识地将自己置身于艺术与科技的交汇处,感受两个领域的激情所带来的愉悦。在乔布斯领导下研发的所有产品中,都体现了这样一种天然的圆融:科技必须与完美设计相结合,产品的外观要美,手感要舒服,要把精致、浪漫和人性化结合在一起。

乔布斯领导下的科研团队,不仅仅是追求科技发明,还要体现人文关怀。在这种精神的感召下,Mac团队充满激情地要设计出一款完美的电脑,而不只是可以赚钱的商品。不仅乔布斯自己认为自己是艺术家,他也想方设法让他的团队成员具有艺术家的情怀。苹果的骨干工程师赫兹菲尔德说:"我们的目标从来都不是打败竞争对手,也不是狠赚一笔,而是做出最好的产品,甚至比最好的还要好一点儿。"这种理念很了不起!正是因为这种非同凡想的理念,苹果才成为世界上无可匹敌的企业。

乔布斯经久不衰的创造力来自他在科技和人文这两个领域的知识和兴趣。他30岁的时候曾担心,一个人会陷入自己的思维凹槽而不能自拔,从而失去创造力。然而乔布斯40岁再次入主苹果以后,其创造力似乎才被开发出来,做出了一个又一个伟大发明。其中一个原因就是,长期以来他始终坚持人文和科技两条腿走路。乔布斯热爱音乐、绘画和电影,同时也痴迷电子设计。数码科技的本质就是把人们对创意艺术的欣赏与伟大的工程技术结合起来。正是因为他坚持"人文"和"科技"两条腿走路,所以才总能先人一步,设计出改变世界的产品。

在2010年1月的iPad发布会上,乔布斯用最后一张幻灯片展示了两条街道的交汇口,那里竖着两个路牌,一个标志着"科技",一个标志着"人文",借此说明苹果公司能够走到今天靠的就是这两个领域的汇合。这是他人生的一个理念,在iPad上得到了充分的体现。他说道:"苹果之所以能够创造出iPad这样的产品,是因为我们一直努力融合科技和人文艺术。"在这里,艺术创意与科技发明完美结合在一起。

科技与人文的结合构成了苹果公司的文化基因,这不仅贯穿于乔布斯的企业管理中,也渗透到他的灵魂里。苹果的成功说明,要想在IT行业领风骚,只有科技是不够的。乔布斯如是评价科技与人文结合的重要性:

> 我们笃信,是科技与人文的联姻才能让我们心灵歌唱,后PC时代的电子设备尤其如此。各个公司都在竞争这一平板电脑市场,可是他们把它看成下一个PC,硬件和软件要由不同的公司制造。而我们的体验,以及我们身体中的每一个骨骼,都在说那种方式是不对的。这些是后PC时代的电子设备,需要比PC更加直观和简单易用,其软件、硬件和应用都要比在PC上更加完美的结合。我们不仅有合适的材料,而且还有合适的形式,来制造这种产品。

所有苹果产品都不是乔布斯一个人单独发明出来的,他只起到一个总设计师的作用,他的杰出领导能力把艺术和科技完美地结合起来,从而改变了世界,造就了未来。乔布斯欣赏图形界面的魅力,就以施乐无法做到的方式设计了Mac;他领会了把1000首歌装进口袋的快乐,就以东芝尽其全部资产都无法成就的方式创造了iPod。有些领导者通过改进全局去推进创新,有些则是通过把握细节来做到这一点,乔布斯则是两者兼顾,所以两全其美。正因为此,30年来,乔布斯领导下的苹果推出了一系列产品,改变了整个产业的面貌。

艾萨克森认为,乔布斯已经成为这个时代的企业管理者的典范,一个世纪以后还会被人记起。在历史的万圣殿里,乔布斯的位置就在爱迪生和福特的身旁。在这个时代,乔布斯超越众人,创造了极具革命性的产品,把艺术和处理器完美结合。他的粗暴既让人不安又让人兴奋,结果打造了世界上最具创造力的公司。乔布斯能在苹果的DNA中融入设计的敏感、完美主义和想象力,使之成为一个艺术和科技兼备的大公司,并且可以持续到很长时间以后。

让我们回顾一下,在过去30年里,乔布斯在各个阶段里程碑的产品所体现的人文情怀。

一、Apple II,采用沃兹的电路板并把它变成第一台不仅仅供业余爱好者使用的个人计算机,而且让电脑真正走向普通人家。

二、Mac,引发了家用电脑革命,并普及了图形用户界面,使得电脑一改以前的狰狞面目,变得和蔼可亲、便捷实用。

三、《玩具总动员》和其他皮克斯大片,开创了数字影像的奇迹,它们是科技时代的伟大艺术品。

四、苹果零售店,重新塑造了商品在品牌定义中的角色,拉近了科技与大众的距离,满足大众对高科技的好奇心。

五、iPod和iTunes商店,改变了大众音乐消费方式。让音乐产业重获新生,也让音乐创作得到经济回报,刺激了这个行业的创作热情。

六、iPhone,把移动电话变成了音乐、照片、视频、邮件和网络设备,让普通人感受到音乐、绘画、电影制作的乐趣,从而引起人际交流方式的革命。

七、应用商店(App Store),生成新的内容创造产业。

八、iPad,推出平板计算机技术,为数字报纸、杂志、书籍和视频提供了共享平台,从传统的纸质印刷转变到绿色读物。

九、iCloud,使计算机不再担任管理内容的中心角色,并让电子设备完美同步,使得数码管理再不受时空的限制。

十、苹果公司本身,乔布斯认为这是他最伟大的创作。在这里,想象力被培育,公司的运作和管理的方式极具创造力,使得苹果成了全球价值最高的公司之一。

因为乔布斯坚持人文与科技两条腿走路,虽然在他离开苹果公司期间,微软逐渐胜出,然而在他重新掌管苹果的十几年来,却再一次把微软甩在后面。让我们看看两个数据对比:2000年5月,苹果的市值是微软的1/20;到了2010年5月,苹果超过微软成为全球最有价值的公司;到了2011年9月,苹果的价值高出微软70%。

人文和科技的珠联璧合是乔布斯成功的法宝。

3.13 激情造就功业

苹果公司之所以最富有创造力,不仅是因为它拥有最优秀的人才,而且更重要的是人人都富有激情。

当今的世界,最有价值的是人才,乔布斯如何来招聘这些人才,特别是如何能留住这些人才,很值得借鉴。他的策略是不单靠金钱,而是常常利用激情打动对方,让他们认识到来苹果工作会使得他们的人生更有意义。这样,来工作者就会带着强烈的使命感投身于一项伟大的事业,他们也就有可能做出伟大的创造发明。

俗话说,有钱能使鬼推磨。对于很多人来说,金钱似乎是万能的,他们就是围绕着"钱"字打转转。公司邀请一个人,就不断在钱上加码;一个人衡量去留,也就是哪里钱多就去哪里。人们衡量一个人成功的大小,也是看他挣钱多少。

然而,乔布斯深知,单靠钱请不来最优秀的人才,即使勉强弄来了一位大腕,他也很快就会被其他公司挖走,因为别人可能给的钱更高。乔布斯明白,一心只想着钱而缺乏使命感的人,很难产生工作热情,相反会在工作过程中斤斤计较,制造人事矛盾,导致内耗增加,这样就无法一起努力去完成伟大的使命。所以乔布斯聘用人才的方法是,不一味在报酬上加码,而是用激情去感召。

苹果公司创建初期,乔布斯只担任董事会主席,公司的 CEO 由马库拉临时兼任。可是,讲究享乐主义的马库拉不愿长期担此大任,可是又觉得乔布斯尚不成熟,就建议请百事可乐饮料公司的总裁斯卡利来做。乔布斯为此事真是煞费苦心,可是斯卡利就是在吊乔布斯的胃口,也不说拒绝,也不说接受,总是态度暧昧,模棱两可。在讨论来苹果工作的待遇时,斯卡利开价为签约费 100 万美元,年薪 100 万美元。乔布斯满口答应,说钱并不成问题,如果公司给不够,他自己愿意掏腰包补上。话已经说到这个份上了,斯卡利还不松口,只答应可以作为朋友,会站在一边给乔布斯提一些建议。

说到这里,乔布斯低着头,看着自己的脚,在一段凝重的沉默之后,乔布斯突然抛出一个令人意外的严肃问题:"你是想卖一辈子糖水呢,还是想抓住机会改变世界?"此时斯卡利感觉就像有人狠狠揍了他一拳,震慑了,除了点头默许,一句话也说不出来。

后来斯卡利回忆道:"乔布斯有一种非凡的能力,所以他永远都能得到自己想要的东西,他能够很好地判断一个人,并知道说什么来赢得那个人的心。这是我 4 个月来第一次意识到无法说'不'。"

可是,斯卡利来到苹果公司后的表现让乔布斯很失望,甚至措手不及。斯卡利没有改变世界,倒是改变了乔布斯的命运。因为他很快与乔布斯交恶,联合公司高管一起把乔布斯驱逐出苹果公司。这事也让乔布斯吃一堑长一智,认识到擅长营销而对产品一无所知的人,特别是对产品没有热情的人,是管理不好公司的。

沃兹是苹果公司建立初期最为关键的人物。可是在苹果公司建立的初期,沃兹还是脚踏两只船,白天在惠普工作,业余时间才跟乔布斯一起办公司。乔布斯明白,沃兹这种三心二意的态度是无法做成大事的,因而就想方设法劝说沃兹放弃惠普,全身心投入苹果。为此,乔布斯发动了沃兹的父亲和所有能想到的朋友来劝说,乔布斯自己也不知道在沃兹面前痛哭流涕了多少次,仍然感动不了沃兹。沃兹的选择也可以理解,惠普那个大靠山太有吸引力了,苹果公司却是前途未卜,风险很大。

这时,苹果公司的三个合伙人之一韦恩把沃兹叫到自己的公寓,劝了两个小时,沃兹还是无动于衷。最后韦恩突然蹦出一句话:"一个伟大工程师,只有和伟大的营销员结合,才能被世界所铭记。"这句话一下子震撼了沃兹,他终于答应放弃惠普全身心投入苹果公司。沃兹就是一个优秀工程师,乔布斯则是一个杰出的营销员,后来的发展也证明,他们的珠联璧合改变了个人电脑的历史,也改变了世界。今天沃兹经常在各种场合很自豪地说,他很荣幸参与到了这场具有伟大意义的技术革命之中。

这一次成功劝说沃兹的是韦恩,但是策略与乔布斯是相通的,即用真情打动对方,以使命感来激励人。一般人都需要成就感,但是往往不清楚会在什么地方取得成就,一旦有人给他指明了道路,他就可能热血沸腾地投入其中,从而把自己的潜能发挥到极致。

如果韦恩用普通人的策略来劝说沃兹,跟他畅想美好的未来,说什么公司日后发了,自己就可以赚大钱、一夜暴富、买名车、住豪宅、娶漂亮的太太,到世界各地游山玩水,如此天花乱坠说一大通。这固然可以打动很多俗人,然而像沃兹这样淡泊名利者,很可能不为所动,更何况眼前实实在在的工资收入总比那虚无缥缈的未来实在可靠!钱不总是最有效的打动人的手段,对沃兹这类人就不管用了。

苹果公司的骨干软件工程师阿特金森,是视窗技术发明的先驱。乔布斯邀请他加入苹果公司,他拒绝了。但是乔布斯穷追不舍,给他寄去了一张来回的机票,于是他决定来苹果公司看一看,好奇乔布斯有什么能耐来说服他入伙。

乔布斯连续劝说了三个小时,阿特金森还是无动于衷。最后,乔布斯发起最后一波攻心战术："我们正在创造未来,想象一下弄潮儿是什么感觉,一定会很兴奋刺激的!再想象一下在小泥坑里学狗刨,那有什么意思!来苹果吧,你可以吸引全世界的目光。"

结果,阿特金森没抵挡住乔布斯这种激情,入伙了。

刚刚过去的十几年中,苹果生产出一款又一款外观雅致漂亮的产品。这些产品的设计主要出自乔尼。在1997年乔布斯接手苹果公司时,乔尼是设计团队主管,他本来要辞职离开的。乔布斯找乔尼来谈话,告诉他:"我们的目标不仅是为了赚钱,而是制造出伟大的产品。"乔尼被这话感动了,决定留下来跟乔布斯一起干,后来他和乔布斯成为了这个时代最伟大的工业设计搭档。

乔布斯激励团队的办法,就是让他们具有一种使命感,觉得自己的工作有重大意义,将能够改变历史、载入史册。很多跟乔布斯共过事的人都说,他身上有一种"蛊惑人心"的力量,其实这种力量一点儿也不神秘,就是让人有使命感,有成就感,从而使大家充满激情地投入工作。

盖茨曾经困惑不解地说,乔布斯管理的 Mac 团队就像中了邪一样,热情四射地工作,研制出不可思议的产品。Mac 团队的口号是"一个星期工作 90 个小时"。美国是个资本主义社会,啥都得以金钱开道,加班一个小时就是一个小时的工钱。但是,这只适用于加工产品的工厂,搞科研是无法这样计算报酬的。如果一个科研人员老是在掐表计算加班时间,总是惦记着自己的加班费,怎么有心思去搞创新,又能够做出多大的科技发明呢?在产品研发出来之前,Mac 团队的加时加点都是自愿的,乔布斯是不给他们发加班费的。然而这些努力最后都得到了回报,产品发布之初,乔布斯给每人奖励了 5 万美元。

虽然平时大家都忍受不了乔布斯说话的粗暴,举止无礼,然而大多数人回想起跟乔布斯工作的时光,都觉得很有意义,认为他们的努力得到了超值的回报。正是因为大家被乔布斯的激情所感染,在乔布斯被迫离开苹果公司后,成立了 NeXT 电脑公司之时,有 5 个原来 Mac 团队的技术骨干辞掉苹果的工作跟了过来。此事还引起了轩然大波,不仅各大媒体连篇报道渲染,苹果公司还为此兴起了诉讼,状告乔布斯背信弃义,拉走了他们的人才。且不管其中的是非曲直,由此可见乔布斯的个人魅力之不一般。

在强大使命感的感召下,乔布斯自己也在疯狂地工作着。他并不是传说中旧时代的那种"资本家",让工人拼命干活,而自己过着奢华安逸的生活。实际上,乔布斯比其他员工更加拼命卖力,每天的工作都达到了体力的极限。下面一段话是乔布斯对自己工作情况的描述:

> 很艰苦,非常艰苦,那是我一生中最糟糕的一段时间。我的家庭生活感刚开始。我还有皮克斯公司。我早上 7 点上班,晚上 9 点回家,孩子们都已经睡了。回到家里我已经筋疲力尽,连说话的力气都没有了。我能做的事情只有看半个小时的电视,然后就百无聊赖地呆着。那段日子差点儿要我的命。我开着黑色的保时捷敞篷车往返于皮克斯和苹果之间。我开始有肾结石。我会匆匆忙忙地赶去医院,医院给我屁股上打一针杜冷丁,我才能熬过去。

现任苹果公司的掌门人是库克。他在乔布斯病重不能理事之时,担当起了公司的管理大任。乔布斯因病辞去公司总裁时,指定库克为苹果公司的 CEO。库克选择苹果,也是因为被乔布斯的伟大使命感所打动。库克是个冷静、严谨的工程师,在来苹果之前,世界著名的康柏电脑公司已经给他提供了一个非常优越的职位,但是他被乔布斯的魅力所征服,最后选择了苹果。库克回忆道:"在我第一次与乔布斯的面谈中,5 分钟之内我就失去了谨慎态度和逻辑判断。我的直觉告诉我,加入苹果来为一个创意天才工作,这是我一生唯一的机会。"像库克这样有使命感的天才,见到乔布斯都会有一种感觉:机不可失,失不再来,所以他们要抓住乔布斯给的机会。

3.14

不掺杂政治

要真正读懂乔布斯这个人，不仅要看他做了什么，还要善于观察他没有做什么。乔布斯生前授意艾萨克森为自己立传，书里的照片都是乔布斯自己选定的。这本书共有三四十张照片，全部是乔布斯的生活照和工作照，没有一张与政治家的合影。然而，乔布斯是上个世纪八十年代初自里根政府以来历届总统的座上宾，克林顿还是乔布斯的挚友，他和奥巴马都到过乔布斯家里拜访。

照片的选择反映出乔布斯的价值观念：在他看来，决定自己生活的关键人物只有两种人，一是自己的家庭成员，二是企业界的同事，而那些政治家跟他的事业成功和家庭幸福没有太大关系。

乔布斯对待政治家的这种态度

乔布斯30岁的时候就获得了里根总统颁发的"总统发明勋章"。自那时起，乔布斯是历届美国总统的座上宾，然而不论是《乔布斯传》里还是苹果公司的宣传上，没有一张乔布斯与政要的合影。

折射出他的价值观,也反映了美国社会政治与商业之间的"分离"关系,更说明了企业家的独立人格。只有这种具有独立人格和自由精神的人,才能做出杰出的发明创造。

乔布斯不仅在自己的自传中没有采用任何政治家的照片,而且在现实中他也没有把这些政治人物太当回事。在这些大政治家面前,乔布斯依然固我,脾气该怎么耍就怎么耍,话该怎么说就怎么说,还是我行我素。

上个世纪90年代初,法国前总统密特朗夫人来参观乔布斯的NeXT电脑的生产车间。没有欢迎队伍,只有乔布斯等少数几个人陪同,外加一个翻译。密特朗夫人很关心工人的待遇,询问工人有没有加班工资,乔布斯一听就很烦,因为这与他的管理理念相悖。

密特朗夫人高高在上惯了,也不会察言观色,没看出乔布斯不耐烦情绪,继续唠叨:"工人的活儿很重吗?他们有多少休假时间?"这下乔布斯实在按耐不住了,对翻译说:"如果她对工人的福利这么感兴趣,告诉她,随时欢迎她来这里工作。"翻译听了顿时脸色煞白,张嘴结舌,不知如何是好。一边的罗斯曼看到这种情形,赶快上来打圆场,用法语说:"夫人,乔布斯说,感谢您的到访,谢谢您对工厂的兴趣。"幸好,密特朗夫人的英文不好,如果能够直接听懂乔布斯的话,可能就是一个外交大新闻!

乔布斯少年得志。在他30岁的时候,获得了国家技术发明奖。1985年,他与沃兹一起来到白宫,接受里根给他们颁发奖章。里根见到这两位小伙子,引用了美国第19任总统海斯初次见到电话时说的一句话:"惊人的发明,但是谁想用这个东西呢?"总统接着打趣地说:"我觉得,他当时可能弄错了。"得到总统的接见,这是何等的荣耀!代表着乔布斯人生的一个辉煌时刻,相信一定有不少照片留念,但是他的自传照片中并没有这一幕情景。

上个世纪80年代初,乔布斯就是一个名人。在少年儿童的心目中,他是比好莱坞明星还要牛的英雄,所以他走到哪里都很引人注目。1985年,乔布斯被驱逐出了苹果公司,6月份到法国散心,应邀参加了时任美国副总统老布什的晚宴。老布什后来当了一届正的。老布什鼓励乔布斯这些IT行业的精英把计算机引入苏联，借此传播美国的思想观念，目的是在苏联内部掀起自下而上的革命。可见，在美国是政治家巴结企业家，好让企业家帮助他们实现自己的政治目的。

乔布斯见了大政治家时，也不忘自己的老本行，跟他们套近乎做买卖。风险投资家佩罗慧眼识英雄，不仅给乔布斯的公司以巨大的投资，还为了给乔布斯创造机遇，常带他出入精英人物的社交圈。一次佩罗带着乔布斯参加了西班牙国王卡洛斯一世举办的晚宴舞会，佩罗就把乔布斯介绍给了这位国王。国王与乔布斯的谈话非常投机，乔布斯兴高采烈地给国王描绘计算机行业的下一个浪潮会是什么样子。最后，西班牙国王写了一张纸条给乔布斯。下来佩罗好奇地问道："怎么了？"乔布斯回答道："我卖了一台电脑给他。"乔布斯是把西班牙国王当成了一位顾客，他不是把电脑当礼物白送给国王，由此可见乔布斯对待政治家的态度。

在所有的总统中，克林顿可能是与乔布斯关系最铁的一位，也是对乔布斯最信任的一位。

要说我见到的最大政治人物就是美国总统克林顿。那是1997年，我正在斯坦福大学读书，克林顿夫妇送女儿来上学，他应邀在学校的标志性建筑主大院里讲话。那天戒备森严，大院四周封锁，进去要经过安检门。我那天有事，没有时间去听，只是远远地望见克林顿夫妇的背影就走了。即使这样，我后来还跟朋友们炫耀了多次，这说明我只不过是个俗人。现在读《乔布斯传》才知道，克林顿到访那几天，就是住在乔布斯家里。克林顿作为美国总统，那么多豪华的宾馆不住而选择住在乔布斯家里，也可见乔布斯在克林顿心目中地位是何等不一般！

那时克林顿与莱温斯基的事闹得很大，以至于国会成立了独立调查团，两院开会投票决定是否弹劾总统。克林顿当时拿不定主意，是继续隐瞒下去，还是坦诚交代？他就打电话给乔布斯征求意见。乔布斯的回答倒挺干脆,如果你真做了,就坦诚面对。男的一般遇到这种事情时,跟妻子没法商量,往往找自己知心朋友咨询意见。由此可见乔布斯与克林顿的关系确实不一般。在乔布斯离开人世的前半年,克林顿还到他帕洛奥图家里来看望他。此时的克林顿早已卸任了总统,他来看乔布斯,已经没有什么政治色彩了,纯粹是因为俩人的私交好。

在过去的二三十年里,大概与乔布斯关系最远的美国总统就是小布什。乔布斯曾经明确表示自己不喜欢小布什,虽然小布什挺喜欢苹果产品,不仅自己有一个iPod,到英国访问的时候还给女王带了一个。这可是对一个产品最好的广告,而且还是免费的,然而乔布斯却不吃这一套。

现任总统奥巴马与乔布斯的交往也甚为频繁。单我在2010—2011年于斯坦福大学访学期间,奥巴马就曾经去乔布斯的帕洛奥图家两次,其中一次是2010年的圣诞节,据说这次是为了筹备竞选基金而来的。住在那里的朋友讲,每次奥巴马来时,那里的街道就戒备森严。

奥巴马对乔布斯可不薄。2010年1月,iPad发布时,乔布斯的宣传策略不是很得当,有很多网友抱怨,弄得乔布斯闷闷不乐。不过他那天收到一封来自白宫办公室主任的贺电,代表总统向他的新产品表示祝贺。白宫的上上下下都是"果粉",包括经济顾问、办公厅主任、沟通顾问、政治顾问等,他们人手一个iPad,当时一下子把一个电子产品推到了很高的时尚地位,这就是再好不过的广告了,然而乔布斯并没有特别感谢白宫这些高官们,他认为"是苹果的产品好你们才喜欢的,而不是你们有恩于我们"。

2010年,妻子劳伦去华盛顿访问,得知奥巴马总统秋季要到硅谷来,因为总统对企业失去竞争力优势很担心,劳伦就自作主张安排总统与丈夫见一面,就这个问题交换一下意见。劳伦回来告知乔布斯,乔布斯一脸的不高兴,埋怨妻子不该背着他做出这种安排。后来在儿子里德的劝说下,乔布斯才勉强见了奥巴马。由于乔布斯的心情不好,说话也带着刺,一见面就跟奥巴马讲:"看你这个架势,就想再当一届总统吧。"估计敢在一国元首面前说这样话的人,古今中外不会有几个。

2011年2月,白宫人员筹备了一个在硅谷为奥巴马总统举行的小型宴会,他们跟乔布斯和劳伦商定一个名单,乔布斯在美国政治和商业中的地位由此可见一斑。邀请的名单包括谷歌的施密特、雅虎的巴茨、脸书的扎克伯格、思科的钱伯斯、甲骨文的艾莉森等。乔布斯就是在这一场合提出美国应该培养更多的训练有素的工程师,建议给所有在美国拿到工程学位的研究生发工作签证,让他们留在美国工作,希望将来有可能把设立在中国的生产苹果产品的工厂搬回美国。

在这次会面中,乔布斯还指出奥巴马上次的竞选广告做得太差劲,主动提议为奥巴马下届连任做广告。

乔布斯真是一个强人,能力上强大,心理上更强大!因为他相信他能改变世界,他也确实改变了这个世界。试想一下,面对权贵,一个奴颜婢膝、趋炎附势的人能不能做到这一点?特别是一个企业家把见一次政要作为终生的最大荣耀,甚至杜撰自己与总统有过私交,这类人一定就是奴颜婢膝的机会主义者,不会有什么出息的。

在儒家文化中,政治家的社会地位是最高的。"文革"时期批判孔子,指责孔子提倡:"万般皆下品,惟有读书高。"其实,这是后人对孔子的错误理解。孔子虽然重视读书,他见到儿子孔鲤就问:"背《诗经》了吗?"然而孔子并不是要把儿子培养成学者,而是想让他将来做一位好政治家。孔子明确说道,即使一个人把《诗经》三百篇都背下来了,如果不做政治家出使外国,不能把所学知识运用到外交辞令上,那也等于白学。所以在孔子看来,读书是手段,做官才是目的。

官本位的价值观念也贯穿在《三字经》中。这本以前影响极大的童蒙教材中,最受推崇的人物都是政治家,列举了不少帝王将相的事迹让小孩子学习,然而没有表彰过任何发明创造者,更没有提过任何其他行业的成功人士。

崇尚做官的社会风尚背后是面子文化。因为做官的人地位显赫,权力大,可以呼风唤雨,享受荣华富贵,不仅自己感到脸上有光,而且可以从社会大众对他们的羡慕中得到满足。社会上很多人都想做官,也要想方设法跟高官拉上一点关系,因为那样可以沾光,觉得自己也有面子。

一个人如果有机会跟大官照一张相,那是一生的财富,会把照片珍藏起来,这是炫耀自己的重要资本。如果这个人有机会写自传的话,一定会把这些与高官的合影放在书中的显要位置,以此证明自己"辉煌的一生"。很多企事业单位,如果来了领导,特别是中央来的,一定会把这些制作成精美的照片,放在单位门口的大橱窗里边或者挂在单位专门的展览室里。

然而,一个过度崇尚政治人物的社会,人们的虚荣心往往很强,相应的人们的创造力则会受到压制。因为在一个"权威凌驾一切"的社会里,大众就会形成"服从秩序"的集体无意识,讲面子的心态就会比较重。这些都会压制个性发展,不利于创造力发挥,结果使得整个社会显得死气沉沉。

为美而疯狂

乔布斯常说盖茨没有品位,他指的是微软的产品只讲究实用,不注重审美。相比之下,苹果的产品既实用又有很高的审美价值。

为了设计出具有审美价值的产品,乔布斯想方设法来培养他的研发团队的审美意识。他在麦金塔团队的办公大厅里,放置了一架名贵的钢琴和一辆宝马摩托车。他的目的是让这些产品的精美设计感染大家,把自己耳濡目染的审美意识贯彻到自己的电脑设计之中。

为了培养工程师们的审美品味,乔布斯还带领团队去曼哈顿的大都会博物馆,参观蒂芙尼的玻璃制品展览。乔布斯相信,大家可以从蒂芙尼创造出的艺术品中得到启发,懂得伟大艺术品也可以量产,希望员工也把自己设计的电子产品看做艺术品而不仅仅是赚钱的商品,让苹果产品走蒂芙尼玻璃艺术品的创意模式。

乔布斯的艺术天赋表现在他对各种各样事物的审美敏感上。从自己家住的房子,他感受到埃奇勒的审美理念,就是面向大众的简洁现代主义设计,因此他认为任何电子产品都应该像埃奇勒设计的房屋那样,把简洁雅致和大规模生产的能力结合在一起。他还从父亲修理的各种各样汽车中,感受到了不同汽车的设计风格而带来的审美价值。

乔布斯也有自己的审美情趣,喜欢人性化的明快风格,不赞赏索尼灰色调的工业风格,而是很崇尚包豪斯式的美学标准——设计应该追求简约,同时体现时代精神。为了美,乔布斯从来不吝啬资金投入,也不会放过每一个细节。1985 年,乔布斯离开苹果创办了自己的 NeXT 电脑公司,开始的启动资金全是自己掏腰包。他要把办公室搞得具有艺术气息,就请来了国际知名的华裔建筑师贝聿铭来设计楼梯。在大堂中心,就是贝聿铭设计的楼梯,看上去新颖别致,就像漂浮在空中的绸缎一样轻盈美观。起初承建商觉得这个设计虽然美观,然而难以建造,乔布斯则坚持严格按照设计来造,最终也确实建成了。多年后,乔布斯又把贝聿铭这款楼梯的设计理念用在苹果专卖店的建造上。

苹果专卖店的楼梯也是"另类思维"的设计,采用了原来贝聿铭为乔布斯的 NeXT 的方案,看上去像一段飘浮在空中的丝绸。

乔布斯也要给自己公司名称"NeXT"一个别出心裁的设计。乔布斯认为公司名称并不仅仅是几个字母的组合,需要一个世界级的公司标志,于是就设法找到企业标志设计大师兰德,因为他认为兰德具有纯粹艺术的品质。兰德这时已经 71 岁了,他设计出的最知名的公司标志有 IBM、西屋电气、美国广播公司、联合包裹服务公司(UPS)。然而乔布斯请兰德时遇到一个麻烦,因为 IBM 与兰德有约,不希望他再给别的电脑公司设计商标,所以一开始兰德并没有答应乔布斯的请求。乔布斯就发挥他外交家的口才,直接给 IBM 的 CEO 打电话,可是对方不在;乔布斯穷追不舍,又打给了副董事长。IBM 这些人知道乔布斯这人难缠,拒绝他太难了,只好勉强同意兰德为乔布斯设计。

为了一个漂亮的公司标志,乔布斯下了大赌注,出 10 万美元让兰德设计。兰德专程从东海岸飞到旧金山,来到乔布斯公司讨论设计的方案。兰德决定标识为立方体效果,并且倾斜 28 度,活泼漂亮。兰德用了两周就完成了设计。从设计、色彩搭配和布局来看,都可以称得上公司标识的杰作。合适的倾斜度让图案显得活泼漂亮,看起来很随和、友善、自然,它方方的形状又给人以图章似的权威。"NeXT"这个词被分成了两行,占满了一个立面。其中字母 e 小写,从整个词中脱颖而出,兰德的小册子将 e 解释为"教育、卓越……$e = mc^2$",这正与该款电脑面向高等教育这个人群的理念相契合。

乔布斯看了看标识,激动地拥抱住了兰德。只是在颜色上乔布斯有所保留。兰德在字母 e 上使用了暗黄色,乔布斯则希望改成更明亮的传统黄色。兰德用拳头猛击桌子,说道:"我做这一行已经 50 年了,我知道怎么做最好。"乔布斯也就没有再坚持,欣然接受了兰德的设计。

办公楼梯和公司标识,乔布斯都请名家大师来设计,而且花去这么多钱,产品的研发还没谱,这会让常人觉得太不可思议了,一般人会认为,乔布斯简直就是个败家子,乱挥霍钱财!然而乔

兰德设计的 NeXT 标志

布斯有自己的主见,反正自己口袋里的钱有限,早晚都得寻找外来投资,而他这种追求卓越、立志高远的精神,会吸引那些大的风险投资商。果不其然,第二年就遇到了大投资家佩罗,一下子就投资了 2000 万美元。佩罗声称,就创意公司而言,乔布斯的公司是他在计算机行业 25 年时间里所见过的风险最小的企业。恐怕佩罗派去考察的人是被乔布斯办公室那楼梯和公司标识所"震撼"了吧,因为此时乔布斯他们还没有任何研发出来的产品,更没有营销盈利的迹象。

乔布斯这招很高明,体现了马库拉曾经传授给他的一种理念,即"感染人"的策略:一个人常根据书的封面来判断书的内容质量,而一家伟大的公司给人第一印象就应该是追求卓越。从这一点上看,乔布斯取得了巨大的成功。试想一下,假如乔布斯为了节约开支,公司的名字就用简单的印刷体,办公室的楼梯就是最普通能上人的那种,即使你背后已经有高质量的电脑产品,因为外人一下看不懂。这样,很多投资商就会犹豫是否给你投资,因为他们觉得这就是一家普普通通的电脑公司,不会创造什么奇迹。

有时候,乔布斯对审美的追求达到了不可理喻的地步。因为乔布斯的丰厚报酬,兰德作为回赠,同意为乔布斯设计一个名片。乔布斯的英文全名为 Steve P. Jobs。关于 P 后缩写符号那一点的位置,两个人争论不休,兰德要把缩写符号放在 P 下方,乔布斯坚持要移开一点才好看。这一次兰德做了让步,最后按照乔布斯的意见设计。

在电脑设计理念上,乔布斯则是形式决定内容,先想象出一个完美的造型,然后让工程师根据这个外形来安排电路板。本来电路板最适合传统的比萨饼的形状,但是乔布斯已经为 NeXT 电脑确立了立方体结构,这样电路板必须重新配置、安装。更困难的是,完美的立方体要求的工艺很高,生产起来很困难。负责电脑外壳的艾斯林格给工厂下令,不能破坏立方体的纯粹完美。乔布斯狂热地支持艾斯林格,此时他的完美主义追求已经失去了控制,达到了不可理喻的地步。

简洁就是审美,乔布斯把这种审美理念贯彻在产品设计中。在 iPod 的设计过程中,乔布斯提出了一个让大家非常吃惊的建议:取消按键开关。他觉得开关按键是多余的,不仅看上去不美观,而且从神学的角度看,开关让人不快。因此产品应该内置这样的程序,如果一段时间没有操作,就会自动进入休眠状态,然而当你触摸任意按键时,它又会自动醒来。尔后的大部分苹果产品中,都去掉了按键式开关。

不仅如此,iPod 的整体设计也体现了苹果品牌的核心价值,即诗情画意与工程设计相融,艺术、创意与科技三者完美结合,这使得设计风格既醒目又简洁。

产品包装是打开以后就会扔掉的东西,然而乔布斯要把它也做得精致完美,在设计和用材上煞费苦心。就拿 iPod 来说吧,打开盒子的过程也是一种审美体验。打开盒盖,只见精致的产品躺在小小的包装盒里,看上去纯白漂亮,干净而简洁。你从盒子里拿出一台 iPod,它美丽得耀眼,一瞬间就让其他的音乐播放器都黯然失色。这使得别的音乐播放器就像是在某个山寨工厂里设计和制造的一样。

因为对美的追求,苹果公司 2000 年推出的 Power Mac G4 Cube 非常迷人,直接被纽约的现代艺术博物馆收藏。该产品简化掉所有多余的东西,甚至没有风扇,浑然一体,充满着禅意。后来实践证明,乔布斯决定去除电扇是走过了头,因为很容易发热,电脑被讥讽为"电烤箱"。加上价格太高,营收不佳,很快停止生产。

苹果公司 2000 年推出的 Power Mac G4 Cube 非常迷人,直接被纽约的现代艺术博物馆收藏。该产品简化掉所有多余的东西,甚至没有风扇,浑然一体,充满着禅意。

乔布斯对美的追求真正达到了"疯狂"的地步。2008 年他接受肝脏移植手术,生命垂危,仍然在审美上与医院的大夫较真。有一次大夫为他深度镇静时,需要给他脸上戴面罩。乔布斯把面罩撕掉,嘟囔着说他讨厌这个面罩的设计,太丑陋,不要戴它。虽然他虚弱得几乎无力说话,仍命令医生拿出五种不同的面罩,但是没有一种是乔布斯满意的。医生们看着劳伦,非常无奈。劳伦最终成功地转移了乔布斯的注意力,大夫们才能给他戴上面罩开始治疗。

乔布斯可能觉得整个医疗器械生产系统都缺乏审美,他也讨厌安装在他手指上的氧气含量检测仪。乔布斯告诉大夫,那个东西太难看了,也太复杂了,建议可以使之设计更简洁。估计这些天天在医院工作的大夫早已习以为常,只考虑着哪种机器有哪种用处,谁会想到它们好看不好看!

乔布斯在病榻之上,生命垂危之际,仍在较真周围器械的设计审美问题,可见审美已经渗透到乔布斯的生命中。

乔布斯认为简约就是丰富,所以他追求极致的简约,这些能让产品达到现代艺术博物馆展出的品质。乔布斯管理公司、设计产品、策划广告这些活动背后的理念就是一句话:让我们做得简单一些,真正的简单,这背后的信念就是"至繁归于至简"。

"简单化"设计的核心,就是让人们觉得它简单易用。简单化原则在设计上的体现就是,让用户感到产品的特性一目了然,不仅很容易上手,而且还很容易让人得心应手。比如 Mac 桌面设计的理念就是根据对日常办公桌的使用状况。一个人走进办公室,看到桌子上有一大堆文件,放在最上面的就是最重要的。人们知道怎样转换优先级别,哪些是重要的,那些是次要的,一目了然。他们设计电脑的时候引入"桌面"这一概念,就是充分体现人们的这种日常经验,让人们使用起来得心应手。

乔布斯对于简约的追求也许是与生俱来的一种品格。2001 年以前,其他公司也生产了各种各样的音乐播放器、视频编辑软件以及其他数字时尚产品。但是这些产品都过于复杂,其用户界面甚至比录音机操作按钮更令人困惑,无法与 iPod 相比。最后苹果产品脱颖而出,一枝独秀,逐渐把其他公司的产品挤出了市场。

苹果胜在"简洁",别的公司输在"繁复"。

乔布斯所追求的产品使用的简单化可以用一则有趣的故事来说明。iPad 刚发布时,迈克尔在网上发表了一篇文章:

> 他在哥伦比亚首都波哥大北部的一个奶牛场时,正在自己的 iPad 上读一部科幻小说,一个打扫马厩的 6 岁小男孩走了过来。小男孩很好奇,他于是把 iPad 递给了他。在从不知道也没见过电脑的情况下,这个小男孩开始凭自己的直觉使用 iPad。小孩开始用手指在屏幕上滑动,启动应用程序,玩弹球游戏。

最后迈克尔感叹道:"乔布斯设计出了一款强大电脑,连目不识丁的 6 岁孩子都能在没有大人指导的情况下使用。如果这不算神奇,那我真不知道有什么东西能称得上神奇了!"乔布斯很欣赏这个故事,转发给了他的很

乔布斯设计出了一种强大的电脑,连目不识丁的小孩儿都能在没有大人指导的情况下使用。

多朋友。

正是因为对审美的疯狂追求,保证了乔布斯的"现实扭曲力场"总能在正确的轨道上,凭直觉做出正确的判断。因为审美蕴含着规律,规律体现在审美之中。追求审美往往意味着按照规律办事。

盖茨的视角

3.16

盖茨和乔布斯是 IT 行业几乎无人可以企及的两大巨头,长期以来,他们既是合作伙伴,又是竞争对手。他们之间互动频繁,交往密切;他们有时候惺惺惜惺惺,有时则你争我斗,"既生瑜何生亮"。盖茨是本行业的超人,绝顶聪明,他观察乔布斯的视角一定与众不同,从盖茨的视角可以更好地理解乔布斯的企业人生。

盖茨和乔布斯俩人背地里都没有少说对方坏话。虽然乔布斯不在乎,可是盖茨却耿耿于怀,总要找机会发泄一下不满的情绪。在 2007 年 5 月数码科技大会上,会议组织者给他们俩人安排了一次共同答记者问。事先盖茨就老大不乐意,说些不咸不淡的话:"如果你们只想说,乔布斯创造了世界,我们只是跟着他亦步亦趋,那就随你们的便吧。"显然盖茨对外界的这些评价不满。

答记者会上,盖茨和他的助手先到了会面的地点。几分钟之后,乔布斯缓步走了进来,从冰箱里拿出一瓶水,坐了下来。显然乔布斯对这次的会面很重视,没有像十年前那次在 NeXT 办公室见面那样,让盖茨硬生生等了半个小时,这次只是晚到几分钟。片刻之后,盖茨先开口了,脸上全无笑意,说道:"我猜我就是那个'地狱里的人'。"也不知道什么时候乔布斯说过这句话,也不知道是谁传给了小心眼儿的盖茨,反正盖茨听到了乔布斯对他的这个"评价"。乔布斯既没有否认说过这话,也没有反唇相讥把盖茨背地里说他的坏话抖搂出来,而是露出了自己招牌式的顽皮微笑,把手中的冰水递给了盖茨。这小小一个动作,让盖茨情绪有所缓和,会场紧张的气氛一扫而光。别小看这小小的一瓶冰水,乔布斯本来是自己喝的,他能把自己需要的东西给别人,可能一下子感动了盖茨。

感动之中的盖茨,就有可能说出内心的真实感受。他说道:"好吧,我愿意放弃很多东西来拥有乔布斯的品味。乔布斯能够根据人对产品的感觉做出选择,这对我来说甚至很难解释清楚。乔布斯做事的方式不同寻常,我认为很神奇,只有惊叹。"十年之前,乔布斯说过,他不满意微软是因为它的领导者完全没有品位。无可怀疑,盖茨说的是真心话,这也是普通人对他们俩人差别的看法。微软的产品很实用,但是很少人觉得它神奇;苹果的产品则不同,令人感到惊艳神奇。

乔布斯对盖茨是只有贬没有褒,也不知道乔布斯是不会用辩证法看盖茨呢,还是盖茨在乔布斯心目中就是这么一个人?在乔布斯看来,盖茨的视野太狭隘,而且缺乏想象能力。中国人往往看不惯言行举止与众不同者,把他们归入"另类"。乔布斯则恰好相反,他看不惯那些举止言行与大众都一样的人。乔布斯认为自己服用致幻剂是他人生做过的最重要的两三件事之一,这让他认识到了人生的意义,赋予了他创造力。乔布斯也长时间打坐参禅,来寻求心灵上的启迪。所以乔布斯以己度人,对盖茨感到惋惜:"如果他年轻的时候服用过致幻剂或者打坐参禅,那么他的心胸就会开阔一些。"一般人都会觉得,盖茨更接近我们常人,然而在乔布斯看来,盖茨就是一个俗人!

反过来,盖茨对乔布斯的评价要客观得多,正面和反面评价都有。他们两个相识30年后,盖茨对乔布斯始终怀有敬意,虽然有所保留,但他认为:"乔布斯真的对技术了解不多,但他有一种惊人的天赋,知道什么东西能够成功。"对乔布斯的这一评价相当中肯。乔布斯这种"天赋"是有迹可循的,他年轻时去印度寻访精神导师,从那以后他就有意识地吸取东西方两种思维传统的优点。

1985年之前,苹果公司的销售额已经达到15亿美元,微软则只有1亿美元。苹果是大哥大,微软则只是个小弟弟。所以我们看到的很多场景是,乔布斯经常对盖茨呼来唤去,冷淡他,对他发脾气,而盖茨总那么心平气和地听乔布斯的话,尽量避免与乔布斯冲突。但是盖茨也不是吃素的,一旦逮住机会就出手特狠,几次差点儿一招致乔布斯于死地。虽然乔布斯经常向盖茨大喊大叫,但是事实上色厉内荏,外强中干,心肠反而没有盖茨那样硬那么狠。

到了1997年的时候,苹果公司陷入空前的危机,时任苹果CEO的阿梅里奥束手无策。乔布斯看准时机,毛遂自荐,向阿梅里奥表示愿意帮助苹果公司摆脱危机,条件是苹果公司同意收购NeXT。阿梅里奥同意了。

盖茨一听到这个消息,马上意识到,如果阿梅里奥让乔布斯重归苹果公司,就等于蛟龙归海,不仅让乔布斯起死回生,还有可能让他重掌苹果大权。盖茨下定了决心,绝不能让乔布斯再站起来,否则就是养虎为患。

平时看起来盖茨温文尔雅,这时却一反常态,勃然大怒,拿起电话打给了阿梅里奥:"你真的认为乔布斯有什么本事吗?我了解他的伎俩,那只是把Unix热了热炒人家的冷饭而已,而且你永远无法把它用在你的电脑上。"盖茨越说越激动,对阿梅里奥咆哮了好几分钟。

盖茨也不顾自己的身份,继续贬损乔布斯:"难道你不明白乔布斯根本不懂技术吗?他只是一个超级销售员。我真的无法相信你会做出这样的决定!他根本不懂技术,他说的话99%都是错误的。你买他那堆垃圾到底为什么?"

真是此一时彼一时也！盖茨对阿梅里奥的训斥透露着傲慢,使人认识到苹果公司已经衰落到何等地步！当初苹果公司由乔布斯领军时,盖茨是一声大气也不敢出,可是现在盖茨竟敢向苹果公司的CEO咆哮了。

盖茨的咆哮也可以看出他内心深处对乔布斯的恐惧,他深知乔布斯一旦回归苹果,他独步天下的好日子也就到头了。后来的发展也证实,盖茨这种担心是有道理的。所以看一个人,不光看他说什么,关键是看他做什么。如果乔布斯真像盖茨嘴上说的那么糟糕,你盖茨还担心什么呢？让乔布斯回归苹果,不是正好可以把一个竞争对手给搞垮吗？

从盖茨这次失态的反应可以看出,他心目中的乔布斯是个什么样的人。可以说,乔布斯是这个世界上唯一一个能让盖茨震颤的人！

乔布斯回到苹果首先做的一件事就是撤销对微软的诉讼,寻求两家合作。乔布斯主动给盖茨打了一个电话,告知不再状告微软侵犯苹果专利,交换的条件是"帮个忙"。乔布斯知道,如果苹果继续与微软打官司,几年后苹果公司也许能赢得10亿美元的专利罚金,但是苹果公司很可能撑不到那个时候。所以他要换一种思维来解决这个问题,请求微软承诺继续为Mac开发软件,并且给苹果投资。这样苹果和微软就成了真正的合作伙伴,今后苹果的成功,微软作为投资人也可得到好处。这真是一个化敌为友的高招！

1997年8月,乔布斯在MacWorld大会演讲的高潮部分,发布了一个出乎意料的公告,这件事同时登上了《时代》和《新闻周刊》等国际知名杂志的封面。在演讲快要结束的时候,乔布斯停顿了一下,喝了口水,用平缓的语气说:"苹果生存在一个生态系统中,它需要其他伙伴的帮助。在这个行业里,破坏性的竞争对谁都没有好处。"为了渲染效果,他又停顿了一下,然后继续说道:"我要宣布我们今天新的合作伙伴,这是一个意义重大的合作伙伴,它就是微软。"此时微软和苹果的标志同时出现在屏幕上,全场的观众都惊呆了。

通过视频连线,乔布斯向盖茨说道:"比尔,感谢你对这家公司的支持。我想世界会因为我们的合作而变得更美好。"

屏幕上大头像的盖茨显得十分轻松友好,说道:"在我的职业生涯中做过最令人兴奋的一件事,就是跟乔布斯在 Mac 上的合作。"

要求人家与你合作必须有实力支持。聪明的盖茨也清楚,乔布斯重掌苹果,苹果重新雄起已经无法避免,走向合作是最佳的选择。

盖茨的心胸总是大不起来,每次乔布斯开发出一款新产品,盖茨总是说些不阴不阳的话。1998 年在 iMac 发布时,一个熟悉的声音又在吹毛求疵了:iMac 屡获各种殊荣,这只是一时的潮流而已,不会持久。盖茨评价的视角也很独特:"苹果公司现在唯一胜出的就是在颜色方面。"他为了抒发自己的酸葡萄情结,还故意把一台 Windows 计算机涂成了红色,指了指,接着说道:"我们很容易做到这一点,很快你们就会看到的。"

乔布斯可受不了这个,回敬道:"我们的竞争对手大错特错的地方在于,他们认为这只是时尚,只是表面功夫而已。"他生气地跟一个记者说,盖茨这个曾经被他嘲讽为没有品位的人,根本没有搞清楚 iMac 为何比其他计算机更有吸引力的原因,那是内在的质量,而不是外边涂的那层颜色。

iPod 发布时,盖茨的反应更有意思。《新闻周刊》的记者列维那天正好与盖茨吃饭,就拿了一个样品给盖茨看,问:"你看过这个吗?"盖茨把玩着这个新奇的玩意儿,摆弄着转盘,试了试各种按键组合,眼睛一直盯着屏幕,情不自禁地说:"这看起来很棒。"然后他停顿下来,露出疑惑的表情,问道:"这只能在 Mac 上用吗?"这也是间接批评乔布斯不与别人分享软硬件的策略,指出它的市场局限性,暗示它只适用于苹果电脑用户。

2010 年 4 月,iPad 上市时,盖茨的醋意又来了,他说:"我仍然认为,手写笔和真正的键盘,也就是可以上网的款式,会是新潮流。"盖茨在自己的产品开发上也许精明能干,总能做出正确的判断,然而对于乔布斯的产品他几乎没有一次判断正确。后来微软研制出来的笔写平板电脑一问世就夭折了,然而苹果的 iPad 一直独步平板电脑全球市场。

2011 年乔布斯病重在家,虚弱得卧床不起。这期间来看望乔布斯的大人物很多,其中一个来访者就是那位与他同生于 1955 年、30 多年来既是对手也是伙伴、共同缔造电脑时代的风云人物——比尔·盖茨。盖茨自己驾车行驶 10 个小时来到乔布斯家。此前他多次来过,所以很熟悉乔布斯家的格局。盖茨从后门走到敞开的厨房门口,看到乔布斯的女儿伊芙正在餐桌上学习。盖茨轻声地问:"你爸爸在家吗?"伊芙指向了客厅。盖茨坐在乔布斯的床边,一直谈了几个小时,从他们的事业到他们的家庭,无所不谈。

事实上,盖茨对乔布斯的痴迷从未停止过。2011 年,盖茨与艾萨克森在华盛顿见面,他表示对 iPad 的成功很惊讶,特别敬佩乔布斯在生病期间仍然不断改进产品性能。盖茨退休以后主要从事些慈善事业,帮助第三世界的国家消除病患,他此时不无伤感地说:"我现在只不过是把全世界的人从疟疾病患中解救出来,而乔布斯仍然在创造惊人的新产品。也许我应该留在那场游戏里。"盖茨可能后悔自己淡出 IT 行业太早。

正如乔布斯所说,整个电子行业就是一个生态系统,微软和苹果在相互竞争相互合作中发展成长,它们现在都是参天大树。不论是自然界还是科技界,孤零零长出一棵参天大树是不可能的,往往是一片大树林。

现在乔布斯去世了,盖茨也早就退休了。少了这两个巨人,未来的 IT 行业会不会精彩依旧?

3.17 青梅煮酒论英雄

谁是当今科技企业界的英雄？很多人都会说，这很简单，拿《福布斯富豪榜》来看一下排名，谁最有钱就是谁了。这是典型的俗人之见！

先看一看曹操的"英雄观"。中国历史上有两个特殊的时期：一个是秦汉之交，一个是三国时期，两个时期都是英雄辈出沧海横流的时代。三国故事家喻户晓，其中一个著名的故事就是曹操与刘备"青梅煮酒论英雄"，曹操高论当时天下英雄，他的观点很独到：

> 操曰："夫英雄者，胸怀大志，腹有良谋，有包藏宇宙之机，吞吐天地之志者也。"玄德曰："谁能当之？"操以手指玄德，后自指，曰："今天下英雄，惟使君与操耳！"玄德闻言，吃了一惊，手中所执匙箸，不觉落于地下。

论武功，曹操和刘备都排不上号，他们都很一般，常常是被打得狼狈不堪，多次几乎丧命。曹操与马超一战，割须弃袍；赤壁一战，八十万大军灰飞烟灭，不是关羽一时念起旧情，则老命定丧华容道。曹操与刘备说这番话时，势力还很小，地盘远不及河北的袁绍。刘备则更可怜了，关键时候就会哭，还有一招就是跑。这次跟曹操喝青梅酒时，刘备仍寄人篱下，连立足之地还没有。

曹操论英雄，一不看武功，二不看地盘。他的标准有三：一要有大志，二要有良策，三要有博大的胸怀。这三个标准同样适用于判断当今科技企业界谁是"真英雄"。

对于做企业的成功标准，乔布斯也有自己的独特见解。让我们一起来领略一下乔布斯的"英雄观"。

在乔布斯一生中，最让他感动的人就是广告制作商克罗。当克罗来到乔布斯的办公室给他谈"非同凡想"的广告时，乔布斯当时就感动得失声痛哭。后来每次想到克罗为他制作的这个广告，乔布斯都会泣不成声。别人很难理解乔布斯为何对一则广告词这么动情。用乔布斯自己的话说，就是感动于克罗对他和苹果的挚爱。然而，对苹果有真爱的人肯定不止克罗一个，为何他最为动情于克罗一人？在我看来，克罗的这则广告蕴含了乔布斯的人生密码，乔布斯自认为自己是受过上天启示的人，凡世里的克罗是乔布斯的唯一知音。

克罗在这则广告准确定位了乔布斯的大志、良策和胸怀。他的大志就是"真正改变世界"，"推动人类向前迈进"；他的良策就是"非同凡想"，通过叛逆、创意、冒险来实现自己的志向；他的胸怀就是不怕别人误解，不顾别人诋毁，敢于打破传统，勇于挑战权威。在克罗的眼里，乔布斯真正是当今科技企业界的大英雄也！

高山流水遇知音，知音难得，一生有一知音足矣。你想，乔布斯遇到克罗这样的知音，能不激动吗？能不感动吗？

那么，乔布斯就会自然用自己的人生观、价值观来评判他周围的企业家。

全世界无数的人羡慕盖茨的富有，欣赏他的优雅的风度和卓越的才华，更是离不开他的微软公司的产品。然而，乔布斯对盖茨却有不同的看法："盖茨喜欢把自己说成是做产品的人，但他真的不是，仅仅是个商人。对他来说,赢得业务和赚取利润比做出伟大的产品更重要。""成为世界上最富有的人,盖茨做到了。但这从来不是我的目标。"乔布斯还指出,在盖茨这种一切都以赚钱为目的的 CEO 的领导下,微软的基因从来没有人文精神和艺术气质。正因为此,即使他们看到了苹果的产品,也无法模仿好,因为他们无法理解苹果产品的文化内涵。

乔布斯很看不惯那些企业家,他们都是最优秀的销售员,只讲究利润,不懂得产品,不重视质量,缺乏对研发新产品的动机和激情。乔布斯认为,IBM 衰落的原因,开始的时候追求创新,成功后进行垄断,然后把改善质量放到一边,一心只想赚钱。乔布斯不欣赏 IBM 的埃克斯、苹果的斯卡利、微软的鲍尔默,他认为这些人聪明、善辩,都是非常棒的营销员,然而对产品一无所知。

自幼乔布斯就把惠普公司的创始人休利特和帕卡德奉为偶像,希望自己将来能够成为他们这样的企业家。乔布斯回顾他重新回到苹果的这十几年的业绩,不无感慨地说,从创造新产品的角度来说,这个时期是他最高产的一个阶段。但是他还有一个重要目标,就是像休利特和帕卡德那样,打造一家充满活力和创造力的公司,而且这家公司更能经受住岁月的荡涤和时间的考验。

2010 年,苹果公司 iPad 获得了巨大的成功,很多大公司都想分一杯羹,也开始研发平板电脑。有一天,一个下属很高兴地向乔布斯回报,惠普公司失败了,已经放弃了平板电脑的研发。乔布斯听罢并没有幸灾乐祸,相反他倒是很担忧,陷入了沉思:在两位创始人相继去世之后,惠普并没有承袭公司的创造力,以致沦落到今天这个地步,所以他非常担心苹果会步其后尘。乔布斯在自己生命最后的几年里,深谋远虑,竭力要建造一种可永葆苹果生命力的文化。

再看看华人世界的企业家,就知道差距所在。李开复非常推崇李嘉诚的下面一则对话,认为"很实在":

有一位记者问李嘉诚:"您认为一生中最快乐的一刻是何时?"回

答:"开一间临街小店,忙碌终日,日落打烊时,紧闭店门,在昏暗灯下与老伴一张一张数钞票!"

李嘉诚长期是华人世界的首富,最令华人羡慕的企业家,关于他的成功之路和经商秘笈的书籍到处都是。我非常好奇,假如乔布斯知道华人世界中最富有的企业家就是李嘉诚这种胸怀,他会做何评价?

乔布斯对待财富的态度也有别于其他企业家。中国的富人有句口号:"只买贵的,不买对的",所以很多东西价钱大幅度提上去以后买的人反而更多。现在不少人通过各种途径富了,中国人成了世界奢侈品市场的主要购买力量。乔布斯也喜欢名牌商品,然而他是以审美作为标准的。他赏识优雅、工艺精湛的物品,如保时捷、奔驰汽车、博朗电器、宝马摩托车、贝森朵夫钢琴等这些具有高尚艺术品位的产品。

然而,不管多富有,乔布斯居住的房子从来都是简单低调的。乔布斯早已是个世界闻名的亿万富翁,然而他出差时没有浩浩荡荡的随行人员,也没有个人助理,甚至从未雇过个人保镖。乔布斯买了一辆豪华轿车,但是从来都是自己当司机。公司最早的创始者之一马库拉邀请乔布斯一起买喷气式飞机,乔布斯拒绝了。"不要让钱毁了我的生活",这就是一个西方资本主义社会的超级企业家乔布斯说的一句话,它对当今的中国社会很具有现实意义。1980年苹果上市,一夜之间乔布斯成了亿万富翁,公司里有300多职工成了百万富翁。但乔布斯很看不惯公司里的一些人,大赚一笔后就觉得自己要过不同于常人的生活。他们购买最名贵的汽车,购置多处房产,每所房子都有管家,还要再雇一个总管家。他们的妻子去做整形手术,把自己变得稀奇古怪。乔布斯说,"这不是我想要的生活方式。他们太疯狂了!我始终告诫自己,不要让钱毁了我的生活。"

乔布斯在自己人生的最后一年里,概括了自己对金钱的态度:

> 我从来没有为钱担心过。我成长在一个中产阶级家庭,所以我从未担心过挨饿;我在雅达利公司的时候,意识到自己还是个不错的工程

师,所以我知道自己肯定可以维持生计;我读大学的时候,特别是在印度的那段时间,我自己选择了过苦日子,后来尽管我开始办企业了,但我还过着十分简单的生活。我经历过极度贫穷,那种感觉很美好,因为我不用为钱担忧。后来我变得特别有钱了,还是不用为钱担心。

盖茨第一次驾车来到乔布斯的帕洛奥图的家,简直不敢相信乔布斯一家就住这样的房子!实在是太普通了,这很让盖茨困惑不解,盖茨问道:"你们所有的人都住在这里吗?"盖茨当时正在西雅图附近建造一处66000平方英尺的豪宅,相比之下,不禁令人感慨:都是IT行业的巨头,住房的差别咋就这么大呢!盖茨还注意到,乔布斯家白天都不锁后门,没有保镖,也没有住家的佣人。

甲骨文的埃里森是乔布斯的好朋友,经常带乔布斯一家坐他的豪华游艇出游。乔布斯的儿子里德把埃里森称作"我们的大款朋友",他不知道自己的老爸可不是个普通人,别说游艇,飞机都买得起。这要搁中国的父母,听到孩子说这样的话,一定精神上很受刺激,即使没钱,借钱也得打肿脸充胖子,不让自己在孩子面前丢面子。乔布斯的钱财观部分来自对佛教的感悟,认为物质只能把生活填满而不能使之充实,因此不愿意让孩子在一个奢华排场的环境中长大。

知子莫如父,知父莫如子。在艾萨克森写《乔布斯传》的过程中,里德找到了作者,想谈一谈他对父亲的看法。里德深深地爱着他的父亲,热切地告诉艾萨克森,他父亲不是一个唯利是图的冷酷商人,他的动力来自对事业的热爱和对苹果的自豪。

跟甲骨文的埃里森和微软的盖茨相比,乔布斯没有埃里森那样奢侈的生活花费,也没有盖茨投身慈善事业的内在冲动,更没有想着自己在《福布斯》富豪榜上的名次,所以他对金钱很淡泊。这种淡泊的背后是一个大志向:用科技改变世界,在世界留下自己的印记。

和平年代的英雄就是那些以智慧改变世界者。那么,谁是当今世界的第一大英雄?让世人去评说吧!

乔布斯创业大事记

1955年	• 2月24日,出生在旧金山。
1967年	• 乔布斯一家搬到洛斯阿尔托斯的克里斯特路(Crist Drive)1116号,这所房子也是后来苹果电脑的诞生地。
1968年	• 中学时经常在课后到位于帕洛阿尔托的惠普公司听讲座。 • 成为惠普公司的夏季实习生。
1971年	• 比尔·费尔南德斯(Bill Femandez)给16岁的乔布斯介绍了21岁的史蒂夫·沃兹(Steve Wozniak),这是苹果双雄的第一次会面。 • 与沃兹一起设计并销售盗打电话的电子设备"蓝盒子"。
1972年	• 高中毕业,进入里德大学(Reed College)。不到一年退学,尔后过着嬉皮士的生活。 • 诺兰·布什内尔(Nolan Bushnell)创建了雅达利(Atari)公司,开发电视游戏机。
1973年	• 退学后,仍在里德大学旁听课程。
1974年	• 年初回到加州,在雅达利公司得到了一个职位。 • 筹到足够的钱后,与里德大学时的朋友,后来的苹果员工丹尼尔·科特肯(Daniel Kottke)一起到印度寻访精神导师。返回美国后,继续在雅达利公司工作。

（续表）

1975年	• 在洛斯阿尔托斯的禅宗中心学禅,受该中心禅师乙川弘文(Kobun Chino Otogawa)的影响很大。 • 3月5日,一群个人电脑爱好者在戈登·弗伦奇(Gordon French)和弗雷德·摩尔(Fred Moore)的组织下成立家庭电脑俱乐部(Homebrew Computer Club)。 • 6月29日,沃兹成功地组装了Apple I(当时还没有这个名字)。这也是历史上第一台可以将键盘输入实时显示到屏幕上的电脑。 • 9月,MOS科技公司(MOS Technology)发布6502 CPU,该CPU很快成为Apple I和Apple II的核心。 • 沃兹向惠普和雅达利推销新设计的电脑,未果。 • 11月,感恩节前后,与沃兹决定自己开公司,生产和销售Apple I的印刷电路板。
1976年	• 4月1日,与史蒂夫·沃兹、罗纳德·韦恩(Ronald Wayne)一起签署长达10页的合同,创立苹果公司。 • 5月,在亚特兰大首届个人电脑节和费城计算机展销会上推销苹果电脑。 • 8月,沃兹完成了Apple II的设计。 • 8月,马库拉决定以个人名义投资苹果。
1977年	• 1月,沃兹放弃了自己在惠普的职位,全职为苹果工作。 • 2月,聘请来自国家半导体公司的迈克·斯科特(Mike Scott)出任苹果公司CEO。 • 6月5日,Apple II正式发售。 • 夏末,女友克里斯·安·布里南(Chris Ann Brennan)怀孕。乔布斯拒绝承认是孩子的父亲,断绝了与女友的关系。
1978年	• 5月17日,女儿丽莎(Lisa Brennan Jobs)出生。乔布斯起初拒绝承认这个女儿,女友克里斯独立抚养她。 • 苹果启动丽莎项目,最初的目标是Apple II的换代产品。1979年乔布斯访问施乐后,目标变成高端的、拥有图形用户界面的个人电脑。
1979年	• 5月,乔布斯同意做女儿丽莎的亲子鉴定,鉴定结果表明他是丽莎的生父,尔后乔布斯承担起了父亲的责任。 • 6月,杰夫·拉斯金(Jef Raskin)开始设计一款新电脑,名为麦金塔(Mac)电脑。 • 夏末,苹果第一轮融资,包括施乐在内的16家公司购买了苹果股份。 • 11月,乔布斯访问施乐,将图形用户界面的概念带回苹果。 • 12月,乔布斯带着苹果高级管理人员再次造访施乐,全面获得图形界面技术。
1980年	• 5月19日,苹果发布Apple III。 • 12月12日,苹果公司上市。

（续表）

1981年	• 1月，丽莎团队将乔布斯赶出项目组，乔布斯接手管理麦金塔团队。 • 沃兹驾驶飞机起飞时坠毁，沃兹大难不死。 • 2月25日，"黑色星期三"，斯科特认为公司人员冗余，解雇了40余名员工。 • 3月，马库拉接替斯科特出任苹果CEO，斯科特转任董事会主席。 • 7月10日，斯科特辞去董事会主席职务，离开苹果。 • 8月，IBM PC发布。苹果公司在《华尔街日报》上刊登广告挑战IBM。
1982年	• 2月15日，登上《时代》周刊封面。
1983年	• 1月，《时代》周刊评选"电脑"为1982年年度人物。 • 1月19日，丽莎正式发布，这是市场上第一台拥有图形用户界面的个人电脑。 • 4月8日，聘请来自百事可乐公司的约翰·斯库利（John Sculley）出任苹果CEO。 • 5月，苹果公司进入财富500强榜单，排名第411位，成为历史上成长最快的公司。
1984年	• 1月24日，苹果正式发布麦金塔电脑。 • 年底，麦金塔电脑销量锐减，乔布斯和斯库利的关系开始恶化。
1985年	• 与沃兹一起获得里根总统颁发的国家技术奖（National Medal of Technology）。 • 2月，沃兹从苹果离职，但仍保留了苹果公司顾问的身份。 • 4月，乔布斯和斯库利之间的斗争愈演愈烈，董事会试图调解未果。 • 5月，乔布斯试图赶走斯库利。在一场内部权力斗争之后，获得董事会支持的斯库利解除了乔布斯在麦金塔电脑部门的职务，该部门转由法国人让·路易·卡西（Jean Louis Gassie）负责。 • 5月31日，苹果公布第一季度大幅亏损及大裁员，同时对外宣布解除乔布斯的所有职务。 • 9月13日，正式从苹果离职，创立新公司。
1986年	• 设计师保罗·兰德（Paul Rand）为乔布斯的新公司设计了商标。根据兰德的建议，新公司名字改为NeXT。 • 2月，收购卢卡斯影业的图形工作组，新公司被命名为皮克斯（Pixar）。 • 8月17日，皮克斯发布动画短片《顽皮的跳跳灯》。
1987年	• 富翁罗斯·佩罗（Ross Perot）投资NeXT公司。 • 获得杰弗逊奖（Jefferson Award）。
1989年	• 9月，苹果销毁了最后库存的大约2700台丽莎电脑，标志着丽莎项目的终结。 • 秋天，在斯坦福大学演讲时结识后来的妻子劳伦娜·鲍威尔（Laurene Powell）。

（续表）

1991年	• 皮克斯与迪士尼签署了拍摄动画电影的合同。第一部电影计划是《玩具总动员》。 • 3月18日,和劳伦娜·鲍威尔在优山美地(Yosemite)举行婚礼。主婚人是乙川弘文禅师。
1993年	• 10月15日,斯卡利离开苹果。 • 11月,Apple Ⅱe停产,标志着Apple Ⅱ这一经典的终结。
1994年	• 3月14日,苹果发布了使用Power PC的麦金塔电脑。
1995年	• 11月22日,皮克斯公司出品的电影《玩具总动员》上映。 • 11月29日,皮克斯公司上市。
1996年	• 1月,苹果公司宣布大幅亏损。苹果大裁员。 • 2月2日,阿梅里奥取代斯平德勒成为苹果CEO。 • 3月25日,《玩具总动员》获得第68届奥斯卡特别成就奖。 • 12月20日,苹果公司宣布以4.29亿美元收购NeXT公司,乔布斯以顾问身份回归苹果。
1997年	• 7月4日美国国庆日,苹果董事会迫使CEO阿梅里奥辞职。 • 8月,微软注资苹果1.5亿美元,并为苹果开发Office和IE浏览器。 • 8月6日,苹果宣布乔布斯成为董事会成员。 • 9月16日,被正式任命为苹果公司临时CEO。 • 11月10日,苹果发布在线商店Apple Store.
1998年	• 1月,乔布斯在MacWorld上宣布"苹果公司又开始赢利了"。 • 10月14日,苹果宣布自1995年来的第一个赢利年份。
2000年	• 1月15日,乔布斯对外宣布去掉自己头衔中的"临时"字样,成为苹果公司正式CEO。乔布斯也于当年被授予1000万股苹果股票。 • 9月13日,苹果发布桌面版Mac OSX操作系统的公开测试版。
2001年	• 5月19日,最早的两家苹果专卖店在弗吉尼亚州的泰森斯角(Tysons Comer)和加州的格伦代尔(Glendale)开张。 • 10月23日,苹果发布iPod。
2003年	• 4月28日,苹果发布iTunes音乐商店,即后来的iTunes商店。
2004年	• 1月6日,苹果发布iPod mini。 • 8月1日,通过电子邮件向员工宣布自己的病情,并离职休养。离开期间,由蒂姆·库克(Tim Cook)负责公司运营。
2005年	• 6月,在斯坦福大学毕业典礼上发表激动人心的演讲。 • 9月7日,苹果发布iPod nano,用于替代iPod mini。
2006年	• 1月10日,苹果发布最早两款使用英特尔CPU的苹果电脑。 • 1月24日,迪士尼宣布收购皮克斯。乔布斯成为迪士尼董事会成员和最大个人股东。

(续表)

2007 年	• 4 月,iPod 全球销量超过 1 亿台。 • 6 月 29 日,iPhone 开始发售。 • 9 月 5 日,苹果发布 iPod Touch。
2008 年	• 1 月 15 日,苹果发布 Mac Book Air。 • 7 月 10 日,苹果发布应用程序商店 App Store。 • 7 月 11 日,苹果发布 iPhone 3G。 • 8 月 28 日,彭博社(Bloomberg)错误地发出了 2500 字的乔布斯讣告,年龄和死因是空白。 • 9 月 9 日,为回应大家的质疑,乔布斯引用马克·吐温的话说:"关于我的死亡的报道是被极度夸大了的。"
2009 年	• 1 月 5 日,乔布斯宣布自己患有激素失衡症。 • 4 月,在田纳西州孟菲斯的卫理公会大学医院移植研究所接受肝移植手术。 • 6 月 8 日,苹果发布 iPhone 3GS。 • 6 月 30 日,乔布斯返回工作岗位。 • 11 月 5 日,《财富》杂志评选乔布斯为"十年最佳 CEO"。
2010 年	• 1 月 27 日,苹果发布 iPad。 • 5 月,苹果超越微软,成为全球市值最高的科技公司。 • 6 月 24 日,苹果发布 iPhone 4。 • 12 月,《金融时报》评选乔布斯为 2010 年度人物。
2011 年	• 6 月 6 日,乔布斯在 WWDC 大会上作主题演讲,发布 iCloud 云计算服务。截至 2011 年 6 月,使用 iOS 的 iPhone、iPad、iPod touch 三大设备,累计销量达到了惊人的 2 亿台。 • 10 月 5 日,逝世。

参考文献

石毓智著,《为什么中国出不了大师》。北京:科学出版社,2012 年。

沃尔特·艾萨克森著,廖月娟、姜雪影、谢凯蒂译,《贾伯斯传》。台北:天下远见出版有限公司,2011 年。

沃尔特·艾萨克森著,管延圻、魏群、余倩、赵萌萌译,《史蒂夫·乔布斯传》。北京:中信出版社,2011 年。

夏洛特·埃尔德曼著,刘硕译,《苹果帝国风云录》。北京:人民邮电出版社,2012 年。

卡迈恩·加洛著,陈毅骊译,《非同凡"想"》。北京:中信出版社,2011 年。

金大元著,陈安译,《苹果为时代上了一课》。新北:策马入林文化出版社,2011 年。

中村胜宏·师瑞德著,《你就是下一个乔布斯》。台北:意识文化出版社,2011 年。

王永刚、周虹著,《世界跟着他的想法走》。台北:天下远见出版有限公司,2011 年。

丹尼尔·伊克贝著,黄琪雯、郑馨、粘耿嘉译,《你所不知道的 4 个贾伯斯》。台北:联经出版事业股份有限公司,2011 年。

曾航著,《一只 iPhone 的全球之旅》。北京:凤凰出版社,2011 年。

杰伊·埃利奥特、威廉·西蒙著,刘世东等译,《爱乔布斯:改变世界的方法》。北京:

中信出版社,2011年。

阿兰·道伊奇曼著,孙成昊、张蓓译,《追随内心》。北京:中信出版社,2011年。

George Beahm. Ed. I, Steve: Steve Jobs in His Own Words. London: Hardie Grant Books. 2011.

Jay Elliot and William L. Simon. The Steve Jobs Way: iLeadership for a New Generation. New York: Vanguard Press. 2011.

Carmine Gallo. The Presentation Secrets of Steve Jobs. New York: Mc-Graw Hill. 2010.

Malcolm Gladwell. Outliers: The Story of Success. London: Penguin Books. 2011.

Leander Kahney. Inside Steve's Brain. London: Atlantic Books. 2008.

Walter Issaacson. Steve Jobs. London: Little, Brown Book Group. 2011.

Adam Lashinsky. Inside Apple. New York: Business Plus. 2012.